Elaine V. Siegel
Tanztherapie
Seelische und körperliche
Entwicklung im Spiegel der Bewegung.
Ein psychoanalytisches Konzept
Mit einem Vorwort von Mona Dorsch
Klett-Cotta

Verlagsgemeinschaft Ernst Klett Verlag –
J. G. Cotta'sche Buchhandlung
Aus dem Amerikanischen übersetzt von Elaine V. Siegel
unter Mitarbeit von H. O. Rieble
Die Originalausgabe erschien unter dem Titel
»Dance-Movement Therapy: Mirror of Our Selves.
The Psychoanalytic Approach«
im Verlag Human Sciences Press, New York 1984
© 1984 Human Sciences Press, New York
© für die deutsche Ausgabe Ernst Klett Verlag
für Wissen und Bildung GmbH, Stuttgart 1986
Fotomechanische Wiedergabe nur mit
Genehmigung des Verlages
Printed in Germany
Umschlag: Klett-Cotta-Design
Gedruckt auf säurefreiem und holzfreiem Werkdruckpapier
und gebunden von Hieronymus Mühlberger, Gersthofen
Dritte Auflage, 1991

Die Deutsche Bibliothek – CIP-Einheitsaufnahme
Siegel, Elaine V.:
Tanztherapie : seelische und körperliche Entwicklung im
Spiegel der Bewegung ; ein psychoanalytisches Konzept /
Elaine V. Siegel. Mit einem Vorw. von Mona Dorsch.
[Aus dem Amerikan. übers. von Elaine V. Siegel
unter Mitarb. von H. O. Rieble]. –
3. Aufl. – Stuttgart : Klett-Cotta, 1991
(Konzepte der Humanwissenschaften)
Einheitssacht.: Dance movement therapy 〈dt.〉
ISBN 3-608-95404-X

Inhalt

Vorwort für die deutsche Ausgabe . . . 9
Vorwort der amerikanischen Ausgabe . . . 13
Dank . . . 15
Vorbemerkung . . . 16

Einführung . . . 19
Tanztherapie und psychoanalytische Deutung . . . 20
Therapie läuft doppelgleisig . . . 22
Tanztherapie ist eine Tiefentherapie . . . 25
Das Ästhetische in der Tanztherapie . . . 26
Fallbeispiel: Bernard . . . 26
Tanztraining ist wichtig . . . 30
Grundlagen einer psychoanalytischen
Theorie der Tanztherapie . . . 31
Motilität und das Ich . . . 31
Objektbeziehungen . . . 32
Besetzungsquantitäten . . . 34

1 Leib und Seele als Einheit . . . 35
Erste Konzepte . . . 37
Desomatisierung . . . 37
Sprechen als Entspannung . . . 40
Selbständigkeit muß gefördert werden . . . 40
Freie Assoziation und Improvisation . . . 42
Klarheit ist notwendig . . . 44
Neutralität ist ein therapeutisches Instrument . . . 46
Abwehr und Widerstand . . . 46
Entwicklungstheorie . . . 48
Deutung . . . 49
Die konfliktfreie Sphäre des Ichs . . . 55
Entwicklungsschema . . . 58

**2 Bausteine einer psychoanalytischen
Theorie der Tanztherapie** . . . 69
Motilität . . . 69

Entfaltete Motilität ... 71
Motilität als Trieb ... 72
Motilität als Ichanteil ... 78
In der Motilität sind die während des
Lebens gemachten Erfahrungen enthalten ... 80
Motilität als Konfliktausdruck ... 84
Stufen und Phasen der menschlichen Entwicklung ... 92

3 Patient und Therapeut in der Behandlung ... 104
Psychotische Übertragung ... 109
Autistische Übertragungserscheinungen ... 116
Symbiotisches Anschmiegen ... 126
Borderline-Schwankungen ... 127
Die Hartnäckigkeit der Übertragung
in der Zwangsneurose ... 130
Die klassische Übertragung ... 133
Gegenübertragung und Tanztherapie ... 135
Reaktionen auf Autismus ... 138
Oralität in der Gegenübertragung ... 140
Das Unbehagen in der Gegenübertragung
bei Borderline-Patienten ... 141
Analität und Gegenübertragung ... 142

**4 Angewandte Theorie: Der ichpsychologische
Ansatz und die Tanztherapie ... 144**
Affektentwicklung bei sechs katatonen Jugendlichen ... 145
Fallbesprechungen ... 158

Epilog ... 225
Tanz, Choreographie und Tanztherapie ... 225

Bibliographie ... 239
Register ... 248

Für Eugene J. Siegel,
ohne den ich dieses Buch nie
geschrieben hätte,
und
zum Gedächtnis an Melanie

Vorwort für die deutsche Ausgabe

Die vorliegende Übersetzung von Elaine Siegels Buch aus dem Amerikanischen ins Deutsche ist Ausdruck des anwachsenden Interesses deutscher Fachkreise an der in den USA entwickelten Tanztherapie. Die Tanztherapie kann in den USA bereits auf eine über vierzigjährige Tradition zurückblicken und gilt dort als ein anerkanntes, vielerorts gelehrtes und angewandtes körperorientiertes therapeutisches Verfahren. Ihre Ursprünge jedoch liegen in der deutschen und europäischen Bewegung des Ausdruckstanzes, die zu Anfang dieses Jahrhunderts von Isadora Duncan, Rudolf von Laban und Mary Wigman in Reaktion auf die klassisch-festgelegten Tanzformen entwickelt wurde. Bedingt durch die historischen Ereignisse mußten führende Vertreterinnen und Vertreter des Ausdruckstanzes vor oder während des Zweiten Weltkriegs Deutschland verlassen und ihre Arbeit in den USA bzw. England fortsetzen.

In der Folge beeinflußte der deutsche Ausdruckstanz die Entwicklung des amerikanischen »modern dance«. Ausdruckstanz und amerikanischer »modern dance« bildeten die Grundlage für die in den vierziger Jahren in den USA entstehende Tanztherapie.

Die Gestaltung dieser Therapieform von ihren Anfängen bis heute ist vorwiegend das Werk weiblichen Engagements. So waren es in den vierziger Jahren in den USA fünf Frauen, die unabhängig voneinander die ersten Ansätze der Tanztherapie schufen, nämlich Franziska Boas, Marian Chace, Liljan Espenak, Mary Whitehouse und Trudi Schoop. Und auch heute sind die tragenden Personen in der Tanztherapie in den USA wie in Deutschland weiblichen Geschlechts.

Seit diesen Pioniertagen hat sich die amerikanische Tanztherapie sowohl auf der Ebene der Theorie wie auch auf der Ebene der therapeutischen Praxis kontinuierlich weiterentwickelt und institutionell etabliert. Neben diversen anerkannten universitären Studiengängen gibt es einen eigenen Berufsverband, die American Dance Therapy Association (ADTA) und ein vielseitiges berufliches Arbeitsfeld. So arbeiten ausgebildete amerikanische Tanztherapeuten im medizinisch-psychiatrischen Bereich ebenso wie in heil- und sozialpädagogischen Institutionen und in freier Praxis.

Die Anfänge der Tanztherapie in Deutschland liegen erst zirka zehn Jahre zurück. Eine kleine Anzahl therapeutisch vorgebildeter Frauen rezipierte, meist durch mehrjährige Studienaufenthalte in den USA, die amerikanische Tanztherapie und wendet diese Therapieform nun in eigenständiger Arbeit im deutschsprachigen Raume an. Seit kurzem werden von diesen deutschen Tanztherapeuten qualifizierte Fort- und Ausbildungsmöglichkeiten in Tanztherapie angeboten. Die Entwicklung der Tanztherapie in Deutschland wird von einigen erfahrenen amerikanischen Tanztherapeutinnen, besonders auch von der Autorin dieses Buches, durch Fortbildungsveranstaltungen und Veröffentlichungen unterstützt.

Das vorliegende Buch ist das Ergebnis von Elaine Siegels zwanzigjährigem beständigen Engagement für die Tanztherapie. Es ist Ausdruck ihrer langjährigen Bemühungen, psychisch kranken Menschen einen heilenden, kreativen Weg zu zeigen. Als Psychoanalytikerin sowie Tanz- und Bewegungstherapeutin entwickelte Elaine Siegel erstmals ein *Theoriekonzept* für die psychoanalytische Tanz- und Bewegungstherapie. Zudem beeindruckt die von ihr geschaffene schöpferische Verbindung von Psychoanalyse und körperorientiertem Ansatz, in der sich auch ihre undogmatische Haltung spiegelt.

Ausgehend von der ganzheitlichen Sichtweise des Menschen als Leib-Seele-Geist-Einheit weist sie auf die Notwendigkeit hin, in der therapeutischen Arbeit Tanz- und Bewegungserfahrungen mit verbaler Klärung und psychoanalytischer Interpretation zu verbinden. Ihrer Auffassung zufolge wirken sich Tanz- und Bewegungserfahrungen erst dann entwicklungsfördernd auf die gesamte Persönlichkeit aus, wenn sie in die bewußte Wahrnehmung des Patienten integriert werden können. Tanz- und Bewegungserfahrungen, die nicht zugleich geistig-seelisch und therapeutisch durchgearbeitet werden, hält sie nicht eo ipso für entwicklungsfördernd. Folglich wendet sie sich gegen jene in den USA verbreiteten Formen der Tanz- und Bewegungstherapie, die sich allein auf das körperliche Geschehen konzentrieren. Nach ihrer Erfahrung ist es wesentlich, daß der Patient *weiß*, was in der Psychotherapie geschieht.

Für praktizierende Tanz- und Bewegungstherapeuten besonders bedeutungsvoll und hilfreich ist das im ersten Kapitel dargestellte Entwicklungsmodell, das eine unabdingbare Grundlage für Diagnose und Deutung innerhalb der psychoanalytischen Tanz- und Bewegungstherapie bildet. Dieses Entwicklungsmodell basiert auf einer Theorie der körperlichen und psychischen Entwicklung, die an dem psychoanalytischen Phasenmodell orientiert ist. In Tabellenform werden den normalverlaufenden körperlichen und psychischen Entwicklungsphasen des Kindes abweichende und gestörte Entwicklungsverläufe gegenübergestellt.

Im darauffolgenden Kapitel über die Motilität – die Bewegungsfähigkeit – formuliert Elaine Siegel als zentrale theoretische Position, daß die Motilität eines Menschen Angaben über seinen Entwicklungsprozeß macht, auf seine inneren Konflikte hinweist und seine vergangenen und gegenwärtigen Erfahrungen spiegelt. Ziel der Therapie ist, die Motilität eines Patienten dahingehend zu entwickeln, daß ihm seine Bewegungsmöglichkeiten bewußt werden. Die lebendig dargestellten Entwicklungsbeispiele einzelner Klienten verdeutlichen das Theoriekonzept sowie dessen Anwendung in der konkreten therapeutischen Arbeit.

Das dritte Kapitel befaßt sich mit Möglichkeiten und Problemen innerhalb der therapeutischen Beziehung auf dem Hintergrund von Übertragung und Gegenübertragung. Ihrem körperorientierten Ansatz gemäß zeigt Elaine Siegel, wie der Therapeut seine eigene körperliche Befindlichkeit innerhalb des Therapieverlaufs für den therapeutischen Dialog nutzbar machen muß.

Anhand überzeugender, mitreißender Fallstudien demonstriert die Autorin im letzten Kapitel, wie sich die von ihr entwickelte Form der Tanztherapie bei schwerstgestörten Patienten anwenden läßt.

Innerhalb der deutschen Tanztherapie ist ein Bewußtsein von der Notwendigkeit einer »Theorie der Bewegung« vorhanden, da die vorliegenden psychotherapeutischen Systeme diesen Bereich bisher nicht differenziert genug erfassen. Ich bin überzeugt, daß das vorliegende Buch in diesem Sinne einen zentralen Beitrag für die Entwicklung der Tanztherapie in Deutschland leistet.

An dieser Stelle möchte ich Elaine Siegel auch meinen persönlichen Dank für ihr engagiertes Buch aussprechen, mit dem sie –

die Tanztherapie dem deutschen Publikum ein Stück näher bringen wird.

Ich wünsche dem Buch eine intensive Rezeption und Diskussion und den ihm gebührenden Einfluß auf die Entwicklung der deutschen Tanztherapie.

Essen, im Juli 1986   Mona Dorsch

Vorwort der amerikanischen Ausgabe

Elaine V. Siegel ist eine psychoanalytisch ausgebildete Pionierin der Tanztherapie. Sie weist darauf hin, daß »psychische Phänomene ihren Ursprung im Körper haben und von daher gedeutet werden können«. Sie beschreibt Behandlungsmethoden, durch die Patienten ihre Körperzustände bewußt erfahren und sich dabei entspannen können. Diese Selbstbeobachtungen bilden die Grundlage, von der aus das gesamte psychische System untersucht werden kann. Elaine Siegels Ziel: Sie sucht eine Leib-Seele-Einheit zu schaffen, die das Abgewehrte verbalisierbar macht.

Ihr Buch behandelt eine verhältnismäßig neue Behandlungsmethode – die Tanztherapie –, die erst neuerdings im psychotherapeutischen Bereich Fuß gefaßt hat. Ärzte und Therapeuten haben diese Therapie schon seit 1940 als Hilfsmittel eingesetzt. Aber viele blieben mißtrauisch, weil der Ursprung der Methode im Tanz und ästhetischen Erleben an sich liegt. Dr. Siegel widmet sich nicht nur diesen Problemen, sondern sie legt auch ein theoretisches Konzept vor, das aus ihren klinischen Erfahrungen und theoretischen Folgerungen entwickelt wurde. Man kann in ihrer Arbeit den Werdegang einer Therapie und einer Therapeutin verfolgen, die sich zum Ziel gesetzt hat, die Tanztherapie auf eine wissenschaftliche Grundlage zu stellen, und die dieses Ziel auch erreicht hat. Sie hat der Tanztherapie und allen anderen expressiven Therapien durch die von ihr vorangetriebene Entwicklung einer psychoanalytischen Konzeptualisierung der körperorientierten Behandlungsansätze einen großen Dienst erwiesen. Sie betrachtet die Motilität als einen Ichanteil, der der Psyche durch Lebenserfahrungen aufgeprägt wird und durch das Ich beeinflußbar ist. Motilität wird hier also zur Ichfunktion und kann nunmehr wissenschaftlich besser erfaßt werden. Ich möchte darauf hinweisen, daß nur wenige Psychoanalytiker die Gelegenheit hatten, sich so intensiv mit Bewegungsmustern und Motilität auseinanderzusetzen wie Dr. Siegel. Mittelman, Spitz, Kris, Levine und Kestenberg gehören zu den wenigen, die im Bereich der Motilität geforscht haben.

Dr. Siegel hat die psychoanalytische Fachliteratur gründlich studiert und Bestätigung für viele ihrer Konzepte bei den bedeutenden Theoretikern der Psychoanalyse gefunden, wobei besonders Freuds frühe Formulierungen über das Ich und die Motilität ihrer therapeutischen Sicht entsprechen.

Ihr sorgfältig ausgearbeitetes theoretisches Konzept bleibt psychoanalytischen Prinzipien treu. Nicht nur die Tanztherapie, sondern alle expressiven Therapien werden dadurch bereichert. Sie stellt Richtlinien auf für Therapeuten, die in diesen Gebieten arbeiten, und ermöglicht ihnen so einen Einstieg in die tiefenpsychologische Arbeit.

Dr. Siegels Fallbesprechungen sind unkompliziert und gut beobachtet, wobei die Autorin immer wieder auf die psychoanalytische Entwicklungspsychologie zurückweist. Der Reifungsprozeß ihrer Patienten und die Erfahrungen in der Supervision vieler tanztherapeutischer Kandidaten beweisen die Wirksamkeit von Dr. Siegels Ansatz. Sie ist seit mehr als zehn Jahren in der Ausbildung von Tanztherapeuten tätig.

Das vorliegende Buch ist ein präziser und wichtiger Beitrag, der psychoanalytisches Denken auf neue Gebiete überträgt und eigene Maßstäbe setzt.

Charles W. Socarides
Professor für klinische Psychiatrie,
Albert Einstein College
of Medicine, New York City

Dank

Die Verleger und Schriftleiter der folgenden Verlage erteilten freundlicherweise ihre Erlaubnis, früher erschienene Beiträge der Autorin einzubeziehen:

AAHPERD für *Focus on Dance VII*
American Journal of Dance Therapy
American Academy of Psychotherapy für *Voices:
The Art and Science of Psychotherapy*
Human Sciences Press
Journal of the American Psychoanalytic Association
International Universities Press

Ich möchte mich bei Bette Blau, Michele Rose, Patti Schmitt und Linda Salz-Citron bedanken, staatlich geprüften Tanztherapeutinnen, die mich auf meinem Entdeckungsweg begleitet haben.

Für das Zustandekommen der deutschen Ausgabe möchte ich Frau Irmela Köstlin und Herrn Winfried Knörzer vom Verlag Klett-Cotta sehr herzlich danken.

Vorbemerkung

Wenn ich Vorlesungen über die Art von Tanztherapie halte, die ich entwickelt habe, werde ich hinterher oft gefragt: »Wo kann ich darüber etwas lesen?« Nun, es gibt viele psychoanalytische Werke, die ich empfehlen könnte, aber außer Penny Bernsteins (1979) beachtenswertem Buch *Eight theoretical approaches to dance therapy* (Acht theoretische Ansätze der Tanztherapie) gibt es nicht einmal Versuche, das größtenteils nonverbale Phänomen der Tanztherapie in seinem ganzen Umfang theoretisch zu erfassen. Im großen und ganzen ist Tanz- und Bewegungstherapie eine neue Behandlungsmethode. Eine vergleichende Untersuchung ist noch nicht möglich. Die bahnbrechende Arbeit, die jetzt in Privatstudios, Kliniken, psychiatrischen Krankenhäusern und Forschungseinrichtungen stattfindet, ist noch weitgehend unveröffentlicht geblieben. Fallbeschreibungen und ausführliche Untersuchungen aller Eigenschaften der menschlichen Bewegung beweisen, wie wichtig der Ausdruck im Tanz auf jeder Lebensstufe ist. Sie tragen auch dazu bei, Motilität an sich wissenschaftlich zu verstehen, aber sie liefern keine konsistente theoretische Basis, die sich zur Formulierung spezifischer Hypothesen oder zur Aufstellung von Prognosen eignen würde. Ich hoffe, daß es mir gelungen ist, in diesem Buch die Grundlagen für die Formulierung einer einheitlichen Theorie zu errichten.

Diese Arbeit fiel mir nicht leicht. Ich bin mir der Unvollständigkeit und der Gefahren bewußt, die mit einem solchen Unternehmen verbunden sind. Ich hoffe sehr, daß andere dort weitermachen werden, wo meine Vorstellungskraft versagt hat, und das vollenden, was ich angefangen habe.

Ich habe jahrelang nach einem System gesucht, das mir erlauben würde, meine Arbeit als Tanztherapeutin wissenschaftlich zu erklären und weiter auszubauen. Ichpsychologie und Entwicklungstheorie boten sich an und wurden die Grundlage, von der aus ich meine »psychoanalytische Tanztherapie« entwickelte.

Sehr bald wurde mir klar, daß diese Bezeichnung für jeden eine andere Bedeutung hatte. Dieses Buch soll meine Denkweise erläutern. Die Arbeit mit Patienten und die gründliche Einarbeitung in

Theorie und Methoden der Psychoanalyse und der Tanztherapie in meiner Rolle als Schülerin, Analysandin und Therapeutin überzeugten mich davon, daß ich auf einem Weg war, den nicht viele vor mir beschritten hatten. Bald sah ich, daß meine Arbeit auf zwei Säulen ruhte: Tanz und Psychoanalyse. Mein Ansatz besteht aus einer Synthese von beiden.

Langsam erwuchs aus dieser Synthese eine neue Theorie. Woraus sich diese Theorie zusammensetzt und wie ich sie konstruiert habe, ist in diesem Buch beschrieben. Es wurde notwendig, manche Bereiche und Theoreme der Psychoanalyse auszuschließen. Eine Entscheidung mußte getroffen werden, welche psychoanalytischen Theoretiker mit meinem eigenen Ansatz kompatibel waren und welche nicht. Dabei schälte sich immer deutlicher heraus, daß ich mich von Theoretikern, die auf dem Werk Freuds aufbauen, angezogen fühlte, während ich mich von den Vertretern anderer Schulrichtungen abwandte. Alexander Lowen und die Bioenergetiker zum Beispiel habe ich in meinen Ansatz nicht mit einbezogen. Ihre Richtung ist die von Wilhelm Reich. Auch Sweigards Ideokinese, die Alexander-Technik, Feldenkrais' Wahrnehmung durch Bewegung und Rolfing mußten ausgeschlossen werden, weil man in diesen Methoden die Vorgänge im Seelenleben einfach hinnimmt, ohne sie zu deuten oder nach ihrem Zusammenhang mit der Vergangenheit zu fragen. Diese Therapien besitzen vorläufig noch keine klare und theoretisch begründete Methodik, durch die Abwehrmechanismen oder die Übertragung behandelt werden könnten. Daher kann man sie auch nicht psychoanalytisch nennen. Freud sagte 1914:

»Man darf daher sagen, die psychoanalytische Theorie ist ein Versuch, zwei Erfahrungen verständlich zu machen . . . die Tatsache der Übertragung und die des Widerstandes. Jede Forschungsrichtung, welche diese beiden Tatsachen anerkennt und sie zum Ausgangspunkt ihrer Arbeit nimmt, darf sich Psychoanalyse heißen« (Freud, GW 10, S. 54).

Obgleich Dr. Judith Kestenberg Psychoanalytikerin ist, ließ sich ihre Arbeit doch nicht mit meinen Formulierungen in Einklang bringen. Kestenberg ist der Meinung, daß man anhand der Bewegungsbeobachtung Diagnosen stellen und auch vorbeugend eingreifen könne, nicht aber, daß Bewegung und Motilität an sich der Therapie nutzbar gemacht werden könnten. Durch ihre Art der

Bewegungsprophylaxe hofft sie, das Bewegungsmuster von Müttern ihren Kindern gegenüber so umzugestalten, daß in gefährdeten Mutter-Kind-Paaren eine Anpassung stattfindet. Das heißt bei ihr jedoch nicht, daß in der nächsten Entwicklungsphase dann keine Schwierigkeiten mehr auftauchen würden. Kestenberg sieht Tanz und Bewegung nicht als Therapie, sondern als Nacherziehung. Dennoch ist es verständlich, daß viele Tanz- und Bewegungstherapeuten Kestenberg als wahlverwandt empfinden. Sie beobachtet und analysiert Bewegung von einem psychoanalytischen Gesichtspunkt aus. Aber ihre eigentlichen Bewegungsinterventionen sind nicht psychoanalytisch. Sie greift auf Nacherziehungsmethoden von Laban und anderen zurück, um ihre Ziele zu erreichen. Kestenberg vertritt auch den klassischen psychoanalytischen Standpunkt, daß Bewegung und Tanz nicht interpretiert werden sollen (1967, 1971, 1975, 1977). Ich behaupt jedoch genau das Gegenteil. Gerade die Kombination von tänzerischer Bewegung und psychoanalytischer Interpretation haben die Resultate erzielt, über die ich in diesem Buch spreche.

Mein Ansatz wurde von vielen Seiten beeinflußt, aber im Grunde genommen sind es in erster Linie doch die Freudschen Gedankengänge und Methoden einerseits und der Tanz andererseits, die meine Arbeit geprägt haben. Klassisches Ballett und der Primitivtanz Haitis prägten mein eigenes Bewegungsmuster, während mein Denken von orthodoxen und ichpsychologischen Theorien geprägt wurde. Besonders wichtig unter meinen Lehrern und Vorbildern, die mich auf meiner Suche nach neuen Behandlungsmethoden führten und begleiteten, waren Liljan Espenak, Dr. Robert C. Lane, Dr. Geraldine Pederson-Krag, Rubin Blanck und Dr. Colin Greer. Sie alle gaben mir die Stütze, die ich brauchte, um Hilfesuchende Hoffnung schöpfen zu lassen und ihren psychischen Zustand neu zu ordnen.

Einführung

Wie könnte es sein, daß unser
Körper der Spiegel unseres Seins
ist, wenn er nicht unser *eigentliches Selbst* wäre?

M. Merleau-Ponty

Die Tanztherapie befindet sich im Augenblick unter den Psychotherapien in derselben Lage wie ein junger, gesunder Mensch, der sich mit Gewandtheit, Fachkenntnis und Kraft den Bereichen zuwendet, die andere Therapien vermieden haben. Tanztherapeuten arbeiten jetzt in psychiatrischen Anstalten, Kliniken und Sonderschulen. Mit außerordentlichem Einfühlungsvermögen gelingt es ihnen, sich in die innere Welt autistischer Kinder oder schizophrener Erwachsener hineinzuversetzen. Aber was passiert, nachdem ein Kontakt hergestellt worden ist? Kann man das Resultat einer solchen Behandlung voraussagen? Woraus besteht der Beitrag der Tanztherapeuten, nachdem sie den Kontakt nun hergestellt haben? Es gibt viele, die der Meinung sind, daß es schon genüge, wenn der autistische Patient, der sich bisher nicht berühren ließ, doch Körperkontakt duldet, oder wenn die Starre einer Katatonie sich in einem Kreistanz auflöst. Bis zu einem gewissen Grade stimmt das auch. Aber es kommt zu oft vor, daß das sich jeglicher Berührung entziehende Kind sich nur vom Therapeuten anfassen läßt und daß der katatone Patient sofort wieder hinter seinen unüberwindlichen seelischen Mauern verschwindet, wenn seine »Tanzdame« nicht mehr bei ihm ist.

Man muß fragen, ob die Tanztherapie nicht den gleichen Fehler begeht wie so mancher junge Mensch, der seine neue Selbständigkeit so recht auskostet. Wird hier nicht etwas versprochen, das gar nicht gehalten werden kann? Oder gibt es etwa eine heilende Zauberformel über – ja, was? Ist darin etwa eine heilsame schöpferische Kraft enthalten – ja, worin? Im schöpferischen Prozeß des Choreographierens? In der gleichzeitigen Bewegung von Patient und Therapeut? Oder in der Bewegung selber? Man könnte darüber endlos spekulieren und auch tatsächlich Teilantworten finden, die sich auf einzelne Situationen beziehen. Aber was so außerordentlich notwendig ist, was gebraucht wird, ist eine theoretische Grundlage, von der aus man die Behandlungsmethoden und den Therapieablauf so bestimmen kann, daß das nachfolgende Verhalten der Patienten die Diagnosen und Prognosen bestätigt.

Tanztherapie und psychoanalytische Deutung

Die Arbeit, die hier vorgestellt wird, wurde von einer solchen Grundlage aus geschrieben, nämlich vom Gesichtspunkt der psychoanalytischen Ichpsychologie her, die die Motilität als Ichfunktion sieht. Dieses Konzept weicht von den Formulierungen anderer Tanztherapeuten ab. Statt sich ausschließlich mit dem Phänomen der Bewegung und deren Eigenschaften zu befassen, werden die Sprache, die Methoden der Verbalisierung, der Klarifizierung (Rogers 1951, Bibring 1954) und der psychoanalytischen Deutung (Loewenstein 1951, Kris 1951, 1957) als gleichrangige Interventionsformen eingesetzt.

Das ist auf diesem Gebiet sonst nicht üblich. Aber es ist gerade die Verbindung zwischen psychoanalytischer Deutung und Bewegung, die es Patienten ermöglicht, sich weiterzuentwickeln. Deutung heißt nicht, daß man über das, was Patient und Therapeutin gerade tun, spricht oder daß man sich über Tatsachen oder Punkte unterhält, die der Patient selber nicht erwähnt hat. Alle Interventionen müssen auf verbalen oder nonverbalen Mitteilungen des Patienten aufbauen. Es kann auch vorkommen, daß der Patient erst vorbereitet werden muß, ehe er die Deutung überhaupt annehmen kann. Dann muß die Therapeutin so lange konfrontieren, bis der richtige Zeitpunkt für eine angemessene psychoanalytische Deutung erreicht ist. Diese Deutung wendet sich zunächst dem Widerstand und der Abwehr zu. Das Unbewußte wird erst dann analysiert, wenn eine Übertragungsbeziehung hergestellt wurde. Rekonstruktionen vergangenen Geschehens müssen mit einbezogen werden (Loewenstein 1956). Der Schwerpunkt liegt entweder auf der Dynamik der inneren Funktionen, die dem Patienten Schwierigkeiten machen, oder auf dem Einfluß der Vergangenheit auf die Gegenwart.

Einem Beobachter der gegenwärtigen Tanztherapie-Szene könnte es tatsächlich so vorkommen, als ob es in der Tanztherapie mehr darum gehe, den Patienten eine Vorstellung davon zu vermitteln, *wie* sie sich verhalten, nicht *warum* sie sich so verhalten, wie sie es nun einmal tun (Geller 1978). Aber Marian Chace, die große Erfinderin – oder sollte man sagen Wiederfinderin? – der Tanztherapie, wußte schon, daß nur etwas zu erfühlen nicht genug ist. Als sie mit behinderten Kindern arbeitete, stellte sie fest: »Die, denen Hilfe zuteil wurde, wußten, was geschehen war« (biographische Notiz ohne Datum, Chaiklin 1975, S. 11).

Einsicht in das therapeutische Geschehen gehört wesentlich zu jeder Form der Psychotherapie, die der Entwicklung dienen soll. Es wäre wirklich schwierig, einen Patienten zu finden, der sich erfolgreich verändert hat, ohne daß er wußte, was geschah. Solche Leute, die sich einfach nur gut und gelöst fühlen wollen, verschwinden meist aus der Therapie und fallen auf ihre alten Anpassungsmodi und Konflikte zurück, wenn sich ihnen ein Problem in den Weg stellt. Es ist einfach so, daß man auch objektiv wissen muß, was mit einem passiert ist.

Bewegung ist ein Teil des menschlichen Erlebens, das durch die Vergangenheit geprägt wurde, aber auch noch gegenwärtigen Einflüssen unterworfen ist. Daher setzen die Tanztherapeuten, die sich ausschließlich an die Ausdrucksformen der Bewegung halten, ähnliche Spaltungen fort wie die ausschließlich mit dem verbalen Ausdruck arbeitenden Therapeuten. Wenn die Intelligenz und das bewußte Wahrnehmungsvermögen der Patienten entweder ignoriert oder als unwichtig bezeichnet werden, verschiebt sich der Schwerpunkt einfach von einem Aspekt menschlichen Verhaltens auf einen anderen. Dadurch bleibt – sehr zum Nachteil des Patienten – die Spaltung zwischen Körper und Psyche bestehen.

Viele Supervisoren und leitende Ärzte sind mit dieser reduzierten Form von Tanztherapie sehr zufrieden. Sie haben die Vorstellung, daß Tanzen und rhythmisches Bewegen erholsam und daher therapeutisch seien. Die Führung der Therapie behalten sie jedoch selbst in der Hand. Die ganz spezifischen Erfahrungen und therapeutischen Einsichten der Tanztherapeuten werden von den Teamleitern häufig beiseite geschoben, weil ihnen die verbalen Formen der Psychotherapie vertrauter sind. Auf der anderen Seite gibt es aber auch viele Tanztherapeuten, die vorgeben, tiefentherapeutisch zu arbeiten, nur weil sie mit manchen Patienten Einzelsitzungen abhalten. Das ganze Berufsgebiet ist von Mißverständnissen durchdrungen. Weil das so ist, müssen Patienten oft zu dem Therapeuten, der sie ursprünglich zur Tanztherapie überwiesen hatte, zurückkehren, auch wenn das noch gar nicht angebracht ist. Die Behandlung wird an einer ungeeigneten Stelle unterbrochen, meist gerade dann, wenn der Höhepunkt der Übertragungs- und Gegenübertragungsdynamik noch nicht überwunden ist. Auf diese Weise können die zwischenmenschlichen und die Übertragungsaspekte der gegenseitigen Beziehungen in der therapeutischen Dyade weder aufgedeckt noch verarbeitet werden. Die Tanztherapeuten ihrerseits können so nicht lernen, analytisch zu arbeiten. Die Folge ist, daß es bisher noch kein konsistentes theoretisches Modell der psychoanalytischen Deutung in der Tanztherapie gibt. Dennoch sind sich die Tanztherapeuten, die tiefentherapeutisch arbeiten, einig, daß solch ein Modell notwendig ist (Dosamantes-Alperson 1973–74, 1977, 1978, Whitehouse 1977, Sandel 1979, 1980, Bernstein 1979, Espenak 1972, und in einer persönlichen Mitteilung 1981).

Therapie läuft doppelgleisig

Am Ende einer erfolgreichen Therapie sollte der Patient sich selbst und sein Leben objektiv und subjektiv kennen. Aber das gilt auch für die Therapeutin. Gerade an dem Punkt, an dem das Wahrnehmungsvermögen des Patienten aufhört, fängt die interpretierende Arbeit der Therapeutin an. Sie erklärt zunächst nur und hilft dann, die Widerstände gegen Wachstum und Entwicklung aufzulösen. Auch hier ergibt sich ein zweigleisiger Prozeß. Durch jede empathische verbale oder nonverbale Deutung erweitern sich die Grenzen der Therapeutin. Sie lernt, immer tiefer und umfassender zu denken und zu fühlen (Kris 1956). Es muß sich hier aber um ein Einfühlungsvermögen handeln, das bewußt eingesetzt werden kann. Denken und Fühlen müssen verbalisiert werden können. Das ist in allen erfolgreichen Therapien der Fall.

Es gibt ehemalige Patienten der Tanztherapie, die behaupten, daß diese erfolgreich gewesen sei, weil die Tanztherapeutin »nicht in ihren Kopf eingedrungen sei« oder »ihre Seele in Ruhe gelassen« habe (Greenberg 1973, S. 227). Nach meiner Erfahrung jedoch können diese Aussagen als Widerstand gegen starke Übertragungsgefühle erkannt werden. Ohne Deutungen von seiten der Therapeutin können die Gefühle der Patientin so übermächtig werden, daß sie die Therapie zerstören.

Man muß seine Therapeutin schon »im Kopf haben«, um sich mit ihr identifizieren zu können. Wenn man die Therapeutin wirklich nicht in seinen Kopf hineinläßt, heißt das nur, daß man sie nicht verinnerlichen konnte oder daß man Angst hat, eine solche Identifizierung und Internalisierung könnte das Selbst oder den wichtigen anderen zerstören.

Chace (1968) prägte die Bezeichnung »Basic Dance« (Urtanz), um eine Art von Kommunikation zu beschreiben, die von psychisch schwer gestörten Menschen benutzt wird. Sie sah diesen Basic Dance als »den Ausdruck innerer Gefühle, die man im bewußten Gespräch nicht erfassen kann, sondern nur, wenn man sich an rhythmischen und symbolischen Handlungen beteiligt« (S. 203). Weil diese Menschen häufig überhaupt keiner anderen Art der Kommunikation fähig sind, war Chace dafür, Basic Dance als Hilfstherapie einzusetzen. In der heutigen Zeit ist es aber so, daß viele Tanz- und Bewegungstherapeuten wesentlich mehr Verantwortung tragen und sehr viel mehr leisten, als nur Patienten durch Anfangsphasen zu schleusen. Sie leisten ihre Arbeit trotz der Unvollständigkeit von Chaces Methodik.

Die aufsehenerregenden frühen Erfolge der Tanztherapie als Hilfstherapie waren auf Chaces Entdeckung zurückzuführen, daß sehr regredierte und auf einem niedrigen Entwicklungsniveau stehengebliebene Menschen ihre Körper für sich sprechen lassen. Der Fall von Carlos illustriert das. Carlos war ein gutaussehender Schüler, der zur Behandlung in eine Tagesklinik kam. Seine Zeit verbrachte er damit, sich fast ununterbrochen im Kreis zu drehen. Die Geschwindigkeit, mit der er sich jeweils drehte, entsprach dem Grad seiner inneren Unruhe. Manchmal gelang es seinen Lehrern, ihn durch laute Befehle zum Sitzen zu bringen. Manchmal wurde er durch zu starke Medikation lethargisch. Oft stieß er auch tiefe Seufzer aus und hielt sich dabei den Kopf. Zu gewissen Zeiten war seine Realitätswahrnehmung nicht so stark gestört, und dann merkte man, daß er intelligent war. Seine Klassenkameradinnen fanden seine dunklen Haare und seine ebenmäßigen Züge anziehend.

Es war sehr schwierig festzustellen, wann er seine Medizin einnahm und wann nicht. Seine Mutter »vergaß« manchmal, daß er sie einnehmen mußte, und gab ihm dann entweder überhaupt keine oder die doppelte Menge. Die Sozialarbeiterin, die sich um alle Familien kümmerte, die zu dieser Tagesklinik kamen, konnte keine Lösung finden. Carlos' Verhalten hatte sich in der Zwischenzeit nicht geändert: er drehte sich weiterhin im Kreis, manchmal schnell und manchmal langsam; auch weigerte er sich, mit anderen Kontakt aufzunehmen. Eine Tanztherapie wurde vorgeschlagen. Zunächst fiel es schwer, dieses ständige Drehen als Basic Dance zu verstehen, denn man konnte nicht erkennen, was mit diesem Symptom ausgedrückt wurde. Es gibt gewiß nicht viele Tänzer, die mit so viel Raffinesse Pirouetten drehen können wie Carlos. Die berühmten tanzenden Derwische versetzen sich dadurch ja bekanntlich in Ekstase. In der Tat, wenn man die Übelkeit und Desorientierung überwindet, die sich bei ständigem Drehen ergeben, gelangt man zu einer inneren Ruhe, die kaum zu beschreiben ist. Es war also durchaus möglich, daß Carlos sich durch sein Drehen nicht nur entspannte, sondern auch einen Basic Dance vortrug, der etwas über seine Kontaktunfähigkeit mitteilte. Als ich ihn in der Bewegung spiegelte, merkte Carlos gar nicht, daß ich da war und mich mit ihm drehte. Ich kam näher und faßte seine Hand an. Er hörte sofort auf, sich zu drehen, sah mich direkt an und sagte: »Jetzt hör aber auf!«

War ich zu schnell in seine Welt eingedrungen? Auf gar keinen Fall, meinten die Mitarbeiter in der Tagesklinik, denn seine Worte hatten Bedeutung, waren realitätsnah und seit langer Zeit die ersten, die er an einen anderen gerichtet hatte. Im Verlauf der nächsten Stunde sagte ich zu ihm: »Ich möchte mich zusammen mit dir drehen.« »Okay«, antwortete Carlos. Meine Mitarbeiter und ich waren sehr verwundert. Aber von nun an wartete Carlos, der tanzende Derwisch, täglich auf mich. Er wollte Gesellschaft haben, während er sich drehte. Nachdem er noch mehr Vertrauen gefaßt hatte, wurde ein schneller Walzer angeboten und von ihm angenommen. Dieser kleine Fortschritt half Carlos, auch anderes zu lernen. Statt ein Schizophrener zu sein, der sich ständig drehen mußte, war er nun ein Schizophrener, der sich nicht drehen mußte. Ein Symptom war aufgelöst worden, mehr nicht. Carlos' Kontaktfähigkeit blieb weiterhin unzureichend, trotz der klassischen tanztherapeutischen Intervention.

Manche der kleineren Kinder in der gleichen Klinik konnten nicht einmal die Knie beugen. Obgleich sie gesund waren und keine körperliche Beeinträchtigung vorhanden war, rannten und tobten sie auf dem Spielplatz nie herum und konnten auch nicht die Treppen hinauflaufen. Sie konnten auch nicht krabbeln. Als man versuchte, ihnen das beizubringen, legten sich einige einfach auf den Bauch, und damit hatte es sich. Von Basic Dance konnte gar nicht die Rede sein. Ganz grundlegende Übungen wurden nun angeboten, also weder Basic Dance noch Spiegeln. Man ermunterte die Kinder, sich von einer Seite auf die andere zu rollen und den Kopf aus der horizontalen Lage zu heben, während ganz langsame klassische Musik die Übungen begleitete.

Diese Stunden sahen wie Vorstufen eines Gymnastikunterrichts aus. Nun war die Frage: Wollte man nicht zuviel erzwingen? Was wird aus der Kreativität solcher Kinder? Die Antwort ist einfach: Man kann kaum kreativ sein, wenn man nicht die körperliche Fähigkeit zum Ausdruck schöpferischer Kräfte besitzt.

Tanztherapie ist eine Tiefentherapie

Was das Unbewußte betrifft, so unterscheidet sich die Tanztherapie, wenn sie als eigenständige Therapie eingesetzt wird, nicht von anderen Tiefentherapien. Es wird nur eine andere menschliche Fähigkeit als die Sprache, nämlich die Motilität, als therapeutisches Medium eingesetzt.

Mittlerweile wird immer deutlicher, daß die Tanztherapie sich von einer Hilfstherapie zu einer eigenständigen Therapieform entwickelt hat. Patienten kommen aus eigener Initiative oder durch Empfehlung. In der privaten Praxis der Autorin sind jetzt kaum noch Patienten anzutreffen, die von anderen Therapeuten nur zur Entspannung oder zum Aufbau des Körperichs geschickt worden sind. Die Mehrzahl der Patienten fordert bewußt eine Intervention, die die Spaltung zwischen Körper und Geist heilt. Seitdem sich so viele Tanz- und Bewegungstherapeuten vom nur Ästhetischen abgewandt haben und sich mit dem beschäftigen, was die Therapie voranbringt und ihr nützlich ist, sind auch die Prognosen zuverlässiger geworden (Schoop 1971, Espenak 1972, Schmais 1974, Kalish 1974, Bernstein 1979). Man hat erkannt, daß die menschliche Bewegung sich durch Wachstum und Entwicklung verändert (Mittelman 1955, 1957, Kestenberg 1977, Gesell und Amatruda 1973, Siegel 1973a). Wenn man die wahrnehmbaren, manifesten Bewegungsmuster eines Menschen in Beziehung setzt zu den verschiedenen Stufen der menschlichen Entwicklung, kann man eine recht genaue Aussage über den Zeitpunkt der Fixierung machen, also über die Zeit, in der weiteres seelisches Wachstum durch ein Trauma verhindert wurde.

Es gibt zum Beispiel zahlreiche Menschen, die in ihrer Körperhaltung das Bewegungsmuster eines Kleinkindes beibehalten haben. Wenn der Bauch in typischer Weise nach vorn geschoben wird und das Becken sich nicht kreisförmig bewegen läßt, lohnt es sich, nach Schwierigkeiten in der Analphase zu suchen. Man muß auch darauf vorbereitet sein, daß in diesen Fällen verbale Assoziationen und Gefühle unterdrückt und zurückgehalten werden.

Das Ästhetische in der Tanztherapie

Tanztherapeutinnen lassen sich gern dazu verführen, den Tanz bzw. die Ästhetik des Tanzes gegenüber der verbalen Durcharbeitung des Geschehens zu sehr zu betonen. Zwar kann man auch auf diese Weise eine Harmonie herstellen, insofern Gefühle, Phantasien und Handeln vereinigt werden; aber das ist noch nicht genug. Ein solches Vorgehen hilft dem Patienten nicht, wenn er eine neue Krise erlebt.

Fallbeispiel: Bernard

Bernard ging noch zur Schule, als man ihn in die Tanztherapie schickte, weil sein Lehrer bemerkt hatte, daß er außergewöhnlich gut tanzen konnte und jede Schrittart, jeden Rhythmus mitzumachen verstand. Seine Diagnose lautete »gewählter Mutismus«. Die sonstige Pathologie war außer acht gelassen worden.

Man wußte, daß Bernard eine schizophrene Mutter hatte. Nach ihrem Tod wurde er zu einer Pflegemutter gegeben, die später Alkoholikerin wurde. Bernard war verzweifelt, als sich der Zustand der zweiten Mutter immer mehr verschlechterte. Er fing an, sie zu beschimpfen, sie zu schlagen und sich ganz wie ein potentieller Mörder zu benehmen. Die Pflegemutter mußte in ein Sanatorium gebracht werden, und es fand sich niemand, der sich um Bernard kümmern wollte. Bernard wurde in eine psychiatrische Anstalt eingeliefert. Als beide wieder entlassen wurden, war Bernard stumm geworden. Erst versuchte man, ihn durch Schmeicheleien umzustimmen. Dann wurde eine Verhaltenstherapie eingesetzt. Man verschrieb auch Medikamente. Aber nichts half. Bernard blieb stumm.

Man könnte nun geneigt sein anzunehmen, daß Bernard ein besonders geeigneter Patient für eine Tanztherapeutin war. Er war fähig, jede Situation im Tanz darzustellen, und konnte seine Gefühle in der Bewegung wunderbar symbolisieren. Aber seine Tänze hatten etwas Unechtes, Theatralisches an sich. Man wußte nie so recht, ob er einen aufziehen wollte oder ob er so schön tanzte, weil er glaubte, dies würde von ihm verlangt. Seine Gefühle schienen sein Handeln nicht zu beeinflussen. Es sah so aus, als ob er immer von weit weg auf sich und andere aufpaßte. Am liebsten hörte er Calypso und Reggae.

Er kam zweimal die Woche zu mir in Behandlung. Er war Einzelpatient und nahm an keiner anderen Therapien teil. Bernard suchte sich jedesmal die gleiche Rock'n-Roll-Platte aus, nämlich Elton Johns *Crocodile Rock*. Jeder Versuch, mit ihm Kontakt aufzunehmen oder bei seinem Tanz mitzumachen, wurde entweder abgewiesen oder ignoriert. Aber nach einiger Zeit hörte er auf, sich von mir abzuwenden und tanzte mit mir, d. h., er erlaubte mir, mit ihm zu tanzen. Ab und zu kommentierte ich: »Ich glaube, du bist ganz gerne stumm« oder »Sicherlich ist es angenehmer für dich, so stumm zu sein«. Er grinste nur.

Nachdem wir drei Monate lang zweimal die Woche *Crocodile Rock* getanzt hatten, nickte er mir immerhin schon zu, wenn ich ihn mit »Hallo« begrüßte. Er brachte es fertig, mich in eine schmerzhafte Gegenübertragung zu stoßen, die mein Selbstbild als qualifizierte Tanztherapeutin angriff. Außerdem gab es jetzt noch Druck vom Behandlungsteam. Alle wußten, daß Bernard himmlisch tanzen konnte. Warum war er also in Tanztherapie? Er hatte doch kein Bewegungsdefizit! Ich versuchte, bei unserem rituellen *Crocodile Rock* meine Erregung während der Bewegung zu verbergen. Manchmal, aber besonders wenn ich so ungeduldig wurde, daß ich am liebsten aufgeschrien hätte, lächelte Bernard mir freundlich zu oder zwinkerte mit den Augen. Ich kam mir vor wie ein Fisch, der den Haken schon im Mund hat. Es gelang mir aber, ruhig zu bleiben. Ich intervenierte auch weiterhin durch Kommentare und spiegelte Bernards geschmeidige Bewegungen. Sie hatten die sardonische, selbstverständliche und selbstsichere Art eines gewitzten Straßenjungen, der in den Großstadtghettos zu Hause ist. Endlich fing ich an, selbst Freude an diesen Tänzen zu haben. Ich merkte, daß mein eigenes Bewegungsmuster auch geschmeidiger wurde, wenn ich mit Bernard tanzte. Wochenlang machte er voller Eifer seine Aufwärmübungen, improvisierte nach Themen, die ich aussuchte, aber hielt sich immer an seinen *Crocodile Rock*. Schließlich wurde das der einzige gemeinsame Tanz, der möglich war.

Nach rund sechs Monaten hatten wir endlich einen kleinen Erfolg. Ich merkte, daß Bernard mir etwas mitteilen wollte, denn er strahlte übers ganze Gesicht, als er mich sah. Ganz bewußt stolzierte er zum Plattenspieler, spielte aber eine andere Platte: *Honky Cat*, auch von Elton John. Wir tanzten sehr lebhaft, und ich wußte, daß ich hier zu interpretieren hatte, denn die neue Musik signalisierte ja etwas Neues. Aber wie konnte ich ihm klarmachen, daß ich nicht nur gern mit ihm tanzte, sondern daß ich auch sein neues Vertrauen schätzte und verstand? Ich hätte mir keine Sorgen machen sollen. Bernard regelte alles. Er hielt mir die Hand hin zum »give-me-five«, einem bei den Straßenjungen üblichen Handschlag, bei dem man sich gegenseitig auf die ausgestreckten Handflächen schlägt. Ich ließ mich darauf ein und wurde sofort belohnt. »Funky Honky Siegel«, murmelte er.*
Während ich versuchte, meine Freudentränen zu verbergen, suchte ich gleichzeitig nach einer Antwort, die es Bernard ermöglichen würde, auch die Übertragungsaspekte unserer neuen Beziehung zu erkennen. Da ich Funky und Honky war – was war er? Bedeutete seine Kommunikation: »Komm bitte nicht so nahe an mich heran, du könntest mich ja auffressen«? Oder war es ganz einfach: »Ich kann jetzt mit dir reden, weil du mich akzeptiert hast und stumm bei mir warst«? Ich kam rasch zu dem Entschluß, daß vor allem Bernards Selbstbewußtsein Unterstützung brauchte. Ich bot ihm einen Gruß in seinem eigenen Jargon an: »Cool Cat Bernard?«

---

* sinngemäß: »die beschissen großartige weiße Siegel«

Er war begeistert. Wir hatten wirklich den Wendepunkt erreicht. Bernards Tänze änderten sich nun völlig. Er tanzte vornehme Menuette, bei denen wir uns nur an den Fingerspitzen hielten. Wir liefen würdevoll den Raum entlang oder tanzten langsame Walzer, bei denen wir einander ansahen. Während dieser Tänze erzählte mir Bernard über die Brutalität, die sein Leben verwüstet hatte. Langsam faßte er auch zu anderen Vertrauen und sprach mit Lehrern und Mitschülern. Aber ein Unstern verfolgte ihn weiterhin. Sein Vormund beschloß, ihn aus der Tagesklinik herauszuholen. Er wurde wieder stationär behandelt. Als er in die Klinik zurückkam, war kaum noch etwas von seiner Lebendigkeit und schönen Geschmeidigkeit übriggeblieben.

Von Bernard lernte ich eine wichtige Lektion. Die Tanztherapie hatte ihm wirklich geholfen, sie hatte ihn in seiner Entwicklung weitergebracht, und er konnte sich nun harmonisch und mit viel Gefühl durch Körper und Intellekt ausdrücken. Aber wir konnten nicht lange genug zusammen arbeiten und waren nicht tief genug in seine Störungen eingedrungen, um sie ganz aufzulösen. Er war einfach noch nicht imstande, sich gegen die Brutalität seiner Umgebung zu wehren.

Während er mir seine Lebensgeschichte erzählte, verlor er fast ganz die graziöse Geschmeidigkeit seiner Anfangstänze. Als sein Wahrnehmungsvermögen wuchs, wurde er depressiv. Diese Depression zeigte sich auch in seiner Bewegung. Das ist nicht überraschend, wenn man sich über die Dynamik der Trauer im klaren ist. Bernard hatte so viel verloren und war so oft enttäuscht worden, daß ein Teil seines Selbst verlorengegangen war. Es war ihm nicht möglich zu trauern. Statt dessen bestrafte er sich selbst durch Vorwürfe und wahnhafte Strafphantasien (Freud 1917).

Das Ästhetische in unserer Beziehung verhalf Bernard zu größerer Kontaktfreudigkeit. Er entwickelte sich auch entsprechend, so daß man einen dauerhaften Erfolg erwarten konnte. Aber seine Umgebung erkannte den therapeutischen Erfolg nicht, und auch ich, seine Therapeutin, hatte es nicht verstanden, ihm weiter zu helfen.

Tanztraining ist wichtig*

Die Möglichkeit, verschiedene tänzerische Ausdrucksformen auszuprobieren, ist während der ersten Phase der tanztherapeutischen Behandlung für die Patienten sehr wichtig. Bei manchen der neueren Ansätze wird eine gründliche tänzerische Ausbildung der Therapeuten nicht für unbedingt erforderlich gehalten. Aber innerhalb des psychoanalytischen Bezugsrahmens, dem ich mich verpflichtet fühle, bleibt ein fundiertes Tanztraining die Grundvoraussetzung. Genauso wie von einem Psychoanalytiker verlangt wird, daß er sein eigenes Selbst in der Analyse verstehen lernt, damit er später einmal ein fachkundiger und verständnisvoller seelischer Begleiter seiner Patienten wird, muß eine Tanztherapeutin die ihr verborgen gebliebenen Bereiche ihrer eigenen Bewegungsmuster erforscht haben. Dazu gehört ein gründliches Tanztraining. Der Tanztherapeut muß nicht nur mehrere Tanztechniken anatomisch korrekt beherrschen, – diese Techniken sollten auch zum Bestandteil seines persönlichen Bewegungsrepertoires geworden sein.

Das ist ohne gründliche tänzerische Ausbildung natürlich ganz unmöglich. Die Supervision angehender Tanztherapeuten hat mich in dieser Meinung erheblich bestätigt. Ausbildungskandidatinnen, die keine gründliche tänzerische Ausbildung hatten, waren zwar oft intelligent, intuitiv und voll guter Ideen, aber sie waren eher Psychotherapeutinnen, die Bewegungsabläufe mit einbezogen, als wirkliche Tanztherapeutinnen. Sie wußten einfach nicht, wie man eine Bewegungssequenz zu Ende führt oder wie man einen Basic Dance mit einer Tanzform verbinden kann.

Es entbehrt nicht der Ironie, daß diese gescheiten jungen Leute, die sich selbst »organic movers« nennen, zwar alle nur denkbaren möglichen psychischen Strukturen erkennen und analysieren können, aber weder eine Pavane zu identifizieren noch ein Menuett zu tanzen verstehen. Aber gerade solche Tanzformen und Stile eignen sich als Brücke zwischen unbewußtem Bewegungsausdruck und ästhetischem Erleben.

---

* Die American Dance Therapy Association hat 1972 die Voraussetzungen veröffentlicht, die bei einem Qualifizierungsnachweis erbracht werden müssen.

Grundlagen einer
psychoanalytischen Theorie der Tanztherapie

Die Verwissenschaftlichung der Tanztherapie setzte ein, als man erkannte, daß Bewegung die Persönlichkeit widerspiegelt; daß die persönlichen Beziehungen, die sich mittels Bewegung zwischen Patient und Therapeut herstellen, Veränderungen physiologischer und seelischer Funktionen fördern; und daß tiefe Veränderungen der Bewegungsmuster auch Veränderungen in der gesamten Persönlichkeit ankündigen (Schmais 1974).

Trude Schoop, eine Pionierin der Tanztherapie, schrieb 1971: ». . . wenn die Psychoanalyse eine Veränderung der Geisteshaltung erreicht, kann man auch eine Veränderung im körperlichen Verhalten erwarten. Wenn also eine Tanztherapeutin Veränderungen im körperlichen Verhalten erreicht, kann man auch mit einer Veränderung der Seele rechnen. Beide Methoden sehen ihr Ziel in der Veränderung des gesamten Seins, Körper und Seele« (S. 5).

Diese ganzheitliche Auffassung oder vielmehr Erfassung des Menschen liegt allen Formen der Tanztherapie zugrunde (Bernstein 1979). Wir leben schließlich in, mit und durch unsere Körper und erfüllen alle Lebensaufgaben durch ihn. Aber diese Aussagen geben keinen Hinweis darauf, wie man vor dem Hintergrund dieser Erkenntnis mit Widerstand und Übertragung umgeht. Dieses Buch versucht zumindest, sich damit auseinanderzusetzen.

Motilität und das Ich

Eine Definition des Wortes »Ich« ist hier am Platz. Zunächst benutzte Freud das Wort, um das ganze Selbst des Menschen, seine Körperlichkeit eingeschlossen, zu beschreiben. Er prägte auch das Wort »Körper-Ich«. Etwas umformuliert in »Ich, der Körper«, drückt dies schon fast das Ideal der Tanztherapie aus. 1923 änderte Freud jedoch seine Modellvorstellung. Er sah das »Ich« nicht mehr als das Ganze des Menschen an, sondern entwickelte sein Strukturmodell der Psyche mit den allgemein bekannten Bestandteilen: Es, Ich und Über-Ich. In diesem Modell besteht die wichtigste Funktion des Ichs in der Vermittlung von innerem Drang und äußeren Forderungen. Nach Freud entwickelt sich das Ich aus einer – zum

Zeitpunkt der Geburt – noch undifferenzierten Anlage durch die Identifizierung mit den äußeren Objekten. Das Ich entsteht also aus einer undifferenzierten Matrix, in der weder Ich noch Nicht-Ich, weder Innen noch Außen unterschieden werden können. Das Ich der Tanztherapie ist immer und unter allen Umständen das körperliche Ich, durch das wir unsere Wirklichkeit nicht nur konstruieren, sondern auch anfassen, sehen, hören und riechen. Es gibt überhaupt keine Lebenstätigkeit, die nicht durch den Körper ausgeführt wird. Darum möchte ich das hypothetische Ich Freuds, das zwischen der inneren und äußeren Welt vermittelt und sowohl Bewußtes wie Unbewußtes umfaßt, im Rahmen der Tanztherapie durch den Begriff des Selbst ersetzen.

Objektbeziehungen

Das Wort »Objekt« bedeutet in diesem Zusammenhang eine wichtige Bezugsperson. Der Ausdruck »Objekt« ist unglücklich gewählt, denn es bezeichnet im allgemeinen einen Gegenstand. Trotzdem bezeichnet die psychoanalytische Fachsprache wichtige persönliche Beziehungen als Objektbeziehungen und spricht deshalb auch von einer Objektbeziehungstheorie. Genau wie alle anderen menschlichen Fähigkeiten und Eigenschaften entfalten und ändern sich diese Objektbeziehungen im Laufe der Entwicklung von der Geburt bis zum Tod. Man kann viele dieser Veränderungen im menschlichen Leben voraussagen (Mittelman 1955, 1957, Spitz 1965, Mahler 1968, Gesell und Amatruda 1973, Siegel 1973a), da sie im Laufe phasenspezifischer Entwicklungen auftreten. Es handelt sich dabei im wesentlichen um die orale, anale und phallische Phase. Jede hat ihre eigenen Merkmale. Wir alle tragen die Wahrnehmungen und Einstellungen, die uns in jeder dieser Phasen geprägt haben, mit uns. Darum sind auch Spuren aller Lebenserfahrungen in uns aufgespeichert, ob wir das nun wahrhaben wollen oder nicht.

In Übergangsstadien, wo die alten Anpassungsleistungen sich mehr und mehr als inadäquat erweisen, aber neue noch nicht vollständig an deren Stelle getreten sind, wirken sich traumatische Erfahrungen besonders verhängnisvoll aus (Hartmann 1939, Kris 1952, Spitz 1965). Wenn zum Beispiel ein Kleinkind die Erfahrung gemacht hat, daß seine Mutter immer rechtzeitig erscheint, um ihm seine Nahrung zu geben, kann es nach einiger Zeit auch ihre Abwesenheit bis zur nächsten Mahlzeit ohne Angstgefühle ertragen. Läßt die Mutter jedoch häufig den gewohnten Rhythmus ihrer Wiederkehr außer acht, fühlt sich das Kind vernachlässigt und verloren; das Gefühl der Verlassenheit führt zur Depression (Spitz 1965). Gestörte Objektbeziehungen und eine Unfähigkeit, Vertrauen zu entwickeln, können die Folgen sein, wenn das Kind zu oft und ohne Erklärung sich selbst überlassen bleibt.

Spitz und andere Entwicklungspsychologen haben auch festgestellt, daß sich abweichende Lebensanpassungen ergeben, wenn menschliche Fähigkeiten und Anlagen aufgrund psychischer oder organischer Defizite in ihrer altersspezifischen Entwicklung behindert werden. Diese Abweichungen können sich in relativ nebensächlichen Erscheinungen der Bewegungsentwicklung zeigen, wie z. B. einem fehlenden Interesse am Gesellschaftstanz, sie können aber auch so tiefgehend sein, daß sie jede bewußte Bewegung verhindern. Macht man sich mit den typischen Ereignissen einer jeden Entwicklungsphase vertraut, dann wird es möglich, die unzureichenden oder abweichenden Anpassungen des einzelnen zu erkennen: die Spuren der Fixierungsstellen sind im Körper wiederzufinden. Je weiter sich ein Mensch entwickelt hat, desto schwieriger wird das. »Sehen« oder vielmehr Diagnostizieren heißt, sich mit vielen Aspekten des Menschen und seiner Umgebung auseinanderzusetzen (A. Freud 1965).

Wenn von höheren oder niedrigeren Entwicklungsstufen die Rede ist, so ist damit keine Wertung ausgesprochen. Ich habe Hochachtung vor meinen Patienten, denn sie haben mir immer wieder gezeigt, wieviel seelische Kraft und Lebensbejahung sie aufbringen mußten, um überhaupt weiterleben zu können. Ich versuche, menschliches Verhalten weder als gut noch als schlecht anzusehen, sondern es als Phänomen zunächst einmal hinzunehmen.

Übertragung und Gegenübertragung spielen in jeder Form der Psychotherapie eine bedeutsame Rolle; in Kapitel 3 werde ich näher darauf eingehen, welche spezifische Färbung sie in der Tanztherapie annehmen. Tanztherapeuten nehmen viel stärker als Therapeuten anderer Richtungen an den Gefühlen ihrer Patienten teil, weil ihr ganzer Körper als »Resonanzboden« wirkt. Analytiker sprechen von dem Mitschwingen mit dem Patienten (Greenson 1967). Aber im großen und ganzen werden die körperlichen Gefühle, die in der psychoanalytischen Gegenübertragung doch auch vorkommen, nicht bewußt eingesetzt. Berühmte Ausnahmen sind Reich (1933), Schafer (1959) und Jacobs (1973). Die Mutigen, die doch ihre körperlichen Gegenübertragungswahrnehmungen bewußt benutzen, haben bisher nur wenig darüber veröffentlicht (Searles 1979, LeBoit und Capponi 1973). Wenn sich die gleichen körperlichen Symptome wiederholen, ist das für die Tanztherapeutin ein Signal, daß sich eine Gegenübertragung gebildet hat. Dabei kommt es natürlich darauf an, daß der Tanztherapeut sich selbst möglichst genau kennt. Fachkundige Tanztherapeuten sind darauf vorbereitet, daß solche körperlichen Signale auftreten und gehen bewußt mit ihnen um.

Besetzungsquantitäten

Freud (1914a) beobachtete, daß unter gewissen Umständen bestimmte Körperteile oder Gedankengänge eine besonders starke Besetzung erfuhren. In der Tanz- und Bewegungstherapie beschäftigen wir uns ganz gezielt mit besonders besetzten Bewegungsmustern, Körperspannungen und Körperteilen, die entweder stark besetzt oder dem wahrnehmenden Ich entfremdet sind. Manche schwergestörten Kinder und Erwachsenen haben zum Beispiel die Oberfläche ihrer Haut so schwach besetzt, daß sie sich selbst verletzen müssen, um überhaupt etwas zu fühlen. Auf der anderen Seite gibt es Patienten, deren Hüften oder Lungen usw. so stark besetzt sind, daß ihr ganzes Gefühlsleben sich nur um diese Körperteile dreht.

Ich hoffe, daß ich mit dieser Einleitung ein paar Hinweise geben konnte auf das, was Tanztherapie ist. Viele Fragen müssen zwangsläufig offen bleiben. Was ich zu bieten habe, sind Hypothesen, die ich während meiner zwanzigjährigen Erfahrung als Tanztherapeutin erarbeitet habe; sie müssen vorläufig genügen, um die Tanztherapie als eine Form der Tiefentherapie einer breiteren Öffentlichkeit vorzustellen.

1 Leib und Seele als Einheit

Ichpsychologisches Denken weist zahlreiche Parallelen mit der Form von Tanz- und Bewegungstherapie auf, die hier beschrieben wird. Schilder (1923/1950) war der Meinung, daß unser Körperbild »die Kristallisierung unserer Lebenserfahrungen« darstellt, während Tanz- und Bewegungstherapeuten davon ausgehen, daß Bewegung unsere eigentliche Persönlichkeit widerspiegelt (Schmais 1974). Diese Formulierungen aus unterschiedlichen Erfahrungsbereichen haben vieles gemeinsam. Sie sagen aus, daß unsere Motilität und die Art, in der wir unsere Körper benutzen, eine ganz bestimmte Bedeutung enthalten und daß sie zum einen durch die Tatsache geprägt werden, ob wir innere und äußere Reize akzeptieren oder sie zurückweisen, zum anderen durch bewußte und unbewußte Wahrnehmungsvorgänge.

Manche Psychoanalytiker betonen die Leib-Seele-Einheit in auffallender Weise. Freud (1923) sah den Körper als Quelle allen Bewußtseins. Hoffer (1949) beschrieb die frühe Entwicklung eines rudimentären Körperichs. Fenichel (1945) spricht über »Störungen des inneren Empfindungsvermögens und körperlicher Wahrnehmungen« (S. 248). Schilder (1923/1950) behauptet, daß »die Verbindung zwischen Muskelbewegungssequenzen und Geisteshaltung so eng ist, daß eine Geisteshaltung nicht nur mit einem Muskelzustand verknüpft ist, sondern auch, daß jede Abfolge von Spannung und Entspannung eine bestimmte Geisteshaltung herbeiführt. Bestimmte Bewegungssequenzen verändern die Geisteshaltung und führen sogar einen veränderten Einsatz der Muskulatur herbei« (S. 208). (Übers. durch d. Autorin.)*
Von diesem Gesichtspunkt aus wird die nonverbale, intersubjektive Kommunikation zwischen Patient und Therapeut verständ-

---

* Alle Seitenangaben beziehen sich jeweils auf die englischsprachige Ausgabe. Von dieser ausgehend, wurden – mit Ausnahme der Arbeiten Freuds, die im Original zitiert wurden – alle Zitate von der Autorin ins Deutsche übersetzt bzw. rückübersetzt. Sie entsprechen also im Wortlaut nicht der deutschsprachigen Fassung.

lich. Die angeführten psychoanalytischen Theoretiker haben Konzepte aufgestellt, in denen die Wechselbeziehung zwischen Leib und Seele selbstverständlich war. Wenn man ihren Gedankengängen folgt, zeigt sich die allgegenwärtige Leib-Seele-Spaltung als das Ergebnis des Erziehungs- und Zivilisationsprozesses, worunter auch verhältnismäßig gesunde Menschen leiden.

Wenn man als Therapeut mit den Ausdrucksformen des Körpers arbeitet, muß man zwischen Katharsis und Abreaktion unterscheiden. In einer echten Katharsis weiß der Mensch nicht mehr, was und wie er etwas tut. Die Ichfunktionen werden von den aufgestauten Gefühlen aus der Vergangenheit überflutet. Abreaktion hat nicht derart weitreichende Folgen. Die Patienten werden zwar ermuntert, sich ihrer eigenen Gefühle bewußt zu werden, aber auch, sich selbst dabei zu beobachten. In diesem Fall wird der Patient auch weinen oder schreien oder sich ganz zurückziehen, aber er wird wissen, was er tut und daß er es ist, der diese Erfahrung macht. Dadurch gelingt es dann dem bewußten Ich, Herrschaft über die scheinbar unkontrollierbaren Aspekte der Katharsis zu gewinnen. Abreaktion ist also eine »Minikatharsis«.

Wenn ein unpassendes Bewegungsmuster endlich aufgegeben wird, folgt ein starkes körperliches Wohlgefühl. Die Erinnerung an dieses Wohlgefühl hilft dem Patienten später, seine Widerstände zu überwinden, auch wenn Verbalisierung und Interpretation nicht wirksam sind.

Um es anders auszudrücken: Intellektualisierung als Abwehr, Ichspaltung und Abspaltung des Inneren vom Äußeren sowie Affektverdrängung sind in der Muskulatur genauso klar zu erkennen wie im psychischen Bereich.

Tanz als gemeinschaftliches Ritual und allgemein akzeptierte Form der Abreaktion kennt die Welt schon lange. Es gibt viele Beispiele, die den menschlichen Trieb, sich körperlich zu erfahren, zum Ausdruck bringen: Kriegstänze dienen dazu, die Wut des einzelnen zu steigern und durch Verschmelzen mit in gleicher Weise Fühlenden zu steigern; Derwische und die Jsawija Nordafrikas versetzen sich durch Tanzen in religiöse Ekstase, die zur Selbsthypnose führt; auch an die Rock-and-Roll-Tänze unserer eigenen Kultur mit ihrer zur Schau gestellten, aber vergeblichen Sexualität ist dabei zu denken.

In der psychoanalytischen Tanztherapie kann die seelische Harmonie, wie sie vor Spaltungen und Verdrängungen bestand, wiederhergestellt und das Bedürfnis nach Körpererfahrungen befriedigt werden.

Erste Konzepte

Im Verlauf meiner Erfahrungen mit psychoanalytisch orientierter Tanztherapie gelangte ich zu sechs Arbeitshypothesen. Wenn man sie konsequent anwendet, läßt sich der Behandlungsablauf so strukturieren, daß die Tanztherapie in ihrer Funktion als Tiefentherapie bestätigt wird.

1. Der Wiederaufbau einer harmonischen Leib/Seele-Einheit muß durch sorgfältige Bewegungsarbeit erfolgen, die nicht nur die motorischen Fähigkeiten, sondern insbesondere den Aufbau eines adäquaten Körperbildes fördert.
2. Katharsis wird als ein Weg zur notwendigen Rückkehr an den Fixierungspunkt erkannt.
3. Die durch Selbstbeobachtung gewonnene Einsicht muß durchgearbeitet werden.
4. Von dem Patienten bevorzugte Bewegungsmuster werden als Ausgangspunkt speziell choreographierter Tänze und individueller Übungen genutzt.
5. Selbständigkeit wird durch Improvisation gefördert.
6. Hemmungen und Verkrampfungen in den Skelettmuskeln werden als unbewußter Versuch angesehen, Aggression auszudrücken und gleichzeitig zu unterdrücken.

Diese Leitlinien sind konsistent mit der klassischen psychoanalytischen Annahme, daß die Symptomformation einen Kompromiß zwischen Abwehr und Ausdruck darstellt.

Nachdem diese Grundlagen eingeführt wurden, stellte sich heraus, daß andere psychoanalytische Konzepte genauso wichtig waren. Ein besonders wichtiges wurde das Konzept der Desomatisierung.

Desomatisierung

Die Befürchtung, daß Tanz- und Bewegungstherapie aufgrund der direkten Körperarbeit Agieren und primärprozeßhaftes Denken fördern könnte, bereitete allen psychoanalytisch orientierten Lehrern und Psychologen große Sorgen. Sie fragen, wie es kommt, daß ein Mensch, dessen Denken von irrationalen, primitiven Wünschen beherrscht wird, das wiederum zu einem impulsiven, unberechenbaren Verhalten geführt hat, nach einer Tanztherapiestunde ruhiger und besonnener ist? Ist es nicht zu stimulierend, wenn nicht sogar allzu intim, wenn ein Patient mit seiner Therapeutin tanzt?

Dabei ist die Antwort klar. Wenn ein regredierter oder in seiner Entwicklung stehengebliebener Mensch die Gelegenheit hat, sich körperlich zu entspannen, so erhöht sich seine Realitätswahrnehmung. Wenn symbolische Verdichtungen und Verschiebungen ihre Lösung in der Bewegung finden, kann man auch ohne sie auskommen und sich der Wirklichkeit zuwenden. Schilder stellte fest, daß jede Empfindung einen entsprechenden motorischen Widerhall findet. Wenn also ein Schizophrener seine Hand als Fremdkörper über sich fliegen sieht, mag ihn das dazu veranlassen, den Besitz seiner Hand zu verleugnen. Er mag sich auch weigern, irgend etwas anzufassen, weil er glaubt, keine Hand zu besitzen. Es kann auch passieren, daß er seiner Hand nachläuft und versucht, sie wieder einzufangen, als sei sie ein Schmetterling. In der Tanztherapie kann man in solchen Fällen durch Streicheln und Massieren des Armes und der Hand und durch Bewegungsübungen eine Wiedereingliederung erzielen. Danach kommt es oft vor, daß der Patient untersucht, ob die Therapeutin auch Hände und Arme hat, die genauso miteinander verbunden sind wie die seinen. Unter Umständen schließt sich daran eine Spiel- und Entdeckungsperiode an, die den Eindruck vermittelt, als ob ein kleines Kind die einzelnen Körperregionen zum ersten Mal erforschen würde. Die Gewißheit: »Ich besitze diese Hand und diesen Arm« vermindert den Einfluß von Zwangsvorstellungen über den Verlust von Körperteilen. Aber ehe man mit dieser Art des Aufbaus eines kohärenten Körperbildes überhaupt beginnen kann, muß man sich notwendigerweise zunächst mit Tänzen begnügen, die nur der Entspannung dienen.

Bei Patienten, die schon weiter entwickelt sind, wird man mit komplizierteren Fragen konfrontiert. Zum Beispiel: Wie kommt es, daß Tanzen einem gehemmten Menschen zu größerer Freiheit verhilft? Wie läßt sich überhaupt ein Zusammenhang zwischen Improvisation, Entspannungsmethoden, Atemübungen und psychischen Entwicklungsstufen herstellen?

Schur (1955) schreibt in seinem »Kommentar über die Metapsychologie der Somatisierung«:
»Aus diesem undifferenzierten Zustand setzt sich die Entwicklung in verschiedenen Richtungen fort. Eine Richtung wäre z. B. die Entwicklung der Muskelkoordination. Eine andere wäre die Entwicklung der geistigen Fähigkeiten. Es besteht eine Parallele und eine gegenseitige Abhängigkeit zwischen der Entwicklung des Zentralnervensystems und der Motorik, der Stabilisierung der Homöostase . . . als wesentlichem Bestandteil der Ichbildung. In ihrer Gesamtheit bewirken diese Vorgänge eine wachsende Desomatisierung gewisser Reizreaktionen. Die Entwicklung läuft so ab, daß Agieren durch Denken ersetzt wird und vegetative Entladungsphänomene ihre Bedeutung verlieren« (S. 122 f.).

Schurs Kommentar besagt, kurz zusammengefaßt, daß Entwicklung Desomatisierung mit sich bringt. Statt sich von jeder Wahrnehmung oder jedem Gedanken zum Handeln treiben zu lassen, wird es möglich, zwischen inneren und äußeren Notwendigkeiten zu wählen. Wenn dieser Vorgang mißlingt, stellt sich eine *Re*somatisierung ein, das heißt, eine Regression auf physiologische Prozesse. Schur ist überzeugt, daß eine solche Regression einen präverbalen, sogar prä-Ich-artigen Zustand darstellt, der sich besonders in psychosomatischen Krankheitsbildern bemerkbar macht, wie Colitis ulcerosa, Asthma, essentielle Hypertonie usw. Fenichel nannte solche Störungen »Angstäquivalente«. An die Stelle des Reaktionsmechanismus der Angst tritt die Somatisierung, wobei die Energieabfuhr ins Körperinnere gelenkt wird. Dieser Vorgang ist dem postnatalen, nach innen gerichteten Entladungsprozeß ähnlich, der so lange vorherrscht, bis die Haut durch körperliche und psychische Fürsorge der Mutter allmählich als Grenzfläche erkannt wird (Jacobson 1964).

Somatisierung gibt es auf allen Entwicklungsstufen und in allen psychopathologischen Krankheitsbildern. Hier hat sich die Tanztherapie als besonders wirksam erwiesen, aber nur dann, wenn auch das Sprechen und die Deutung im Medium der Sprache mit einbezogen werden.

Sprechen als Entspannung

Man kann die inneren Schwierigkeiten eines Patienten nur dann verstehen, wenn man auch Haltung und Gebärdensprache, Rhythmus und Spannungen wahrnimmt, die immer vorhanden sind, ob der Patient nun verhältnismäßig wenig Widerstand aufweist oder ob er sich hinter Sprache und Gestik versteckt. Aber die Möglichkeit, sich auszusprechen, hat selbst schon entspannende Wirkung. In der Bewegung und im Tanz ergeben sich wie von selbst die entsprechenden Themen, die die Lebenserfahrungen der Patienten zur Grundlage haben.

Eine asthmatische Frau hatte in zahlreichen Atemtherapiesitzungen gelernt, wie man tief Atem holt, aber sie hatte immer noch unter ihrer Krankheit zu leiden. Wir mußten lange miteinander »sprechen«, ehe sie zugeben konnte, daß ihre Krankheit vielleicht nicht nur physiologisch bedingt sei. Sie hatte durch Atemübungen aus dem Hatha-Yoga und nach dem Training mit einer anderen Tanztherapeutin Erleichterung gefunden. Aber die chronischen Spannungen und Brustverkrampfungen verschwanden nicht, bis sie mir Vertrauen entgegenbrachte und mir unter verzweifeltem Schluchzen erzählen konnte, wieviel Angst sie als Kind auszustehen hatte. Ihre Mutter hatte sich nie um ihre Angst vor der Dunkelheit gekümmert und hatte sie nachts nie getröstet. Ihre Improvisationen blieben für sie ohne jeglichen Sinn und hatten nichts mit ihren Gefühlen zu tun, bis sie imstande war, in ihrer Therapeutin eine Person zu sehen, die sie auch nachts anrufen konnte, wenn die Asthmaanfälle allzu bedrohlich wurden. Das soll nun aber nicht heißen, daß alle Patienten immer anrufen dürfen, wenn sie sich nicht gut fühlen. Diese Anlehnungsbedürftigkeit wird nur dann unterstützt, wenn die Entwicklungsstufe des Patienten es verlangt.

Selbständigkeit muß gefördert werden

Solche Vorkommnisse warfen neue theoretische Fragen auf. Man muß die Gefahr erwägen, daß so viel Entgegenkommen selbständiges Handeln unterbinden könnte. Das ist eine Frage, über die Psychoanalytiker seit jeher diskutiert haben. Schon Freud (1914c) warnte davor, einem Patienten zu viel Gratifikation anzubieten.

Ein befriedigtes Bedürfnis verschwindet aus dem Bewußtsein und kann nicht mehr untersucht werden. Darum ist es auch so wichtig, geheime Wünsche und Konflikte nicht nur aufzudecken, sondern sie auch genau dann zu behandeln, wenn sie ins Bewußtsein getreten sind.

Hunger verschwindet, wenn man gesättigt ist. Das gilt auch für den Gefühlshunger. Warum soll man sich in der Realität einen Freund/eine Freundin suchen, wenn die Therapeutin schon diese Rolle innehat? Als unerfahrene Therapeutin fand ich es außerordentlich schwierig, Einladungen zu Geburtstagsfeiern auszuschlagen, besonders wenn ich während der Therapiestunden viel darüber gehört hatte. Auch wäre ich gern dabeigewesen, als eine Patientin sich verheiratete. Aber ich konnte dem Geburtstagskind nicht die gute Fee vorspielen, die sie sich wünschte. Meine Gegenwart hätte nur ihre omnipotenten Vorstellungen verstärkt, daß alle ihre Wünsche erfüllt würden. Sie hätte mich dann genauso geschickt manipuliert wie früher ihre Familie und ihre Lehrer. Und die Braut glaubte, dringend eine gute Mutter zu brauchen. Ihre Rachephantasien gegen die Mutter wären durch das Erscheinen ihrer Therapeutin bei der Hochzeitsfeier noch verstärkt worden.

Patienten müssen durch geschütztes Probehandeln in ihren Therapiestunden selbständig ihre Konflikte lösen, wobei die Gewißheit der Therapeutin, daß man Probleme durcharbeiten kann, sie unterstützt.

Freud und seine Nachfolger haben von Patienten mit großen Bedürfnissen, die sich zurückgestoßen fühlten, und von entrüsteten Menschenfreunden, die meinten, daß die analytische Neutralität Leidende noch tiefer verletze, wahre Proteststürme über sich ergehen lassen müssen. Im Grunde genommen besteht die Schwierigkeit darin, daß der Therapeut dem Patienten zwar als Spiegel dienen, ihm aber zugleich auch Empathie und Verständnis entgegenbringen muß. Die ideale Gefühlshaltung Patienten gegenüber muß daher Gefühlsnähe und Distanz zugleich umfassen. Das heißt, daß man als Therapeut sehr wohl sein *Verständnis* mitteilt, seine Gefühle aber zumeist für sich behält – was freilich nicht heißt, daß der Therapeut nichts fühlen oder empfinden würde.

Aus eigener Erfahrung weiß ich, daß Freud recht hatte. Die Gefühle der Therapeuten wirken zunächst nur belastend auf die

Patienten. Sie müssen ja vor allem mit ihren eigenen Schwierigkeiten ins reine kommen, wofür sie eine Hilfestellung brauchen. Vor allem aber brauchen sie freie Bahn, um in der Phantasie ihren Therapeuten in jeder gewünschten Form zu erleben. Die den Patienten betreffenden Gefühle des Therapeuten dagegen steuern die Interventionen, die er macht.

Freie Assoziation und Improvisation

Gerade in der Bewegung zeigt sich das, was sich in der Vergangenheit zugetragen hat, mit besonderer Deutlichkeit in Gestalt heftiger Ausbrüche. Psychotiker können kaum synchron mit der Therapeutin improvisieren. Die Improvisation hat dieselbe Funktion wie die freie Assoziation in der Psychoanalyse. Beide Methoden haben das Ziel, sich einen Zugang zum Unbewußten zu verschaffen. In einer vertrauenerweckenden Umgebung enthüllen Neurotiker wichtige Tatsachen und Phantasien über ihre früheren Beziehungen, indem sie ihre Therapeutin durch Gebärdensprache, Gestik und bewußten Bewegungsausdruck ignorieren, beleidigen, provozieren oder beschwören. Es gibt eine Menge Beispiele für solche Übertragungsbeziehungen.

Eine Frau wandte mir immer ihren Rücken zu. Sowie sich unsere Blicke trafen, wurde sie irritiert. Dann erkannte sie, daß irgend etwas an mir sie an ihre Mutter erinnerte. Die Mutter hätte lieber einen Sohn gehabt, denn sie schämte sich ihrer Vagina. Eine andere Frau drückte sich immer in den Ecken herum, bewahrte großen räumlichen Abstand und schlug die Augen nieder. Ihrer Gestik waren denkbar enge Grenzen gezogen, so daß man kaum noch von einer »Bewegung« sprechen konnte. Mit ziemlicher Verwunderung stellte ich dann fest, daß diese Frau mir in der Übertragung die Rolle einer Nonne zuwies, denn sie war in eine Klosterschule gegangen. Es schien, als ob nur zierliche Gebärden und demütig gesenkte Augen den Beifall der Nonnen, die die kleinen Mädchen unterrichteten, finden konnten.

Männer wollen ihrer Therapeutin meist zeigen, daß sie stark sind, stärker als die Therapeutin. Sie wollen ihren Anlehnungsbedürfnissen vorbeugen und nie wieder so abhängig werden, wie sie es in der Kindheit von ihrer Mutter waren.

Bei Psychotikern drücken sich die den verschiedenen Entwicklungsstufen entsprechenden Bedürfnisse noch offener aus. Man muß also außerordentlich vorsichtig sein bei der Entscheidung, wo und wann Improvisation angebracht sein könnte, denn die Improvisation stellt, wie gesagt, einen direkten Kontakt zum Unbewußten her. Psychotiker verlieren sich leicht in den Labyrinthen ihrer eigenen Phantasie und identifizieren sich völlig mit ihren Wahnvorstellungen. Für den Neurotiker verlieren auch die überwältigendsten therapeutischen Erlebnisse nie ihren »Als ob«-Charakter, ein Psychotiker dagegen kann, begegnet er den Dämonen seiner Innenwelt, die Phantasie nicht mehr von der Realität unterscheiden. Ein einfaches Phantasiegebilde kann zur Wahnvorstellung werden und den Weg zurück zur Realität blockieren.

Das stellte ich besonders während der Arbeit mit Maida fest, bei der unter anderem paranoide Vorstellungen diagnostiziert worden waren. Zunächst schien sie eine gute Kandidatin für die Tanztherapie zu sein. Ihr Bewegungsausdruck ließ an einen feinziselierten Theatertanz denken. Sie freute sich auch selbst über ihre großartigen Gebärden und hohen Sprünge, war also fähig, sich selbst zu beobachten. Zu starke Erregung konnte sie mit Hilfe von Atemübungen abreagieren. Was die Tanztherapie zunächst aber nicht wiederherstellen konnte, war ihre Realitätswahrnehmung. Sie hatte als Kind genau mitbekommen, daß man in ihrer Umgebung ruhiges Benehmen als fügsames Wohlverhalten schätzte. Dementsprechend verabschiedete sie sich zwar ruhig, aber völlig in ihre Wahnvorstellungen versunken, von den Therapiestunden. Ihre Wahnverfolger sahen wie Riesenaugen aus, die drohend von einem unendlichen roten Himmel herabhingen. Sie teilte mir nur wenig darüber mit. Gelegentlich sprach sie über Augen und darüber, daß sie die Augen fangen und zerstören wolle. Sie drückte das auch in der Bewegung aus, indem sie wie eine Ballettänzerin *grands jetés* ausführte und mit den Armen gestikulierte wie ein Vogelfänger mit einem Netz. Ihre Bewegungen waren immer fließend, zusammenhängend und ohne die Ruckhaftigkeit anderer Psychotiker. Sie erzählte verschiedene Geschichten über die immer gleichbleibende Improvisation, so daß ich annehmen konnte, daß diese nicht nur der Entspannung, sondern auch dem Phantasieausdruck diente. Weil die Improvisation aber so monoton blieb, wurde ich mißtrauisch. Ich zweifelte an der Echtheit dieser Tänze und wollte tiefer in ihre Bedeutung eindringen. Aber das war für Maida erst möglich, als ich ihr gezieltere Übungen anbot. Danach löste sich ihr Verfolgungswahn unter dem Einfluß der positiven Übertragung auf. Der Fall Maidas ist ein Beispiel dafür, daß man die Lebengeschichte eines Patienten kennen muß, wenn man Haltung, Gestik oder Tanz therapeutisch nutzbar machen will.

Klarheit ist notwendig

In der Arbeit mit Patienten wie Maida ist es besonders wichtig, daß Klarheit über die Bedeutung der Bewegungen herrscht. Das ist oft schwierig. Besonders in Gruppen kann sich vieles ereignen, wenn man sich über die Bedeutung gewisser Bewegungs- und Ausdrucksmuster nicht im klaren ist. Es ist mir zum Beispiel passiert, daß ich während einer langen und schwierigen Behandlung nicht vorsichtig genug war und mich selbst gefährdete. Ich wußte, daß fast alle der jugendlichen Teilnehmer dieser Gruppe als schizophren galten. Aber sie benahmen sich so normal, und ihre Bewegungen waren so ausdrucksvoll und flüssig, daß ich vorübergehend weniger Vorsicht walten ließ. Die Gruppe besaß aber keine zureichende Fähigkeit, sich mit der Wirklichkeit auseinanderzusetzen.

Der Vorfall, von dem ich sprechen möchte, ereignete sich im zweiten Jahr, nachdem wir uns regelmäßig zweimal die Woche getroffen hatten. Wir waren dabei, uns mit dem Konzept »Vertrauen« zu beschäftigen. Wir hatten schon den Ärger, die Aggression und Enttäuschung über Lehrer, Sozialarbeiter und Bewährungshelfer durchgearbeitet. Auch die Übertragung war zur Sprache gekommen und war sogar in der Form eines Miniatur-Psychodramas und im Ausdruckstanz verarbeitet worden. Die Bewegungsübung, die im Augenblick an der Reihe war, bestand aus einem alten bewährten »Vertrauensspiel«. Die Gruppe stand Schulter an Schulter im Kreis, während ein Mitspieler ganz steif im Zentrum stand und sich in Richtung auf den Nächststehenden fallen ließ, der dann reihum weitergereicht wurde.

Im allgemeinen sollte ein Gruppenleiter solche Übungen nicht mitmachen, denn dadurch kann die Gruppendynamik negativ beeinflußt werden. Aber diese Gruppe wollte mich unbedingt dabei haben. Das entsprach auch ihrer Entwicklungsstufe. Also, ich gab nach. Die Gruppe war hocherfreut. Ihre »alte Dame« hatte also wirklich keine Angst und war genauso »cool« wie sie selber. Einer überlegte laut, ob diese alte Dame* auch seine Freundin sein könnte. Alles lachte sich halbtot.

Nun beschloß die Gruppe, daß man sich gegenseitig tragen solle. Einer nach dem anderen legte sich auf den Boden und wurde sanft von den anderen hochgehoben und im Liegen gewiegt. Das war eine sehr beliebte Übung, weil man damit liebevolle Gefühle ausdrücken konnte, ohne als weichlich verschrien zu werden. Der Getragene durfte sich aussuchen, ob er gewiegt werden wollte oder ob man ihm etwas vorsingen sollte. Am Ende wurde der Betreffende dann auf die Beine gestellt, damit er erneut die Verbindung mit dem Boden und der Realität aufnehmen konnte. Alle fanden, daß das so schön wie Fliegen sei. Deshalb wollte die Gruppe auch mich einmal »fliegen lassen«. Man hob mich also hoch und trug mich sanft umher. Glücklicherweise behielt ich aber die Augen auf und stellte zu meinem Entsetzen schnell fest, daß man mir wirklich zu einem Flug verhelfen wollte – nämlich zu einem Flug aus dem Fenster! Mein Geschrei und Gezappel rief Lehrer und Erzieher herbei, die mich dann auch retteten. Aber die Jungen waren außer sich. Ihrer Meinung nach hatte ich ihnen kein Vertrauen entgegengebracht; sie waren böse auf mich, weil ich ihr Geschenk nicht zu würdigen wußte. Sie wollten einfach nicht glauben, daß ich schwer verletzt worden wäre, wenn sie mich aus dem Fenster geworfen hätten. »Aber wir würden dir doch nicht weh tun,« sagten sie.

Die nächsten zwei Monate verbrachten wir unsere Stunden dann damit, Luftballons, die mit Wasser gefüllt waren, aus dem Fenster zu werfen, um ganz realistisch zu demonstrieren, daß weiche Körper, die mit Flüssigkeit gefüllt sind, beim Aufprall zerschmettert werden.

Dieser Vorfall zeigt klar, daß regredierte Patienten zunächst ihre Wahrnehmung der Wirklichkeit festigen müssen. Man kann das durch verschiedene Übungen erreichen. Den Umriß des Körpers auf ein großes Stück Papier übertragen, während man gleichzeitig ruhige klassische Musik anhört, wäre eine davon. Solche Patienten müssen noch einmal die Zeit erleben, in der ihr Körper-

---

* »Old lady« heißt im Jugendlichenjargon soviel wie »Freundin«.

bild in der ersten Mutter-Kind-Beziehung Form annahm, und die Therapeutin muß hier zur zweiten Mutter werden. Sich zusammen bewegen und tanzen und sich miteinander verständigen führt zum Aufbau neuer psychischer Strukturen, die den Patienten schließlich dazu befähigen, seine Abhängigkeit aufzugeben und in die Separationsphase einzutreten.

Neutralität ist ein therapeutisches Instrument

Neurotiker, die sich schon ihr eigenes Bewegungsrepertoire erarbeitet haben, müssen dazu angehalten werden, sich allein zu bewegen und zu tanzen. Wenn sie durchaus die Therapeutin mit einschließen wollen, tun sie das auch, und zwar tanzen sie um die Therapeutin herum, fassen die Wand und den Boden in ihrer Nähe an, schaffen also einen gemeinsamen Raum, und verlangen, daß die Therapeutin mitmachen soll. Aber es wäre ein grober Fehler, mit einem Patienten zu tanzen, der schon sein eigenes Bewegungsmuster besitzt. Er braucht kein Vorbild mehr. Das Nichtmittanzen bringt auch den Gesichtspunkt der Neutralität ins Spiel. Offensichtlich muß die Neutralität des Tanz- und Bewegungstherapeuten andere Formen als die Neutralität eines Psychoanalytikers annehmen, der ja schließlich, für seinen Patienten unsichtbar, hinter der Couch sitzt. Die naheliegendste Parallele wäre wohl die zu einem Kinderanalytiker, der seinen kleinen Patienten beim Spiel zusieht. Unter meinen intellektuelleren Patienten ist die Bezeichnung »Spieltherapie für Erwachsene« schon gefallen. Sie könnten durchaus recht haben. Besonders während der Endphasen unserer therapeutischen Entdeckungsreise wird viel gelacht, vor allem nachdem die Widerstände gelockert worden sind.

Abwehr und Widerstand

Die Funktionen der Abwehr und des Widerstandes sind gleichermaßen in beiden Therapieformen, der Psychoanalyse und der Tanztherapie, bekannt. Erinnerungen kommen zum Vorschein, die körperliche Haltung verbessert sich, und die Symptome lösen sich auf, nachdem die für den jeweiligen Patienten typischen Abwehrmechanismen durchgearbeitet worden sind. Aber das geschieht nur, wenn der Therapeut in jeder dieser Therapien den Abwehrcharakter von Angst und Unlust erkannt hat und imstande war, sein Ich dem Patienten zur Verfügung zu stellen.

Die Bemühungen, die Abwehr bewußtzumachen, können starke Widerstände hervorrufen. Daher ist es besonders wichtig, daß Abwehr auch als eine Form der Anpassung aufgefaßt wird (Hartmann 1939). Patienten atmen beispielsweise flach oder halten ihren Rücken steif, weil ihnen das in der Vergangenheit bei einer unlösbar schwierigen Situation geholfen hat. Geht man an ein starkes Abwehrsystem heran, erzeugt dies Unruhe und Beklemmung, und manchmal verschwindet der Patient sogar ganz aus der Therapie. Tatsächlich erscheint eine ganze Reihe von Patienten in der Tanztherapie, weil sie hoffen, daß man sich hier nicht um das Unbewußte kümmert. Sie glauben einfach nicht, daß ihr Verhalten zum Teil durch etwas bedingt ist, das man weder messen noch wiegen oder sehen kann. Solche Menschen brechen die Therapie ab, wenn sie mit ihrer Angst konfrontiert werden. Ich denke da an eine Tänzerin, die zur Therapie kam, weil sie mit einem Problem zu kämpfen hatte, das ihre Karriere ruinierte. Sie schien X-beinig zu sein. Aber wenn sie auf dem Boden saß und Dehnübungen machte, sahen ihre Beine völlig normal aus. Sowie sie sich aber hinstellte, verdrehten sich ihre Beine wieder unter der Last des Körpergewichts. Sie hatte schon mit dem klassischen Ballett aufgehört und sich nun dem Modernen Tanz zugewandt und hatte auch einen Lehrer gefunden, der das klassische Ausdrehen als unanständig empfand. Trotzdem konnte Cerise ihre Lehrer nicht von ihrer Bühnenreife überzeugen. Manchmal bekam sie Rollen, bei denen sie ihre Beine unter langen Röcken verstecken konnte. Ihre Ausstrahlung auf der Bühne wurde meist gelobt, doch gelang es ihr nie, mehr als kleine Rollen bei zweitrangigen Truppen zu finden.

Cerise hatte schon mehrere Körpertherapien und Nacherziehungskurse hinter sich. Die halfen ihr zunächst auch, aber sowie sie wieder auftreten mußte, war alles vergebens. In der Bewegungstechnik gab es kaum etwas, das sie nicht entweder schon gemacht hatte oder gut beherrschte. Daher war es besonders wichtig, sich an die »innere Frau« zu wenden. Endlich gelang es Cerise, ohne ihr weitläufiges Training zu improvisieren. Ein Gefühl trieb sie zur Bewegung an. Sie wurde gefragt, warum sie sich gewiegt habe und dann hingefallen sei wie ein Kind, das einen Wutanfall erlebt. Voller Erstaunen gab sie zu: »Etwas in mir hat mich dazu getrieben.« Die *Frau* Cerise erschien, und die *Tanzmaschine* Cerise verschwand – aber erst nach vielen Improvisationen, die zwar wunderbar akrobatisch aussahen, sonst jedoch keine Bedeutung hatten. Erst als sie erkannte, daß »etwas in ihr sie beherrschte«, konnten ihre Schenkel und Knie aufhören, sich zu verrenken. Sie lernte nun, von der Hüfte her auszudrehen. Dies hatte sie selbst beobachtet, ohne Interpretation oder Klärung von seiten der Therapeutin.

Cerises bevorzugter Abwehrmechanismus war die Verneinung. Sie behauptete, kein Unbewußtes zu besitzen. Außerdem verleugnete sie ihre Körpergefühle und machte sich etwas vor, indem sie glaubte, daß sie ihre Beine mit Gewalt aus ihrer eigenartigen Haltung befreien könne, ohne die Bedeutung der Haltung zu akzeptieren.

Entwicklungstheorie

Die Psychoanalyse als Entwicklungspsychologie stellt eine hervorragende diagnostische Methode zur Verfügung, wenn man die Theorien der Phasenlehre, Objektbesetzung und Objektwahl und der körperlichen Entwicklung miteinbezieht. Jede Entwicklungsstufe besitzt ein spezifisches Ensemble von Bewegungsmustern und Formen des Muskeleinsatzes, die wiederum auf eine ganz bestimmte Ausprägung der Objektbeziehungen schließen lassen. Sie ermöglichen es dem Therapeuten in der Psychoanalyse und in der Tanztherapie, Prognosen in bezug auf den Behandlungsverlauf zu stellen. Dieses Konzept wird in der Tabelle am Ende des Kapitels erläutert (S. 58 ff.).

Aber wie sieht das im Tanztherapiestudio aus?

Ein Patient, der in der Lage ist, seine Beine so weit nach außen zu drehen, daß ein klassischer Ballettänzer ihn darum beneiden würde, aber so steife Knie hat, daß er wie ein Roboter läuft, oder jemand, der Hüfte, Oberkörper und Kopf nicht isolieren kann, sondern mit ihnen umgeht, als wären sie starr miteinander verbunden, kennt seinen Körper nicht sehr gut. Er weiß ungefähr so viel über seine Körperlichkeit wie ein Kleinkind.

Kleinkinder lernen allmählich, daß sie ruhig einmal von der Mutter weggehen dürfen und daß die Mutter nach dem Einkaufen wiederkommt. Sie machen Lernerfahrungen sowohl über ihren Körper als auch über ihr Liebesobjekt, die Mutter, und zwar speziell mittels der motorischen Aktivität des Kommens und Weggehens. Die gesamte Separations-Individuationsphase ist dadurch gekennzeichnet.

Das Bewegungsverhalten der oben beschriebenen Patienten hat seinen Ursprung in der oralen Phase. Wenn dies einmal erkannt ist, muß sich die Therapeutin darüber klarwerden, daß sie sich hier als Mutter geben muß, die ihrem infantilen, nur vom Lebensalter her erwachsenen Patienten beibringen muß, wie man seinen Körper als Erwachsener gebraucht. Viele solcher Patienten sind »psychotisch« und brauchen daher ein Realobjekt, nicht nur ein Übertragungsobjekt.

In psychoanalytischer Sprache könnte man das folgendermaßen erklären: Das Ich des Psychotikers wird zunächst einmal dadurch gestützt, daß die wichtige Ichfunktion der Motilität verstärkt wird. Das führt dann zu einer erweiterten Realitätswahrnehmung, die z. B. ein organisch korrektes Gehen bewirken mag. Auf diese Weise wird er fähig, Kontakte zu anderen Menschen anzuknüpfen, ohne durch die entstellenden Symptome seiner Krankheit daran gehindert zu werden. Die Entwicklung des Körperbildes und des Körpers selbst sowie die Internalisierung der Objektbeziehungen werden durch objektbezogene Bewegung in die Wege geleitet und gefördert.

Man kann aber auch ganz einfach sagen: Wenn der Psychotiker es zuläßt, daß die Tanztherapeutin ihm hilft, besser gehen zu können, dann bringt er damit zugleich zum Ausdruck: »Ja, es könnte sein, daß man lieben darf und geliebt wird. Diese Person hier will mich nicht zerstören, sondern tut mir etwas Gutes.«

Deutung

Tanztherapeuten interpretieren nonverbal, indem sie widerspiegeln, Bewegungsphasen zu Ende führen oder erweitern und Wiederannäherungsmöglichkeiten sowie neue Anpassungsmodi durch Bewegung anbieten. Aber wie schon gesagt, ist verbale Deutung unumgänglich, es sei denn, der Patient könnte seine eigene Lebensgeschichte bewußt choreographieren und tanzen. Aber dann bräuchte er sich nicht mehr einer Therapie zu unterziehen!

Bleibende Veränderungen stellen sich kaum ohne verbale Deutung ein. Manchmal kommt es ja vor, daß Veränderungen erreicht werden, ehe eine Einsicht verbalisiert worden ist. Bei Cerise löste sich ein Symptom auf, ehe sie wußte, wie ärgerlich sie auf ihre Mutter und ihre Lehrer war, die von ihr verlangten, daß sie bescheiden, sittsam und anspruchslos sein sollte. Schließlich kamen auch noch Kindheitserinnerungen an Masturbationsverbote dazu. Ihre Mutter erzählte ihr Märchen von Kindern, deren Hände aus dem Grab hervorwuchsen, weil sie sich »dort« angefaßt hatten. Es ist völlig klar, daß so viel lebensgeschichtliches Material nicht ohne Interpretation ihres Verhaltens und ihrer Erzählungen bearbeitet werden konnte. Alle Patienten, auch diejenigen, die vorwiegend auf nonverbalem Wege kommunizieren, werden durch Interpretation gefördert.

Um deuten zu können, muß man nicht nur sorgfältig zuhören, sondern auch genau auf das Verhalten des Patienten achtgeben. Dann werden diese Daten mit der schon bekannten Lebensgeschichte des Patienten verglichen, um eine Deutung im Sinne einer genetischen Konstruktion zu finden. Hartmann und Kris (1945) definieren genetische Konstruktionen als Formulierungen, die »beschreiben, warum in der konfliktreichen Vergangenheit eine spezielle Lösung angenommen wurde, warum die eine beibehalten, die andere aber wieder fallengelassen wurde und welche kausale Relation zwischen dieser und der späteren Entwicklung besteht« (S. 17).

Um es einfacher auszudrücken: Eine solche genetische Konstruktion ist das Endresultat der Detektivarbeit des Therapeuten, der dadurch erklären kann, warum kindliches Verhalten immer noch im Leben eines Erwachsenen fortbesteht. Ein kleines Mädchen hat beispielsweise festgestellt, daß sie viel Beifall findet, wenn sie hübsch lächelt und Küßchen gibt. Aber falls sie als junges Mädchen so handelt, wird das gleiche Verhalten als impulsiv, verrückt oder unpassend angesehen. Eine Deutung könnte sich nun darauf konzentrieren zu verstehen, warum sie immer noch die kindliche Angewohnheit beibehält. Das Ziel ist, die Willenskraft des Patienten zu erwecken, damit er sich von den Fesseln der Vergangenheit befreien kann. In der psychoanalytischen Tanztherapie erreicht man diese Befreiung, indem man gleichermaßen der Motilität und den sprachlichen Äußerungen Aufmerksamkeit schenkt. Aber nicht nur Gefühls- und Seelenzustände werden erforscht, sondern auch das damit zusammenhängende körperliche Verhalten. Auf diese

Weise werden nicht nur die inter- und intrasystemischen inneren Vorgänge angesprochen, sondern auch all die Eigenschaften der Motilität, die dem Patienten im Augenblick zugänglich sind. Die Mehrzahl der Psychoanalytiker ist der Meinung, daß keine wahre Umgestaltung der Psyche stattfinden kann, wenn nicht kognitive Funktionen in die Übertragungsbeziehung integriert werden. Trotzdem sind sie dagegen, daß die Deutung als ein therapeutisches Instrument unter anderen angewandt wird. Sie glauben, daß Deutungen unter dem unmittelbaren Eindruck des konkreten Erlebens, z. B. in der Tanztherapie, eher zu einer Konkretisierung und Verhärtung des Traumas als zu einer Distanzierung führen können (Wangh, persönliche Mitteilung 1979). Dies impliziert aber, daß ein Konflikt nie aufgelöst sondern nur dadurch bewältigt werden könne, daß der Patient sich von ihm distanziert. Bis zu einem gewissen Grade schließen sich Tanztherapeuten, die sich über diesen Punkt Gedanken gemacht haben, dieser Meinung an. Schließlich werden viele menschliche Konflikte verdrängt, damit das Leben überhaupt weitergehen kann (Freud 1915b und c, Schoop 1971, Schmais 1974, Siegel 1973c, 1979, Espenak 1972). Viele Menschen verleugnen die Gefühle, die mit Konflikten zusammenhängen. Aber was wird dann aus diesen abgespaltenen Lebenserfahrungen?

Psychoanalytiker sind der Überzeugung, daß sie im Unbewußten weiterleben. Tanztherapeuten glauben das gleiche. Aber sie ergänzen diese Annahme durch die Beobachtung, daß diese abgespaltenen und verdrängten Lebenserfahrungen auch im Körper gespeichert werden. Das deckt sich mit Freuds (1905b) Formulierung, daß die Funktionsweise der Psyche von physiologischen und chemischen Prozessen abhängig ist und daß Gefühle und Triebbefriedigung bzw. -frustration auf geistigen *und* physiologischen Vorgängen beruhen (Fenichel 1945). Die verdrängten Anteile werden in der Tanztherapie durch tanzähnliche Bewegungen wiedergefunden. Die Mehrzahl der Tanztherapeuten hat damit Erfahrung. Aber es gibt auch viele, die nicht psychoanalytisch arbeiten, sondern mit ihren Interpretationen nur auf die Bedeutung und Form der Bewegungsabläufe abzielen, um Einsicht zu fördern (Whitehouse 1977, Dosamantes-Alperson 1977, 1979).

Es folgen nun zwei Beispiele aus der psychoanalytischen Tanztherapie.

Fall 1*

Sandras Diagnose lautete auf »kindliche Schizophrenie«. Sandra war ziemlich stark regrediert und litt unter Halluzinationen. Sie erzählte immer wieder folgende Geschichte: Sie war zu einem Einkaufszentrum gegangen und hatte »so lange an der Nase des Weihnachtsmanns** gezupft, bis sie blutete«. Daraufhin durfte sie zur Strafe kein Speiseeis, ihren Lieblingsnachtisch, essen. Das half aber nicht, denn Sandra kratzte nun an ihrer eigenen Nase und sagte: »Das ist ekelhaft. Ich werde mir weh tun – es wird bluten.« Es war ihr oft nicht möglich, sich während ihrer Tanztherapiestunden zu bewegen oder zu tanzen.

Die folgende Deutung war auf ihrer Lebensgeschichte aufgebaut.

Therapeutin: Sandra, du spielst wieder mit deiner Nase.

Sandra: Es ist ekelhaft. Hör auf. Es wird bluten.

Therapeutin: Wenn deine Nase läuft, kannst du ein Papiertaschentuch haben.

Sandra: Kein Taschentuch. (Gleichzeitig tastet sie nach der Innenseite ihres Oberschenkels.)

Therapeutin: Mir scheint, du möchtest lieber deine Vagina anfassen.

Sandra sieht die Therapeutin direkt an.

Therapeutin: Aber du hast Angst, daß du dir weh tun könntest und daß es dann anfängt zu bluten.

Sandra hört auf, sich an der Nase zu kratzen.

Therapeutin: Es tut nicht weh, und man fängt nicht an zu bluten, wenn man seinen Finger in die Vagina steckt. Alle Frauen bluten einmal im Monat aus der Vagina. Das nennt sich »Periode«. Kleine Mädchen werden erwachsen, wenn sie ihre »Periode« bekommen. Ich blute auch jeden Monat.

Sandra hört aufmerksam zu.

Therapeutin: Manchmal fühlt sich das schön an, wenn man seine Vagina anfaßt. Es ist überhaupt nicht ekelhaft, aber man darf es nicht vor anderen Leuten tun. Du darfst das tun, wenn du allein bist, zum Beispiel im Badezimmer oder in deinem Bett.

---

* Beitrag von Bette Blau.
** Im Englischen ungefährer Gleichklang von Santa Claus und Sandra.

Sandra: Wie damals, als ich ein kleines Mädchen war.
Therapeutin: Ja, genau so wie damals, als du noch ein kleines Mädchen warst. Da machtest du so etwas vor anderen Leuten. Aber das darfst du nicht mehr. Du darfst es nur, wenn du allein bist.
Sandra lächelt und wird aufnahmefähig. Sie war während dieser Stunde imstande, Übungen und Tänze mitzumachen.

Fall 2

Man sagt, Kristen sei autistisch; sie kann nicht sprechen. Kristen schlägt um sich. Ihre libidinösen Triebe haben ihre Aggression nicht neutralisiert.

Die folgende Deutung kam zustande, weil man wußte, daß Kristen eine Augenoperation hinter sich hatte, die gerade zu dem Zeitpunkt stattgefunden hatte, in dem Kinder durch Aggression ihre Selbständigkeit behaupten, weil sie gelernt haben, sich räumlich von ihren Beziehungsobjekten zu entfernen. Man vermutete, daß man Kristen während ihrer Genesung die Hände festgebunden hatte.

Therapeutin: Kristen, du stößt mich und versuchst, mir weh zu tun.
Kristen lacht und stößt weiter.
Therapeutin: Du kannst ruhig ärgerlich auf mich sein, aber du darfst mich nicht stoßen. Hier, stoß den Ball.
Kristen stößt den Ball.
Therapeutin: Du darfst auch mit deinen guten, starken Füßen auf den guten, harten Boden stampfen. Du kannst dem Boden nicht weh tun.
Kristen setzt sich auf den Boden zwischen die Beinen der Therapeutin, stampft auf den Boden und macht Übungen.
Therapeutin (umarmt Kristen): Du hast versucht, mir weh zu tun, aber Kuscheln ist viel schöner. Ich würde dir nie weh tun. Ich würde dir die Hände nicht festhalten, wie damals, als du noch ein kleines Baby im Krankenhaus warst.
Kristen entspannt sich und läßt sich von mir umarmen.
Hier kann man sehen, wie die klärenden, beruhigenden, strukturierenden und genetischen Aspekte der Deutung Affekte und Verhalten beeinflußten und umwandelten. Interessanterweise war es für diese jungen Patienten, bevor sie in der Tanztherapie waren, völlig unmöglich, auf verbale Interventionen überhaupt zu reagieren.

Das Verhältnis zwischen verbaler und nonverbaler Deutung verändert sich etwas, wenn Patienten auf einer höheren Entwicklungsstufe stehen, aber grundsätzlich bleibt die wechselseitige Ergänzung von Interventionen auf der Ebene der Bewegung und verbaler Deutung bestehen.

Vielen Patienten ist von Anfang an klar, wovon ihre Tänze und Bewegungen handeln, während bei anderen eine erstaunlich große Spaltung zwischen Leib und Seele vorliegt. Frau H., von Beruf Sozialarbeiterin, war zugleich eine beachtliche Sportlerin. Während sie durchaus bereit war, ihre Bewegungsfähigkeiten und -eigenschaften auf ebenso umgängliche wie korrekte Weise zu beurteilen, mit Eifer über ein Thema zu improvisieren und sogar imstande war, ihre Träume mit erschreckender Präzision zu deuten, brachte sie es gleichzeitig fertig, mich wegen der nicht vorhandenen Neutralität zu verhöhnen. Schließlich saß ich nicht hinter einer Couch und war daher auch nicht unsichtbar. Daraus wurde mit der Zeit ein »Spiel«, in dem ich eine Analytikerin darstellte und Frau H. eine Analysandin. Mit einigem Erstaunen stellte Frau H. fest, daß sie, wenn sie auf der Couch lag, »wie erfroren« war, d. h., sie war nicht in der Lage, in dieser entspannten Körperhaltung zu assoziieren. Dieses Rollenspiel machte ihr sowohl ihren Widerstand deutlich als auch die Spaltung zwischen Leib und Seele, an der sie litt. Für Frau H. erwies es sich als zweckmäßig, abwechselnd die Couch und die Tanztherapie zu benutzen, um diese Spaltung zu beseitigen. Bei den meisten Patienten, die eine Tanztherapie machen, ergibt sich zunächst eine Besserung, die dann allmählich durch eine Regression zum Fixierungspunkt, also zu dem Zeitpunkt, an dem der Konflikt zuerst auftrat, abgelöst wird. Das therapeutische Ziel bleibt immer das gleiche: Man versucht, die Regression durch Deutung zu begrenzen, so daß sie sich nur im Studio und in der Gegenwart der Therapeutin bemerkbar macht. Während der Regression werden vorwiegend Interventionen auf der Ebene der Bewegung eingesetzt. Wenn dann eine neue Daseins- und Erlebensweise entsteht, treten die verbalen Interaktionen wieder stärker in den Vordergrund. Am Ende dieses Prozesses, der ein Nachvollziehen des Lebenszyklus ist, steht die Befreiung der willkürlichen Motorik sowie der verbalen und nonverbalen Kommunikationsfähigkeit, die nun durch ein flexibles, anpassungsfähiges Ich gesteuert werden.

Die konfliktfreie Sphäre des Ichs

Das psychoanalytische Konzept der konfliktfreien Ichsphäre (Hartmann 1939) ist ebenfalls von großer Bedeutung für die Tanztherapie. Hartmann prägte diese Bezeichnung, um eine Definition für »das Ensemble von Funktionen, die zu jedem gegebenen Zeitpunkt außerhalb des Konfliktbereichs ihren Einfluß ausüben«, zu schaffen. Er interessierte sich besonders für die Gebiete der menschlichen Entwicklung, wo die Anpassung auf friedliche Weise und nicht auf dem Weg des Konflikts erfolgt. Er wies darauf hin, daß man eher den Schwierigkeiten beachtung schenkt, die entstehen, wenn die Anpassung durch das Auftreten starker Gefühle erschwert wird, als der Tatsache, daß dieselben Gefühle auch der Problemlösung und der Beherrschung einer Situation dienen. Es kann z. B. vorkommen, daß ein Student sich über seine Eltern, die seine Gebühren fürs College nicht mehr zahlen wollen, so ärgert, daß seine Arbeit darunter leidet. Andererseits gelingt es ihm gerade aufgrund dieses Ärgers und dieser Enttäuschung, eine andere Einnahmequelle zu finden, um sein Studium zu finanzieren. Man kann dieses Verhalten aus verschiedenen Blickwinkeln betrachten. Man könnte formulieren: Dieser junge Mann lehnt sich zu sehr an die Eltern an und ist zu abhängig, wodurch sein Ärger und seine Enttäuschung zu erklären sind. Man kann aber auch sagen, daß sein Ärger ihn dazu zwang, sich selbständiger zu machen und seine Probleme selbst zu lösen; denn während er unter dem Einfluß starker Emotionen stand, handelt er doch realitätsgerecht und ließ sich nicht aus der Bahn werfen.

Das ist ein wichtiges Konzept. Wenn man die seelischen Kräfte eines Patienten anerkennt, fällt es ihm leichter, dem therapeutischen Prozeß Vertrauen entgegenzubringen. Er hat weniger Angst als jemand, der das Gefühl hat, daß er seinen Konflikten ausgeliefert ist. Dies zeigt der Fall von Neil. Er war so voller Spannung und Angst, daß er sich regelmäßig bei seinem Baseballteam unbeliebt machte. Entweder war er mit der Schlagkeule zu langsam oder er rief noch »Hurra«, wenn man schon längst verloren hatte, oder er rannte beim Laufen seine Mitspieler über den Haufen. Er hatte Kontaktschwierigkeiten mit seinen Altersgenossen und konnte sich sein unberechenbares Verhalten selber nicht erklären. Neils Muskelspannungen waren leicht zu erkennen. Sie wurden noch stärker, wenn er erregt war. Er konnte mich kaum anschauen und wand sich förmlich, während er seine Leidensgeschichte vortrug. Er erklärte dramatisch, daß ihn niemand leiden könne und daß er zu dumm sei, um sich zu ändern. Neil war redegewandt und begleitete seine Rede mit großen und weit ausgreifenden Gebärden. Leider warf er dabei häufig Sachen von den Regalen. Statt sich nun gleich um seinen verkrampften Schultergürtel, seine steife Körperhaltung und ungestüme räumliche Orientierung zu kümmern, forderte ich ihn auf, seine Beschwerden zu »deklamieren«, d. h. ein Theaterstück daraus zu machen. Er freute sich über diese Aufgabe, wandte sich aber zunächst der Poesie zu – insbesondere den Sonetten von Shakespeare. Während er die Gedichte dieses »Unsterblichen« vortrug, wurde er sichtlich ruhiger und entspannter. Daraufhin fragte ich ihn, welche Körpergefühle er habe und ob er sich beim Deklamieren bewegen wolle. Er entpuppte sich bald als ein fachkundiger junger Schauspieler, der dem Dramaklub seiner Schule beitrat und der allmählich fähig wurde, seine verkrampfte Muskulatur und seine überwältigenden Ängste wahrzunehmen, die ihn freilich vorläufig immer noch von einer echten Kontaktaufnahme zu Gleichaltrigen abhielten.

Die Konzentration auf konfliktfreie Ichsphären erwies sich bei Patienten, die weniger weit entwickelt waren als Neil, als noch erfolgreicher. Ein junger Mann im gleichen Alter wie Neil, der stationär behandelt wurde, schien keinerlei Interesse am Leben zu haben. Seine Augen blickten ins Leere, er hatte einen Gang wie ein Roboter und legte fast immer einen mysteriösen Gesichtsausdruck an den Tag. Man hatte den Eindruck, er sei stark von Medikamenten beeinflußt, obwohl das gar nicht der Fall war. Er kam zwar jedes Mal zu den ihm verschriebenen Gruppentanztherapiestunden, aber er machte nicht mit. Auf die Frage, ob er Einzelstunden wolle, schüttelte er den Kopf. Dennoch zeigte er sich begabt, wenn es darum ging, Rhythmen zu erfassen. Während andere Patienten ihre verwirrten Versionen des Rock and Roll tanzten oder sich mit dem gleichmäßigen Rhythmus einer Polka oder Mazurka abquälten, trommelte Tom diese Rhythmen auf dem Fensterbrett oder dem Tisch mit. Man verschaffte ihm Trommelstöcke und ernannte ihn zum »offiziellen Trommler«. Das gab ihm den Mut, Einzelstunden auszuprobieren, wo er dann mit allen möglichen Rhythmen experimentieren konnte. Bald trommelte er Schallplatten nach oder dirigierte sie. Seine Passivität und Starre lösten sich, und er wurde zunehmend kontaktfähiger.

Wenn man den Patienten also »dort abholt, wo er sich gerade befindet«, dann lernt man ihn auch in seinen Stärken kennen (Blanck und Blanck 1974, 1979). Konfrontiert man ihn direkt mit seinen Problemen, dann verstärkt dies nur seinen Widerstand und erzeugt Angst. Nähert man sich ihm hingegen durch die offene Tür der konfliktfreien Ichsphäre, dann erspart man dem Patienten weiteres Leiden, selbst dann, wenn die konfliktfreie Sphäre so verengt ist, daß sie nur einen isolierten Ichanteil umfaßt.

Die folgende Tabelle erläutert und verknüpft noch einige weitere psychoanalytische Formulierungen, die sich für die Anwendung in der Tanztherapie als nützlich erwiesen haben.

Die Forschungen von Brown und Menninger (1949), R. Fliess (1948) und R. und G. Blanck (1968, 1974, 1979) bilden die Grundlage für diese Tabelle.

Entwicklungsschema

Bei der Geburt sind alle Anlagen schon vorhanden. Es und Ich müssen sich erst aus einer undifferenzierten Matrix entwickeln.

Das Es enthält die Triebe, Libido und Aggression. Aus einem undifferenzierten Zustand entwickelt sich das, was Freud Libido und Aggression nennt.

Das Ich enthält all die Apparate, die primär autonom sind. Sie stellen Vorläufer der Wahrnehmung, Motilität, Willenskraft, Intelligenz usw. dar. Zunächst werden nur Lust und Unlust differenziert wahrgenommen.

Die orale Phase*

Fixierungsstelle für Autismus

Die normal autistische Phase: von der Geburt bis acht Wochen

Objektbeziehungen	Normale Motilität	Internalisierung	Triebdifferenzierung	Abwehrmechanismen	Angstniveau
Das Neugeborene nimmt Mutter und Umwelt nur verschwommen wahr.	Ziellose Arm- und Beinbewegungen. Zufälliges Betasten des Körpers. Kopfheben. Primär propriozeptive und viszerale Wahrnehmung. Foci sind nach innen gerichtet. Kann teilweise zur Seite rollen. Eine Klapper kann umklammert, aber nicht festgehalten werden. Macht auf dem Bäuchlein liegend schwimmende und krabbelnde Bewegungen. Nimmt alles in den Mund, saugt und sabbert. Nach 3 bis 4 Wochen werden die Sinnesorgane psychisch besetzt.	Selbst- und Objektpräsentanzen sind verschmolzen.	Aggressive und libidinöse Triebe werden als einheitlich empfunden und zumeist nach innen abgeführt.	Vorwiegend körperliche Überflutungs- und Entspannungsphänomene.	Wegen der Unreife des Wahrnehmungsapparates wird Reizüberflutung als katastrophaler Einbruch erlebt.

* Alle Phasen überkreuzen sich und sind ineinander enthalten.

Überich	Symptomatische Motilität	Symptomatische Objektbeziehungen	Symptomatische Triebdifferenzierung	Symptomatische Abwehrmechanismen
Noch nicht vorhanden.	Wahrnehmung und Reaktion auf propriozeptive Stimulanz. Ziellose und zufällige Bewegungen der Arme und Beine. Schwerpunkt auf eigenem Körperrhythmus. Hyperaktivität, Kopfschlagen, Wiegen, Drehen, Beißen, autoerotisches Verhalten. Wölbt sich nach oben und wird bei Körperkontakt steif oder schlaff und apathisch. Hypersensibel oder empfindungslos. Ruckhafte, sprunghafte und unzusammenhängende Bewegungen. Flaches und unrhythmisches Atmen.	Das Selbst und die Objekte (zu denen auch materielle Dinge gehören) sind miteinander verschmolzen. Augenkontakt wird verweigert. Innen und außen, Lebendiges und Unlebendiges werden verwechselt. Stößt mit dem Körper an Menschen und Sachen an.	Die Triebe sind jetzt erkennbar, aber Libido und Aggression können sich verselbständigen und zu extremer Stärke anwachsen.	Meist Überflutungs- und Abreaktionsphänomene. Bei weniger ausgeprägtem Autismus auch Introjektion und Projektion.

Die oral-inkorporative Phase

Fixierungsstelle für Schizophrenie
Normale Symbiose: acht Wochen bis fünf Monate

Objekt-beziehungen	Normale Motilität	Internalisierung	Triebdifferenzierung	Abwehrmechanismen	Angstniveau
Bedürfnisbefriedigung wird verlangt. (Mutter wird als Nahrungsquelle oder Brust empfunden. Sie ist ein Teilobjekt.)	Hält den Kopf hoch. Kann etwas erreichen, greifen, kratzen. Kopf fällt beim Hochziehen nicht zurück. Kopf und Rückgrat sind integriert.	Selbst und Objekt werden als Einheit empfunden, aber es ist eine Zwei-Einheit, keine völlige Verschmelzung. Am Ende der Phase kommt es zum »Ausschlüpfen«.	Libido und Aggression differenzieren sich, wobei die Libido dominiert. (Baby saugt am Daumen, statt sich selbst zu beißen.) Primärer Narzißmus.	Introjektion und Verleugnung.	Furcht vor Objektverlust.

Überich	Symptomatische Motilität	Symptomatische Objektbeziehungen	Symptomatische Triebdifferenzierung	Symptomatische Abwehrmechanismen
Archaische Vorläufer.	Hyperkinese oder Katalepsie. Verzerrte Körperhaltung kann mit oder ohne Phantasiebegleitung auftreten. Bizarre Gebärdensprache und Gestik. Kopfrollen, Wiegen. Verschmelzung und Versteifung von Kopf, Hals und Oberkörper oder von Oberkörper und Hüfte. Verkrampfungen um Mund und Hals. Sabbern, Beißen, Dystonie. Raum- und Zeitstörungen. Unrhythmisches Atmen und Sprechen. Rhythmische Imitationsfähigkeit. Hypotonie, steife Gelenke. Unfähigkeit, andere Körper als Körper zu erkennen. Gestörte innere Körpergefühle und Überempfindlichkeit.	Bedeutsame Objekte werden als körperliches Eigentum empfunden. Die eigenen Bedürfnisse überschatten die der anderen.	Triebe sind differenziert, aber nicht gleichmäßig verteilt und schwanken zwischen Extremen.	Introjektion, Projektion, Verleugnung, Selbstzerstörung und Zerstückelung. Angst vor Verschmelzung.

Die Loslösungs-Individuations-Phase

Fixierungsstelle für Borderline-Persönlichkeiten
Differenzierungsphase: fünf bis neun Monate; Übungsphase: neun bis vierzehn Monate;
Wiederannäherungsphase: vierzehn bis vierundzwanzig Monate

Objekt-beziehungen	Normale Motilität	Internalisierung	Triebdifferenzierung	Abwehrmechanismen	Angstniveau
Das Selbst wächst und grenzt sich von der Mutter ab. Ablösung von der Mutter und Erforschung der Umwelt.	Sitzen, Krabbeln, Stehen, auf Zehen stehen, »Kuckuck«-Spielen, Winken, Körper betasten, Laufen, auf dem Platz laufen, selbst essen, nach vorwärts Lehnen, Aufrichten; Aufheben, Schütteln und Aufstapeln von Gegenständen. Kann räumlich wahrnehmen.	Mutter wird zur bedeutsamen Anderen und wird bewacht. Sie wird mit den Augen und taktil erfaßt. Das erste primitive Körperbild entwikkelt sich. Beginn und Verfestigung der Abgrenzung. Ambitendenz.	Libido neutralisiert Aggression, aber die Aggression kann unter Umständen das Ich überfluten und Wutanfälle auslösen.	Spaltung, Ungeschehenmachen, Regression.	Furcht vor Selbst- und Objektverlust, frei flottierende Ängste.

62

Überich	Symptomatische Motilität	Symptomatische Objektbeziehungen	Symptomatische Triebdifferenzierung	Symptomatische Abwehrmechanismen
Identifikation mit dem Angreifer durch Identifikation mit der Mutter, die das Kind liebevoll entwöhnt hat. Die erste Abwehr eines Triebwunsches kann stattfinden.	Extreme Schwankungen, man kann alles oder will nichts. Ungleichmäßige Körperrhythmen, verfälschte und entfremdete Körperwahrnehmung, Flache Atemmuster, manchmal Hyperventilation.	Idealisierung und Bedrohung der bedeutsamen Anderen wechseln sich ab. Die Frustration narzißtischer Größenphantasien wird nicht toleriert.	Aggression wird durch Introjektion des »bösen Objekts« verstärkt.	Aufspaltung. Man fürchtet und wünscht Verschmelzung mit bedeutsamen Anderen.

Die anale Phase

Fixierungsstelle für Zwangsneurose
Anal-sadistische und/oder anal-retentive Phase: vierzehn Monate bis dreieinhalb Jahre

Objektbeziehungen	Normale Motilität	Internalisierung	Triebdifferenzierung	Abwehrmechanismen	Angstniveau
Entwöhnung und Sauberkeitserziehung werden jetzt möglich, weil man es der Mutter, die man nun deutlich als Person unterscheidet, zuliebe tut.	Gehen, Rennen, Springen, Hopsen, aber das Rückgrat wird noch zu steif gehalten, der Bauch wird nach vorm gedrückt, um das Gleichgewicht zu halten. Das Gewicht ruht auf den Oberschenkeln und wird nicht oberhalb der Füße ausbalanciert. Mit 24 Monaten kann man Treppen auf- und absteigen, mit 36 Monaten Radfahrbewegung, auf einem Fuß balancieren, ein Dreirad fahren, Bausteintürme bauen, aufknöpfen, Schuhe anziehen usw.	Selbst und Andere sind klar abgegrenzt. Objekt- und Selbstpräsentanzen sind entstanden.	Frustrationstoleranz entwickelt sich. Triebe werden durch den Kontakt mit einem liebevollen Objekt angemessen frustriert und befriedigt und dadurch neutralisiert. Auftreten von Ambivalenz. Beginn der Sphinktererotik.	Isolieren, Reaktionsbildung mit Scham und Ekel. Intellektualisierung.	Kastrationsangst.

Überich	Symptomatische Motilität	Symptomatische Objektbeziehungen	Symptomatische Triebdifferenzierung	Symptomatische Abwehrmechanismen
Reaktionsbildung, bedingt durch die Liebe zur Mutter, ermöglicht das Sauberwerden.	Körperspannungen besonders im Gesäß und der Sphinktermuskulatur. Erotisierung des Analbereichs. Aufrechte, aber steife Haltung. Verkrampfte Hals- und Schulterpartie. Unfähigkeit zur Hüftrotation, die Wölbung der Füße fehlt. Entweder starre oder hyperaktive Motorik. Oft extreme Unordentlichkeit. Eigensinn. Schlaffer Muskeltonus. Gehemmte rhythmische Fähigkeit. Verleugnete Körpergefühle. Hypochondrie. Unfähigkeit, Körpergefühle wahrzunehmen. Flache Atemmuster mit eintönigem Rhythmus.	Erhöhte Ambivalenz, Aufsässigkeit, Wut und masochistische Tendenzen.	Sehr aggressiv oder sehr passiv. Ausgeprägte Analerotik.	Extreme Schuldgefühle oder Verantwortungslosigkeit. Rationalisierung.

Die phallische Phase

Fixierungsstelle für Hysterie
Dreieinhalb Jahre bis sechs Jahre

Objekt-beziehungen	Normale Motilität	Internalisierung	Triebdifferenzierung	Abwehr-mechanismen	Angstniveau
Objektkonstanz wird erreicht. Das Objekt kann trotz Frustration und Enttäuschung geliebt werden.	Alle motorischen Fähigkeiten sind vorhanden. Mit 4 Jahren kann man auf einem Bein hüpfen, werfen, Schuhe zubinden, mit Bausteinen Häuser bauen, sich an- und ausziehen. Mit 6 Jahren kann man abwechselnd auf den Füßen hüpfen, springen und auf den Zehenspitzen landen. Das räumliche Körperbild hat sich entwickelt.	Identität und Selbstbewußtsein bilden sich.	Der Ödiopuskomplex zeigt sich. Am Ende der Phase richtet sich die Libido auf das gegengeschlechtliche Elternteil. Masturbation und Urethralerotismus; aber Sublimierung ist möglich.	Verdrängung.	Man fürchtet das eigene Überich, aber Angst wird zum Signal, ist nicht mehr überwältigend.

66

Überich	Symptomatische Motilität	Symptomatische Objektbeziehungen	Symptomatische Triebdifferenzierung	Symptomatische Abwehrmechanismen
Identifikation mit dem Angreifer. Mutter und Vater haben recht, aber man kann Aggression zielgerichtet einsetzen und »nein« sagen. Die Selbständigkeit der eigenen Persönlichkeit wird erfolgreich verteidigt.	Unklare Gestik. Ziellose, aber überschäumende Motilität. Steife Hüften. Konversionssymptome, die von Phantasie begleitet sind. Teilanästhesien. Partielle Lähmungen. Verkrampfungen, Kopfschmerzen, entfremdetes Raum- und Zeitgefühl. Schwankungen zwischen rhythmischen Bewegungswahrnehmungen. Flaches Atemmuster.	Übertriebene Gleichgültigkeit oder Idealisierung. Überschwenglicher, aber flacher Affekt. Promiskuität.	Stark verdrängt, wenig Zugang zum Unbewußten.	Betont phallische Erotik. Übertriebene Beschäftigung mit Masturbation oder völliges Verleugnen der Sexualität. Frigidität oder Potenzstörungen.

Latenzperiode

Sieben bis elf Jahre: Die Sexualtriebe sind vorläufig reduziert.

Pubertät

Elf bis vierzehn Jahre: Der Ödipuskomplex wird unter Mithilfe der Errungenschaften aller Entwicklungsstufen aufgelöst.

Genitalität

Vierzehn Jahre bis zur Volljährigkeit und das ganze Leben hindurch: Körperliche Orgasmusfähigkeit wird durch vollentwickelte Bewegungsfähigkeit verstärkt. Kontaktfreudigkeit und -fähigkeit und Regression im Dienste des Ichs sind vorhanden. Eine kohärente psychische Struktur dient einem flexiblen Ich, das Es- und Überichanforderungen vermittelt.

2 Bausteine einer psychoanalytischen Theorie der Tanztherapie

Für das hier vorgestellte Konzept der Tanztherapie sind drei Annahmen grundlegend.
1. Die Motilität ist ein Indikator für die Entwicklungsstufe, auf der sich der Patient befindet.
2. Die Motilität bringt innere Konflikte zum Ausdruck.
3. Die Motilität trägt die Spuren sämtlicher Reaktionen des Patienten auf seine Lebenserfahrungen in der Vergangenheit wie in der Gegenwart.

Nimmt man die Tatsache hinzu, daß die Motilität äußerer Beeinflussung zugänglich ist, dann wird deutlich, daß sie ein hervorragendes Medium therapeutischer Intervention ist. Sie kann wie die Sprache als Ichfunktion oder Ichanteil bezeichnet werden, auch wenn sie nicht so spezifisch ist wie jene. Aber erst wenn Sprache und Motilität zusammenkommen, vermitteln sie eine ganzheitliche Botschaft. Das gilt sowohl für den Patienten als auch für die Therapeutin. Aber während sich der Patient dem Fluß seiner Gedanken und Empfindungen überlassen kann, muß sich die Therapeutin in den Kontext seiner Lebenserfahrungen hineinbegeben und sich ihm anpassen.

Motilität

Das Konzept »Motilität« umfaßt hier alle willkürlichen und unwillkürlichen Bewegungsfunktionen und -fähigkeiten. Darin sind natürlich auch Ruhezustände, also das Gegenteil der Motilität, mit einbegriffen.

Viele verschiedene kognitive Wahrnehmungen, die durch innere und äußere Stimulation angeregt worden sind, werden durch aktive Bewegung und Ruhezustände ausgedrückt und vom Bewußtsein gelenkt. Gedankenvorgänge, Gefühlszustände und Körpergefühle sind innere Wahrnehmungen, die durch Selbstbeobachtung bewußt werden. Die unzähligen Reize, die täglich und stündlich auf den Menschen einströmen, stellen die Verbindung zur Außenwelt her. Das Wahrnehmungsvermögen wird hier als eine wesentliche Funktion des psychischen Systems aufgefaßt, die für den Aufbau innerer

Repräsentanzen notwendig ist. Dabei muß man sich vor Augen halten, daß es möglich ist, etwas auf der Empfindungsebene zu erfahren, ohne es zu verarbeiten, oder daß ganz einfach die körperliche Fähigkeit nicht vorhanden ist, etwas wahrzunehmen. Empfindungen sind aber trotzdem vorhanden und gehen der bewußten Wahrnehmung voraus. Das Bewußtsein dagegen schließt die Fähigkeit, die Aufmerksamkeit absichtlich auf eine Aufgabe, ein Ziel oder eine Person zu richten, mit ein. Beide Funktionen haben etwas mit Motilität zu tun. Anders ausgedrückt: Zur voll entwickelten Motilität gehört auch die Fähigkeit zur absichtlichen Willensäußerung.

Bewußte, aktive, absichtliche Bewegungsäußerungen und Ruhezustände können sich in der Form einer freien Assoziation, wie in einer »Improvisation« entfalten. Diese Fähigkeit, die Fähigkeit nämlich, sich frei von einer Ebene der Motilität zur anderen zu bewegen, ist das Ziel der Tanztherapie. Sie ist nicht von Anfang an vorhanden, sondern muß sich im Lauf der Therapie erst entwickeln.

Patienten bemühen sich stets, nichts zu verbergen. Dennoch kann es sein, daß sie keinen Zugang zu ihren eigenen Konflikten finden. Sie sind in einer Unfähigkeit zu kommunizieren versteinert, die jedoch gerade etwas über ihre Abwehr mitteilt.

Die Motilität ist natürlich nur eine der vielen Ausdrucksmöglichkeiten des Menschen. Ich glaube aber, daß der Mensch nur dann as ganzheitliches Wesen existieren kann, wenn es ihm gelingt, seine Motilität möglichst uneingeschränkt zu entwickeln. Schilder (1923/1950) stellte fest: »Jede Empfindung besitzt eine ihr zugehörige Motilitätsform . . . jede Empfindung trägt in sich selbst eine motorische Antwort. Ununterbrochene Aktivität ist daher auch Grundlage unseres Körperselbst« (S. 105).

Die Leib-Seele-Spaltung verschwindet, wenn die Motilität sich frei und vollständig entfalten kann. Hier zeigt sich die Beschränktheit der weitverbreiteten cartesianischen Sichtweise, denn der Körper ist nicht minderwertig, er ist nicht nur eine Maschine, die von der Seele bzw. dem Geist beherrscht wird. Die angebliche Erhabenheit der Seele über diesen minderwertigen, hohlen Körper ist eine Täuschung, denn wir leben in, mit und durch unseren Körper, der sich uns durch seine Motilität mitteilt.

Entfaltete Motilität

Die voll entwickelte Motilität ist bewußt und aktiv. Sie umfaßt auch den Ruhezustand, wie schon erwähnt wurde. Sie kann sich durch eine einfache Handlung wie die eines Handschlags äußern oder durch die Komplexität eines kunstvollen Tanzes. Das Merkmal für den höchsten Entwicklungsstand ist freilich nicht Komplexität, sondern Intentionalität.
Intentionalität kann nur durch Konfliktfreiheit erreicht werden. Ein lockeres Gelenk zum Beispiel kann bereits bei einem schwachen Händedruck deutlich machen, daß ein Gast gar nicht so willkommen ist.
Intentionalität ist auf allen Entwicklungsstufen vorhanden. Sie bildet den wichtigsten Teil der entfalteten Motilität. Ein Kleinkind, dessen Haltung noch unsicher ist, kann trotzdem voller Freude und zielsicher mit seinem Ball spielen. Es besitzt die Art von entfalteter Motilität, die auf dieser Entwicklungsstufe möglich ist.

Jede dieser Entwicklungsstufen hat spezifische und deutlich erkennbare Bewegungsfähigkeiten und -eigenschaften. Spitz (1965) spricht von den drei »Organisatoren« der Psyche, die die Entwicklung beeinflussen und ihr dienen. Wenn diese Organisatoren sich nicht durchsetzen und stabilisieren können, bleibt das ganze psychische System chaotisch und undifferenziert. Die Anpassungsfähigkeit und Flexibilität der kindlichen Psyche sorgt zwar für die Weiterentwicklung, aber es kommt zu Abweichungen von der normalen Entwicklung.

Bei näherer Betrachtung zeigt sich, daß alle drei Organisatoren eine Form der absichtsvollen Motilität darstellen. Lächeln ist der erste Organisator. Für das Neugeborene fängt damit eine neue Phase an, in der es eine wichtige Bezugsperson bewußt erkennt und auf sie durch Gesichtsausdruck und Gestik reagiert. Der zweite Organisator ist die »Achtmonatsangst«: das Kind weigert sich, einen Fremden statt der Mutter zu akzeptieren. Zu diesem Zeitpunkt ist der Wahrnehmungsapparat schon so weit entwickelt, daß eine relativ komplexe Form von entfalteter Motilität möglich ist: Die Muskulatur kann bereits zur Steuerung intentionaler Bewegungssequenzen eingesetzt werden, wie sie etwa beim Wegziehen, Festhalten usw. auftreten, das Kind ist in der Lage, seine Körperhaltung zu kontrollieren, wodurch es seinen Wünschen deutlichen

Ausdruck verleihen kann. Der dritte Organisator ist die Fortbewegungsfähigkeit. Die Struktur der Objektbeziehungen wird durch diese neue Fähigkeit enorm beeinflußt. Jetzt kann man von völlig entfalteter Motilität sprechen. Bis zu diesem Zeitpunkt kann man von unvollständiger, aber dennoch entfalteter Motilität sprechen. Mit anderen Worten: Neugeborene, die mit Lächeln auf die Befriedigung ihrer Bedürfnisse durch andere reagieren oder sich selbst durch Daumenlutschen befriedigen, reagieren mit derjenigen Form von entfalteter Motilität, die ihnen auf dieser Entwicklungsstufe zur Verfügung steht.

Die Motilität kann freilich nicht immer bei jedem zur Entfaltung gelangen.

Motilität als Trieb

In einem solchen Fall muß man die Verdrängung, die erreichte Entwicklungsstufe und die Kraft des spezifisch individuellen Motilitätstriebes in Betracht ziehen. Mittelman (1954) postuliert einen motorischen »Drang«, der dem oralen, analen und genitalen ähnelt. Freuds Definition folgend, beschreibt er den motorischen »Drang« als Trieb oder Instinkt. Für einen Trieb ist charakteristisch, daß er mit einem Körperorgan verbunden ist, das triebhafte Handlungen in Gang setzt und ausführt. Die Spannungsabfuhr wird als lustvolles Befriedigungserlebnis erfahren.* »Instinkt« wäre hier nicht das richtige Wort, weil es sich bei ihm um erbliche und unveränderliche Muster handelt. Triebe jedoch sind veränderlich und werden von der Umwelt beeinflußt. Freud (1915b) war sogar der Meinung, daß sie erst durch den Einfluß der Umwelt entstehen. Die Vorgänge im Bereich der Motilität, die Mittelman unter dem Begriff »Drang« zusammenfaßte, entsprechen also dem, was man gemeinhin »Trieb« nennt. Die Motilität ist also die veräußerlichte Repräsentanz eines universalen menschlichen Triebs.

Nachdem ich zwanzig Jahre hindurch Patienten beobachtet habe, bin ich zu der Überzeugung gelangt, daß ein eigenständiger Motilitätstrieb existiert und daß er sich in verschiedenen Stärke-

---

* Mittelmans Formulierung erfolgte auf englisch. Er benutzte die Bezeichnung »urge«, Drang, weil der Terminus »Trieb« sich nicht entsprechend ins Englische übersetzen läßt.

graden zeigt. Alle meine Patienten haben offenbar einen überdurchschnittlich starken Motilitätstrieb, dem sie Ausdruck verleihen wollen. Die relativ schwache Abfuhr im Medium der Sprache, wie sie die verbale Psychotherapie kennt, kann ihren Bedürfnissen einfach nicht gerecht werden. Die Einsicht in ihre verborgenen Konflikte, die sie anderweitig gewonnen haben, wird durch ihre motorischen Bedürfnisse behindert, wenn nicht zunichte gemacht. Solche Therapien ziehen sich dann unverhältnismäßig lange hin, weil die Ängste und Affekte der Patienten kein Ventil finden. Aber sie sind dennoch in keiner Weise narzißtischer, exhibitionistischer oder weniger fähig, eine Übertragungsbeziehung aufzubauen, als andere. Der einzige Faktor, der sie von anderen unterscheidet, ist die Stärke ihres Motilitätstriebs. Bei Psychotikern und Borderline-Persönlichkeiten mag das in der Tat mit ihrer Fixierung auf eine frühe Entwicklungsstufe zu tun haben. Aber auch bei Menschen, die alle Voraussetzungen für eine Analyse mitbringen (die also in der Lage sind, eine Übertragung herzustellen und ihre Selbstbeobachtungen zu verbalisieren), kann sich ein starker Drang nach anderen Ausdrucksformen bemerkbar machen, der sämtliche Merkmale eines Triebs – nämlich des Motilitätstriebs – besitzt.

Freud (1915b) hatte nichts gegen die Postulierung aller möglichen Triebe einzuwenden wie Spieltrieb, Destruktionstrieb oder Geselligkeitstrieb. Aber er betonte, daß man sich jeweils über die wesentlichen Komponenten dieser Triebe klar werden und überlegen sollte, ob sie sich nicht doch unter den Urtrieben, der Ich- oder Selbsterhaltung oder der Sexualität, subsumieren ließen.

Ich bin der Meinung, daß im Fall des Motilitätstriebs eine etwas andere Situation vorliegt. Der Motilitätstrieb ist unabhängig vom Ichtrieb und Sexualtrieb, da er sich mit jedem dieser Triebe verbinden kann. Ja, eigentlich möchte ich den Motilitätstrieb als den einzig wirklichen Urtrieb bezeichnen, da es keinen Bereich des menschlichen Lebens ohne Motilitätsanteile gibt, obgleich viele Menschen diesen Trieb so stark gezähmt haben, daß ihnen bereits die bescheidensten Befriedigungsmöglichkeiten genügen.

Freud spricht vom »Triebreiz«, der aus dem Körperinneren stammt und nur durch eine zweckmäßige Aktion befriedigt werden kann. Der Prototyp einer zweckmäßigen Handlung ist die Flucht vor der Reizquelle, sei es nun ein aktives Ausweichen oder ein Rückzug nach innen. Unter dem Trieb selbst versteht Freud eine konstante Kraft, die vom Körper her auf das seelische System einwirkt. Das Konzept Trieb verknüpft das Physiologische und das Psychologische. Dem Anspruch der Triebe kann man sich nicht durch einen Rückzug nach innen entziehen, denn sie kommen ja von innen. Sie müssen irgendwie befriedigt werden. Freud selbst definierte die Eigenschaften der Triebe: Unter dem *Drang* eines Triebes verstand er die Summe von Kraft bzw. »das Maß von Arbeitsanforderung«, das er repräsentiert (S. 85); das *Ziel* des Triebes ist es, Befriedigung durch Aufhebung der Reizzustände zu erreichen; am oder durch das *Objekt* erreicht der Trieb sein Ziel. Unter der *Triebquelle* verstand Freud schließlich »... jenen somatischen Vorgang in einem Organ oder Körperteil, dessen Reiz im Seelenleben durch die Triebe repräsentiert ist« (S. 86).

Diese Eigenschaften treffen auch auf die Motilität zu. Sie verfügt immer und bei allen Menschen über eine konstante Kraft, hat ein Ziel, kann ein Objekt besetzen und hat ihre Quelle im inneren Leben des Menschen.

Der Drang zur Spannungsabfuhr ist bei dem einen stärker ausgeprägt als bei dem anderen. Diejenigen mit stärkerem Motilitätsdrang hat die Realität entweder noch nicht zur Anpassung gezwungen, oder sie haben eine gesellschaftlich anerkannte Form der Triebkontrolle gefunden. Wie diese Vorgänge zu erklären sind, hat Freud (1920) in »Jenseits des Lustprinzips« beschrieben. Er verknüpft dort Unlust mit einer Erhöhung der Reizstärke und Lust mit einer Herabsetzung der Erregung. Damit es aber zur Entspannung und zu einer Verminderung der Reizstärke kommen kann, ist eine Muskelbetätigung notwendig, d. h. die Motilität ist mit im Spiel.

Der Selbsterhaltungstrieb fordert, daß man sich dem Realitätsprinzip zu- und vom Lustprinzip abwendet. Viele Patienten folgen ihrem starken Motilitätstrieb nicht, weil sie lieber ungestört ihren Lebensaufgaben nachkommen wollen. Aber wenn die Verdrängungen im Verlauf der Tanztherapie aufgehoben werden, stürzen sie sich voller Freude in Aktivitäten, in denen sie ihre zurückgewonnene Bewegungsfähigkeit verwirklichen können. Bei anderen ist dieser Aspekt nicht so ausgeprägt, aber immerhin erkennbar. Wenn der Anpassungsdruck zu stark wird, bleibt dem Motilitätstrieb nichts weiter übrig, als im verborgenen nach anderen Ausdrucksformen zu suchen, auch wenn das zunächst Unlust bereitet. Freud (1920) schreibt: »... aber sicherlich ist alle neurotische Unlust von solcher Art, ist Lust, die nicht als solche empfunden werden kann« (S. 7).

In vielen Fällen wurde Freuds Ausdruck *Unlust* mit Angst oder sogar Schmerz übersetzt (Jacobson 1953 b). Dies hat einen unmittelbaren Einfluß auf die Behandlungspraxis, weil die Vorgehensweise der Therapeuten natürlich davon beeinflußt ist, ob er glaubt, daß die Patienten Angst, Unlust oder Schmerz empfinden. Schon 1905 wies Freud auf die mit der Muskelbetätigung verbundene Lust hin und fragte sich: »Ob diese Lust etwas mit der Sexualität zu tun hat, ob sie selbst sexuelle Befriedigung einschließt oder Anlaß zur sexuellen Erregung werden kann, das mag kritischen Erwägungen unterliegen...« (GW 5, S. 103). Er scheint sich also mit der Frage auseinandergesetzt zu haben, was wohl zuerst käme, die Motilität oder ein anderer Trieb, welcher der Motilität ihre spezifische Qualität verleiht. Kindern schreibt er jedenfalls die freie Lust an der aktiven Muskelbetätigung zu, und erst an zweiter Stelle fragt er sich, ob befriedigende Muskelbetätigung auch eine sexuelle Komponente habe. Das gleiche Problem stellt sich heute noch all denen, die Bewegung und Muskelbetätigung als zu lustvoll und daher als gefährlich betrachten.

Dabei ist die Motilität an und für sich weder libidinös noch aggressiv, solange andere Triebe nicht mit ihr verschmolzen sind. Man kann entweder liebevoll nach einer anderen Person greifen und sie streicheln, oder man kann sie schlagen. In beiden Fällen gehen der Motilitätstrieb und die Bewegung – nach einer Person greifen –, den anderen Trieben voraus, indem sie die Bewegungsqualität bestimmen und ein Ziel setzen. Das könnte ein weiterer Hinweis darauf sein, daß der Motilitätstrieb der *Urtrieb* ist.

Es ist schon erwähnt worden, daß insbesondere Menschen mit einem starken Motilitätstrieb zur Tanztherapie kommen. Aber auch solche, die nie ihre Bewegungsfähigkeiten entwickelt haben und deren Beherrschung der Motilität unzureichend ist, sind vertreten. Die dritte und wahrscheinlich größte Gruppe gibt sich mit wenig Körperbewegung und Muskelbetätigung zufrieden. Das hat nichts mit der entwicklungsbedingten Desomatisierung zu tun, sondern sagt etwas aus über das Schicksal der Motilität im Laufe des Lebens. Freud dachte, daß Triebe von ihrem Ziel abgelenkt werden und auf verschiedenste Weise zur Geltung kommen können. Er erkannte auch, daß Triebe sich in ihr Gegenteil verkehren können, wie etwa aus frustrierter Liebe Haß werden kann. Sadismus kann sich in Masochismus verkehren und sich gegen das Selbst richten. Die Verdrängung bewirkt eine so starke Abwehr, daß der ursprüngliche Trieb völlig von der Oberfläche verschwindet. Die Sublimierung schließlich erlaubt dem Trieb einen Ausdruck, der die inneren Bedürfnisse des Menschen auf allen Ebenen befriedigt.

Die Parallele zur Motilität liegt auf der Hand. Die Motilität kann in vielerlei Weise eingeschränkt sein, sich an Zustände der Ruhe angleichen, und damit ins Gegenteil ihrer ursprünglichen Form verkehrt werden. Motilität als Selbstkasteiung kann bei manchen Sportlern, Tänzern, Joggern, kurz, bei all jenen beobachtet werden, die ihre Körper durch Masochismus zur Maschine machen. Das Bewegungsbedürfnis und der Motilitätstrieb können zutiefst verdrängt sein, oder sie können als freudige und befreiende Sublimierung auftreten. Triebe, die sich in ihr Gegenteil verwandeln und verdrängt sind, haben auch Abwehr- und Anpassungsfunktionen. Ich kann täglich in meiner Praxis diese verschiedenen Facetten des Motilitätstriebes beobachten. Die Varianten des Ruhezustands reichen von der Katatonie bis zur schlichten Verweigerung jeder Form von Bewegung.

Ich denke da etwa an Christopher. Er war ein Mann in den Dreißigern, wohnte noch bei seiner Mutter und hielt sich für fromm. Er hatte plötzlich jede Schwungkraft verloren, was weder er noch sein Arzt sich erklären konnten. Weil er ein gehorsamer Sohn war, der wohl nur noch auf die »richtige Frau« wartete und einen guten Beamtenposten hatte, konnte er sich gar nicht vorstellen, daß bei ihm eine Psychotherapie angebracht sein könnte. Als er nun immer mehr an Leistungsfähigkeit verlor, sah er sich nach einer Aktivität um, die weder ein »roher« Sport sein noch ihn mit »schlechten Mädchen« in Berührung bringen sollte, wie das beim Gesellschaftstanz seiner Meinung nach der Fall sein könnte. Schließlich beschlossen sein Arzt seine Mutter und er, daß eine Tanztherapie genau das Richtige wäre.

Christophers Bewegungen waren von schneckenhafter Langsamkeit, die noch durch seine Unfähigkeit, einem Rhythmus zu folgen, unterstrichen wurde. Er weigerte sich hartnäckig, etwas Neues zu erlernen. Er entschloß sich, drei Sitzungen mitzumachen, um sich zu »entlasten«. Zu seiner großen Verwunderung stellte er fest, daß er überhaupt keinen Grund zu klagen hatte. Er fand, daß er in einer Welt ohne Fehler lebe. Er hielt sich ja auch immer an die Richtlinien seiner Religion. Nur die fortschreitende Müdigkeit und der Verlust der Schwungkraft, für die kein organischer Grund bestand, machten ihm zu schaffen. Dennoch hatte er die Vorstellung, das Gefühl, daß er sich »von einer Last befreien« müsse. Während ihn dieses Gefühl mehr und mehr verunsicherte, wurde seine Ermattung immer stärker. Wenn er von der Arbeit nach Hause kam, ging er sofort ins Bett; dennoch schleppte er sich immer wieder zu seinen Therapiestunden, zwang sich, eine selbsterfundene Gymnastik auszuüben, und kam endlich zu dem Schluß, daß ich als Therapeutin nichts tauge. Ich fragte ihn, warum er das wohl glaube. Er wurde verwirrt, errötete, atmete heftig und zitterte am ganzen Körper; er sagte, er werde darum beten, keine solchen Gedanken mehr haben zu müssen. In der nächsten Stunde schlug ich ihm vor, darüber nachzudenken, ob seine Last vielleicht durch die seiner Meinung nach unfähige Therapeutin noch drückender geworden sei. Jetzt lebte der sonst so demütige Christopher richtiggehend auf. Er seufzte erleichtert auf und verkündete, daß er mich nicht »ausstehen« könne, daß er sich aber wohl mit mir abfinden müsse, da er mich nun mal am Hals habe, ich wisse ja schon soviel über ihn. Außerdem sei es viel zu mühsam und zeitraubend und sicherlich nicht effektiv, wenn er noch einmal mit jemand anders anfinge. So viel hatte Christopher noch nie geredet. Sein Wortschwall war von majestätischen Gesten und einem Zittern am ganzen Körper begleitet. Beim Durcharbeiten der Übertragung vergaß Christopher seine Demut völlig und wurde zum Ankläger. Dem Vorschlag, seine Bewegungen zu spiegeln, stimmte er zunächst zu. Aber das tat ihm bald leid, denn er fühlte sich verhöhnt und verspottet, als ich seine Gestik und Haltung widerspiegelte. Das machte ihn so ärgerlich, daß er bald alle Vorsicht vergaß, die Fäuste schüttelte und schreiend auf und ab lief. Endlich holte er tief Atem und verkündete, daß er nie wieder kommen werde.

Nachdem diese qualvolle, fast verzweifelte Anfangsphase überwunden war, entwickelte Christopher ein fast wahnsinniges Bewegungsbedürfnis. Er fand soviel Gefallen an seinem Ärger, daß er tatsächlich Gründe suchte, um sich über mich zu ärgern. Dabei begleitete er seine Anklagen immer mit ungestümen Pantomimen. Zu dieser Zeit wurde er Mitglied der Fitneßgruppe seiner Behörde, lernte Handballspielen und schloß sich einem Wanderklub an. Bald konnte er beurteilen, wieviel Muskelbetätigung er sich zumuten konnte, wodurch er körperlich sehr schnell kräftiger wurde. Alle Müdigkeit und »Demut« waren verschwunden.

Christopher hatte seinen Motilitätstrieb so stark unterdrückt und verdrängt, daß er kaum noch Energie für anderes aufbringen konnte. Offensichtlich war er auch ein sehr leicht erregbarer und zorniger Mensch. Er hatte sich zur Passivität verurteilt, weil seine tief religiöse Mutter ihn eigentlich zum Geistlichen bestimmt hatte, um ihn vor aller Sündigkeit zu bewahren, während er viel lieber Sportler hatte werden wollen und schon als Kind bei jeder Gelegenheit trainierte. Kurz nachdem sein Vater gestorben war, erwischte ihn seine Mutter, als er auf einen Baum kletterte. Er erschrak, fiel herunter und brach sich beide Beine. Er nahm das als ein Zeichen des Himmels, als Strafe für seinen Ungehorsam gegenüber seiner Mutter, die doch sonst niemanden hatte und ihn brauchte. Von diesem Zeitpunkt an versagte er sich allen Sport und widmete sich statt dessen mit den oben beschriebenen Folgen dem »Demütigwerden«.

Dieses Fragment einer Fallgeschichte erläutert, wie der Motilitätstrieb sich in sein Gegenteil verwandeln, der masochistischen Selbstbestrafung dienen und dann als Unlust und Müdigkeit wieder zum Vorschein kommen kann.

Motilität als Ichanteil

Die Tabelle auf den Seiten 58 ff. veranschaulicht, wie das Ich sich aus einem undifferenzierten Zustand entwickelt, in dem aber alle Eigenschaften des neuen Menschen schon vorhanden sind. Zunächst ist noch kein Ich als solches vorhanden, sondern nur viele verschiedene Ichanteile in unentwickelter Form. Manche werden als »primär autonom« bezeichnet, weil sie zum großen Teil der Triebbesetzung entzogen sind. Zu diesen Ichanteilen gehören Wahrnehmung, Motilität, Intelligenz, Denken, Sprechfähigkeit, die Sprache und die fünf Sinne. Freud ordnete dem Ich beziehungsweise dem System Bewußtsein in der Sprache des ersten typischen Modells die Herrschaft über den »Zugang zur Motilität« zu. Er schrieb 1915 in *Das Unbewußte*, daß »die Herrschaft des Bewußten über die willkürliche Motilität fest gegründet ist, dem Ansturm der

Neurose regelmäßig widersteht und erst in der Psychose zusammenbricht...« (GW 10, S. 278).

Aber jede Tanztherapiestunde zeigt genau das Gegenteil. Das Ich und das System Bewußtsein beherrschen die Motilität längst nicht in dem Maß, wie das obige Freud-Zitat nahezulegen scheint. Die meisten Menschen können auch die einfachsten gymnastischen Übungen nicht ausführen. Auf der Erde im Indianerstil sitzen, ist für viele die reinste Qual. Die Tätigkeit des sich Hinhockens muß anscheinend immer von Stöhnen und irgendwelchen Verrenkungen begleitet sein. Vielleicht gehören diese Bewegungen auch nicht zu Freuds Konzept der »willkürlichen Motilität«, aber zumindest das Gehen ist doch wohl für die meisten Menschen eine willkürliche Aktivität. Auf der Straße aber kann man beobachten, wie steif, ineffektiv und ruckartig sich manche Leute fortbewegen.

Da geht eine Frau, die für ihre kurzen Beine viel zu große Schritte macht. Da geht ein Mann so geziert, als ob seine Oberschenkel zusammengenäht wären. Ein anderer stampft mit den Hacken so auf den Boden, daß bei jedem Schritt eine kleine Schockwelle durch sein Rückgrat fährt. Wieder ein anderer schreitet lässig auf den Fußballen voran, während seine Begleiterin im Stakkato auf dem Pflaster einherstolziert. Eine Tanztherapeutin, die diese Leute zu einem Training einladen, und ihnen eine harmonischere und gesündere Gangart anbieten würde, müßte mit gewaltigen Widerständen rechnen. Nicht etwa, daß sie bewußt abgewehrt würde – diese Menschen wären einfach nicht imstande, ihre eigene Motilität zu beherrschen. Ich muß deshalb von der Theorie, von der ich ausgegangen bin, abweichen. Meine Hypothese ist, daß nur ein Teil der Motilität vom Ich und dem System Bewußtsein beherrscht wird. Die Motilität ist kein primär autonomer Ichanteil, sondern nur ein sekundär autonomer. Das heißt daß die Motilität zwar von ihren eigenen Triebkomponenten beeinflußt wurde, sich aber von ihnen befreit hat und nun relativ souverän funktioniert.

Ich habe bereits die Hypothese aufgestellt, daß es einen Motilitätstrieb gibt. Ich möchte nun hinzufügen, daß dieser Trieb primär, also ein wahrer Urtrieb ist. Er ist schon unmittelbar nach der Geburt nachweisbar und sogar viel deutlicher ausgeprägt als der Selbsterhaltungstrieb und die Sexualität. Die Herausbildung der Motilität als Funktion verläuft freilich nicht anders als bei allen anderen Trieben – sie muß sich zuerst einmal mit einem Körperteil oder -organ verbinden, um überhaupt erkennbar zu werden.

Ich habe folgende Hypothese: Der ursprüngliche Motilitätstrieb entsteht durch einen Triebreiz im Körper und sucht Entladung. Das Ziel des Motilitätstriebs liegt in der Bewegung. Die Triebwurzel der Motilität befindet sich im Es, während die Funktionen, die der Ausführung des Bewegungstriebs dienen, dem Ich verbunden sind.

Daß auch das Ich den Kräften des Es oft genug ausgeliefert ist, hat Freud immer wieder und nicht zuletzt in der berühmt gewordenen Stelle aus *Das Ich und das Es* (1923) hervorgehoben:

»Die funktionelle Wichtigkeit des Ichs kommt darin zum Ausdruck, daß ihm normalerweise die Herrschaft über die Zugänge zur Motilität eingeräumt ist. Es gleicht so im Verhältnis zum Es dem Reiter, der die überlegene Kraft des Pferdes zügeln soll, mit dem Unterschied, daß der Reiter dies mit eigenen Kräften versucht, das Ich mit geborgten ... Wie dem Reiter, will er sich nicht vom Pferd trennen, oft nichts anderes übrigbleibt, als es dahin zu führen, wohin es gehen will, so pflegt auch das Ich den Willen des Es in Handlung umzusetzen, als ob es der eigene wäre« (GW 13, S. 253).

In der Motilität sind die während des Lebens gemachten Erfahrungen enthalten

Alle Menschen müssen im Verlauf ihrer Entwicklung lernen, ihren Motilitätstrieb zu zähmen. Schon das Erlernen gewisser Bewegungsfähigkeiten ist ein Aspekt dieser Zähmung. Wenn man täglich das gleiche macht, denkt man nicht mehr darüber nach. Es wird automatisch.

Das Konzept der »Automatisierung« wird hier im Sinne von Hartmann (1939) benutzt. Viele Bewegungen werden ohne bewußtes Denken und ohne Wahrnehmung der dazwischenliegenden Bewegungssequenzen ausgeführt. Zum Beispiel das Sitzen: Man denkt nur selten: »Jetzt muß ich meine Knie beugen und mich nach dem Stuhl umsehen.« Man setzt sich einfach hin. Durch diese Automatisierung wird simultane, nach innen oder außen gerichtete bewußte Aktivität möglich. Ohne Automatisierung wären wir stark eingeschränkt, weil wir nämlich unablässig überlegen würden, ob wir uns hinsetzen sollen oder nicht, ob der Stuhl auch nicht kaputt ist, usw. Solch bewegungshemmenden Gedanken können das Resultat einer organischen Krankheit oder Verletzung, einer Phobie oder Wahnvorstellung sein.

Die Automatisierung spielt in der Gesamtmotorik eine große Rolle. Ihre Aufhebung ermöglicht neue Wahrnehmungen, die dann zu einer schöpferischen Lösung alter Probleme führen können (Schmiedeberg 1938). Automatisierung kann also (muß aber nicht) zu einer Einschränkung der Motilität führen. Die Anpassungsfunktion der Automatisierung ist so total, daß sie auf den ersten Blick völlig mit der Gesamtmotorik verschmolzen scheint. Eine so elementare Funktion wie das Gehen zum Beispiel kann sich durch die Aufhebung der Automatisierung völlig verändern. Jemand, der zu weit ausschreitet zum Beispiel, muß sich weit nach vorne beugen, um das Gleichgewicht zu halten. Geht er aufrecht, mit Schritten, die der Länge seiner Beine angepaßt sind, so bekommt er ein anderes „Blickfeld", das ihm einen größeren Radius kognitiver Erfahrungen ermöglicht. Beim Trippeln dagegen ist die Körperhaltung quasi eingefroren. Nur Beine und Füße werden bewegt. Die Gangart drückt einen Anpassungsmodus aus, insofern gestattet die Beobachtung von Bewegungsformen einen Blick in die Vergangenheit des betreffenden Menschen.

Auch wenn sich jemand gut und vollständig entwickelt hat, besteht »eine Tendenz, psychologische Funktionen und den einmal vorhandenen Entwicklungsstand beizubehalten« (Sandler und Joffe 1967). Primärprozeßhafte Funktionen verschwinden nie ganz, sondern wirken, hinter einem komplizierteren adaptiven Verhalten verborgen, weiter. Diese Hypothese macht die empirisch bestätigte Annahme der Tanztzerapie, daß eine »Körpererinnerung« existiert, glaubwürdiger. Aus Erfahrung weiß man, daß alle Erlebnisse im Körper gespeichert sind, insbesondere in der Muskulatur, und daß sie unter gewissen Umständen, z. B. während der Tanztherapie, wieder wach werden.

Ein normales Gespräch ist oft auch von einem kleinen »Tanz« begleitet. Ein Gesprächspartner beugt sich eifrig nach vorne und gestikuliert, um seine Meinung zu unterstreichen. Der andere aber lehnt sich lässig zurück, weil er nicht überzeugt ist, er überkreuzt die Beine oder verschränkt ganz unwillkürlich die Arme. Dann plötzlich »öffnet« er sich und zeigt durch seine Körperhaltung, die der des Gesprächspartners entspricht, daß er sich am Gespräch beteiligt und die Ansicht des anderen teilt. Menschen, die nicht auf diese Art empfangsbereit sind, werden von der Umwelt oft als »hochnäsig« empfunden. Wer sein Rückgrat stets so steif hält, als hätte er ein Lineal verschluckt, wirkt ganz einfach abweisend. Natürlich drückt so eine »vornehme« Haltung nicht unbedingt einen Konflikt aus. Es kann sich um eine anerzogene Haltung handeln, die lediglich die Ideale der Umwelt reflektiert. Vielen Kindern wird beigebracht: »Sitz doch aufrecht«, oder »Mach keinen Buckel«. Von Konflikt kann man erst sprechen, wenn eine eine solche steife Haltung sich nicht ablegen läßt. Dann könnte es sich um eine durch einen Konflikt verursachte Einschränkung der Motilität handeln, die schwieriger zu beseitigen ist als die Spuren vergangener Erziehung.

Die Desomatisierung ist schon erwähnt worden. In diesem Zusammenhang muß noch einmal hervorgehoben werden, daß auch die Ersetzung des Handelns durch Denken den Trieb zügelt. Ein wahrer Wirbelsturm von Bewegungen würde ausbrechen, wenn wir alle unsere Bewegungsbedürfnisse ständig ausleben würden. Es hat seine Vorteile, wenn man imstande ist zu denken: »Ich könnte den Kerl umbringen«, statt wirklich einen Mord zu begehen. Das traurige Resultat der Unfähigkeit, den Motilitätstrieb zu zähmen, sehen wir bei Kindern, die an Hyperkinese leiden, dem Zwang, zu ständiger unwillkürlicher Bewegung. Die Ursachen für dieses Symptom sind vielfältig. In der Tanztherapie finden solche Kinder Linderung ihres Leidens, weil dort ihre zwanghaften Bewegungen zum Bestandteil therapeutischer Übungen gemacht werden; sie lernen dort allmählich, mit ihrer Fähigkeit, sich selbst zu beobachten, umzugehen, statt sie durch ihren chaotischen Bewegungsdrang immer weiter abzubauen. In diesem Kontext wird deutlich, daß Automatisierung und Desomatisierung der Motilität der Gestaltung eines harmonischeren Lebens dienen können; es zeigt sich aber auch, wie stark sie durch die Lebenserfahrungen geprägt werden.

Bis jetzt wurden jene Faktoren hervorgehoben, die zu einer sinnvollen Ausübung der Motilität führen. Motilität und der Motilitätstrieb sind überall zu finden. Um sie aber in vollem Umfang einsetzen zu können, muß noch ein wesentlicher Faktor hinzutreten, nämlich die Frustrationstoleranz. Freud (1916/1917) schrieb, daß eine adäquate Realitätsprüfung nur dann gegeben ist, wenn die Triebbefriedigung so lange aufgeschoben werden kann, bis eine adäquatere Befriedigungsmöglichkeit in Sicht kommt (Kris 1956a). Spitz (1965/1985) erläutert das wie folgt:

»Diese Fähigkeit, die Triebbefriedigung aufzuschieben, eine Verzögerung der Spannungsabfuhr zu ertragen, ein sofort statthabendes und vielleicht ungewisses Vergnügen aufzugeben, um die Gewißheit eines späteren Lustgewinns einzutauschen, ist ein folgenschwerer Schritt in der Humanisierung des Menschen. Sie hat den Fortschritt von innerer Rezeption zu äußerer Wahrnehmung, von ›passiver‹ Wahrnehmung zu motorischer Abfuhr in der Form von Handlungen ermöglicht und führt am Ende zu einer angemessenen aktiven Veränderung der Realität, das heißt, zur alloplastischen Anpassung« (S. 187 f. der dt. Ausgabe).

Ohne Frustrationstoleranz wird das Leben zu einem von Triebimpulsen bestimmten Drama voll destruktiver Aktivität, die sich an Dingen und Menschen austobt. Dies kann bei einem Wutanfall so drastische Formen annehmen, daß Familienmitglieder und Freunde angegriffen oder bestenfalls Gegenstände beschädigt werden. Aber das gleiche Prinzip tritt auch in der vergleichsweise harmlosen Unfähigkeit zutage, eine Aufgabe zu Ende zu bringen.

Der Motilitätstrieb und die Motilität an sich werden während der Entwicklung durch vier Faktoren beeinflußt und geformt: Automatisierung; die Tendenz, frühere psychologische Funktionen und Entwicklungen beizubehalten; Desomatisierung und Frustrationstoleranz. Die zunächst noch eher zufälligen Mundbewegungen eines Babys verwandeln sich bald in »automatisches« Saugen und Lutschen; wir vergessen niemals, wie es war, von der Mutter gewiegt zu werden, ebensowenig wie das Gefühl das wir beim Schlittschuhlaufen oder Radfahren hatten; wir desomatisieren während der Entwicklung und lernen, hoffentlich, zu denken, bevor wir handeln; und wir gewöhnen uns daran, auf Erfolg zu warten. Jede dieser Komponenten prägt unser Bewegungsmuster durch eine Zähmung des ursprünglichen Bewegungstriebs bzw. durch Erinnerungen, die in den Körper eingeschrieben wurden.

Die vier Faktoren haben einen gemeinsamen Nenner, ohne den sie nicht so einflußreich sein könnten. Es handelt sich hier um die Triebverdrängung. Wenn die Entwicklung problemlos verläuft, steht diese Art der Verdrängung im Dienste einer harmonischen Lebensführung und erzwingt keinen übermäßigen Energieverbrauch.

Motilität als Konfliktausdruck

Freud (1915c) verstand die Verdrängung als das Resultat einer Unfähigkeit, vor inneren Reizquellen zu fliehen. Sie ermöglicht es, etwas vom Bewußtwerden auszuschließen. Er schrieb:
»Im Falle des Triebes kann die Flucht nichts nützen, denn das Ich kann sich nicht selbst entfliehen. Später einmal wird in der Urteilsverwerfung (Verurteilung) ein Mittel gegen die Triebregung gefunden werden. Eine Vorstufe der Verurteilung, ein Mittelding zwischen Flucht und Verurteilung ist die Verdrängung...« (S. 107).

Freud sieht also, daß der schwer geplagte menschliche Organismus hier eine Kompromißlösung findet, denn nichts wird in Wirklichkeit aufgegeben, nur die Spannung vermindert. Inzwischen wachsen die Triebkräfte im Versteck der Verdrängung weiter, wobei sie untereinander neue Verbindungen herstellen. Freuds Grundannahme, daß die Verdrängung eigentlich nur die Verbindung zum Bewußtsein unterbricht, mag erklären, warum sich so viele ängstlich und voller Unlust der Motilität enthalten. Der Motilitätstrieb ist so stark unterdrückt worden, daß alles Motorische gefährlich wirkt. Das ist angesichts der Überschätzung des Intellekts in unserer Kultur nicht besonders verwunderlich. Manche Kinder beherrschen das ABC, ehe sie sauber sind, und andere können schon zählen, bevor sie verstanden haben, daß man nicht weinen muß, wenn man Hunger hat, sondern um etwas zu essen bitten kann. In beiden Fällen werden Körpersignale entweder nicht verstanden oder verleugnet. Aber dieses kulturelle Merkmal allein kann kaum erklären, warum der Motilitätstrieb bei vielen Menschen, die zur Tanztherapie kommen, so tief verdrängt ist. Diese Patienten schämen sich nicht etwa ihres Körpers, noch finden sie ihn uninteressant. Sie wissen nur ganz einfach nicht, daß sie durch ihren Körper leben.

Freud schrieb folgendes über das Schicksal der verdrängten Triebrepräsentanz:
»Sie [die Triebrepräsentanz, E. S.] wuchert dann sozusagen im Dunkeln und findet extreme Ausdrucksformen, welche, wenn sie dem Neurotiker übersetzt und vorgehalten werden, ihm nicht nur fremd erscheinen müssen, sondern ihn auch durch die Vorspiegelung einer außerordentlichen und gefährlichen Triebstärke schrecken« (1915c, GW 10, S. 251).

Genauso geht es dem unterdrückten Motilitätstrieb. Patienten behaupten immer, daß sie sich nicht bewegen können, oder sind, wenn sie es doch versuchen, in ihrem Bewegungsausdruck gehemmt. Sobald die Verdrängung jedoch aufgehoben ist, ergeben sich oft erstaunliche Resultate, insbesondere im Hinblick auf die Selbstbeobachtungsfunktionen des Ichs. Solange nicht Selbstbeobachtung und Selbstgewahrsein mit ins Spiel kommen, besteht die Befreiung des Bewegungstriebs in nichts anderem als einer Katharsis. Wenn die Verdrängung jedoch wirklich aufgehoben wurde, wird auch Energie freigesetzt. Diese Energie, in unserem Fall Bewegungsenergie, manifestiert sich in verstärkter motorischer Aktivität.

Der Fall von Christopher ist bereits erwähnt worden. Christopher fing im Verlauf seiner Therapie an, Handball zu spielen, schloß sich einem Wanderclub an und wurde Mitglied einer Fitness-Gruppe. Auch viele andere Patienten, die ich kennengelernt habe, veränderten sich in so extremer Weise. Linda zum Beispiel brachte es einmal fertig, achtzehn Stunden lang Volkstanz zu machen; Pru nahm an einem Tag Tanzstunden, Fechtstunden und machte noch dazu Aerobic. Nicht alle reagieren so stark auf die Aufhebung der motorischen Verdrängungen, aber alle scheinen ihre neugewonnene Freiheit mit einem ungeheuren Zuwachs an motorischer Aktivität zu feiern. Es ist, als ob ihr Bewegungstrieb im Versteck der Verdrängung doppelte Stärke gewonnen hätte und nun mit aller Macht ans Licht drängen müsse.

Aber Verdrängung, die zu einer Beeinträchtigung des Motilitätstriebs führt, entsteht nicht ohne Konflikt. Weil der Trieb mit den Anforderungen der Wirklichkeit in Einklang gebracht werden muß, ist das Auftreten von Konflikten gerade im Zusammenhang mit Reifung und Entwicklung unvermeidlich. Welche Rolle die Verdrängung hierbei spielt, ist schon ausgeführt worden. Aber diese Konflikte sind nicht von sich aus destruktiv. Sie ebnen vielmehr den motorischen Funktionen den Weg. Eine wirklich starke Hemmung des Motilitätstriebs und seiner Funktion ergibt sich dann, wenn sie durch Konflikt und Trauma zur Machtlosigkeit verdammt wurden. Fenichel (1945) beschrieb treffend das Wesen einer solchen Einschränkung:

»Das Muskelsystem reflektiert die physiologischen Folgen seelischer Stauung. Pathologische Abwehrmaßnahmen versperren unterdrückten Impulsen den Weg zur Motilität ... daher bewirken pathologische Abwehrmaßnahmen auch immer eine Behinderung des Bewegungsablaufs. Die Bewußte, willkürliche Motilität wird durch solche Bewegungshemmungen geschwächt« (S. 246–247) (Übers. durch d. Autorin). Weiter spricht er über Patienten, deren Muskelkrämpfe sich verstärken, wenn ihre Konflikte zum Vorschein kommen. Die Krämpfe sind also ein Hinweis darauf, daß Gefühle geheimgehalten wurden. »Ein Triebkonflikt drückt sich nicht immer nur als Muskelhypertonie aus. Auch Muskelhypotonie blockiert oder verhindert die Einsatzbereitschaft des muskulären Systems ... Aber Dystonie und Grad der Verdrängung hängen nicht unbedingt voneinander ab« (S. 98).

Dieser Satz faßt im Grunde all jene Symptome zusammen, die immer wieder in der Tanztherapie zu beobachten sind. Da war zum Beispiel Doug, nach seinen eigenen Aussagen ein fabelhafter Disco-Tänzer, der aber oft von der Stätte seines Triumphes weghumpeln mußte, weil er Krämpfe bekam, und zwar immer dann, wenn er mit jungen Frauen tanzte. Oder Eleanor, deren Rücken sich hoffnungslos verkrampfte, wenn ihr Mann Geschlechtsverkehr mit ihr haben wollte; Pam hatte sich ihre Zähne ruiniert, weil sie den Kiefer zusammenpressen mußte, um Schmerzensschreie zurückzuhalten. Und dann war da noch der kleine Peter, dessen glänzende Augen niemals den Hohn ahnen ließen, mit dem er seine Mutter »aus Versehen« mit Füßen trat. Die Liste der Beispiele ist lang.

Ein Trauma kann seinen Widerhall aber auch in der Resomatisierung finden. Resomatisierung entsteht dadurch, daß gewisse Triebregungen und Reize als zu gefährlich empfunden werden. Das Ich wehrt sich und will die Gefahr verhindern. Die Befriedigung und Entladung des Triebes wird verhindert und der Zugang zur Motilität und Muskelbetätigung unterbunden. Das Ich, das sozusagen auf den roten Alarmknopf gedrückt hat, benimmt sich, als ob es fürchte, zerstört zu werden. Das schon erreichte Entwicklungsniveau wird im Nu verlassen. Das Denken als Probehandeln (Freud 1923) verliert seine Bedeutung, und der Betroffene verfällt einer globalen Regression, die ihm unverarbeitbare innere Gefahren vorspiegelt. Oft sind die weithin bekannten »psychosomatischen« Erkrankungen die Folge.

Es gibt aber noch andere Wege, die einem die Hemmung der

Motilität und deren Funktion als Konfliktausdruck verständlich machen. Die Beobachtung der Gefühlszustände meiner Patienten und die Art, wie sie damit umgehen, indem sie sie entweder verleugnen oder sie ihrer jeweiligen Situation anpassen, gibt mir darüber eine Fülle von Aufschlüssen. Nach Freuds Betrachtungsweise ist der Affekt derjenige Anteil des Triebes, der sich im Bewußtsein als subjektive Empfindung niederschlägt. Jeder Affekt hat seinen eigenen motorischen Ausdruck. Man kann leicht erkennen, ob jemand traurig oder ärgerlich ist oder Schmerzen leidet. Körperhaltung, Gesichtsausdruck und Gestik teilen mit, was der Mensch fühlt. Manche sind durchschaubarer als andere, aber alle bedienen sich der Motilität, um ihre Gefühlswelt zu veräußerlichen.

1915 beschrieb Freud die Folgen der Verdrängung für den »quantitativen Faktor der Triebrepräsentanz«:
»Der Trieb wird entweder ganz unterdrückt, so daß man nichts von ihm auffindet, oder er kommt als irgendwie qualitativ gefärbter Affekt zum Vorschein, oder er wird in Angst verwandelt. Die beiden letzteren Möglichkeiten stellen uns die Aufgabe, die Umsetzung der psychischen Energien der Triebe in Affekte und ganz besonders in Angst als neues Triebschicksal ins Auge zu fassen« (1915c, GW 10, S. 255 f.).

1926 verwarf Freud seine Hypothese über die Verwandlung der Libido in Angst, aber er behielt die Auffassung vom Affekt als bewußt wahrgenommene Triebrepräsentanz bei. Schon 1915 hatte er festgestellt, daß Affektivität sich im wesentlichen in motorischer (sekretorischer, gefäßregulierender) Abfuhr und die Motilität in Aktionen, die zur Veränderung der Außenwelt bestimmt sind (vgl. GW 10, S. 278, Anm.).

Jacobson (1953b) erläuterte, daß Freud zwischen Affekt und Gefühl unterschied. »Affekt« scheint die Bezeichnung für psychophysiologische Entladungsphänomene zu sein. Die körperlichen Komponenten zeigen sich dann auch in körperlichen Veränderungen, die durch das vegetative Nervensystem gesteuert werden. Erröten, Schwitzen, Weinen, erhöhte Peristaltik, schneller Puls usw. wären dafür Beispiele. Die willkürlich gesteuerte Skelettmuskulatur kann ebenso betroffen sein. Haltung, Gesichtsausdruck und Stimme werden durch das periphäre Nervensystem vermittelt. Die rein psychischen Komponenten werden als »Gefühle« erlebt.

Die psychosomatische Einheit der Affekte wurde von Rapaport

(1950) beschrieben. Er behauptet, daß sich ohne direkte physische und psychische Ausdrucksmöglichkeit eine »chronische Veränderung der physiologischen Vorgänge, wie in den psychosomatischen Krankheiten, oder der psychologischen Vorgänge, wie man sie in den Neurosen, Psychosen und Charakterstörungen vorfindet«, ergibt. Wenn man aber die verschiedenen Erscheinungsformen der Somatisierung näher betrachtet, wird deutlich, daß sofortige Befriedigung oder Entladung eines Triebreizes keineswegs die ungünstigen Folgen, die Rapaport diagnostiziert, verhindert. Vielmehr könnte man, ganz allgemein, formulieren, daß eine durch innere oder äußere Kräfte erzwungene Anpassung Elemente enthält, die für den Patienten im seelischen Bereich »unverdaulich« sind. Die meisten Patienten haben eine ungenügende Frustrationstoleranz. Der Motilitätstrieb ist so stark verdrängt worden, daß er nun jede Gelegenheit nutzt, um sich bemerkbar zu machen. Er verlagert sich dann auf ein anderes als das ursprüngliche Ziel und dient so nicht einer echten Anpassung, sondern viel eher der Abreaktion und Entladung des unterdrückten Triebs.

Das hat für die Behandlung weitreichende Folgen, denn es wird deutlich, daß einfache Entspannung bzw. Entladung oder Abreaktion zwar dem ein Ventil bietet, was der Triebreiz, der sich nun als Affekt bemerkbar macht, ursprünglich anstrebte, daß dies aber zugleich neue Konflikte hervorruft, weil der Affekt nicht gesteuert wird und daher überwältigend wirkt. Der Affekt wird erst dann aufgelöst, wenn der Patient ihn bewußt mit einer geeigneten psychischen Repräsentanz und mit seiner Lebenserfahrung verknüpfen kann, so daß er in die Gesamtheit des psychischen Systems integriert wird.

Gestaltpsychologen und insbesondere Zeigarnick (1927) haben festgestellt, daß man sich an unvollendete Aufgaben erinnert, aber die bereits erledigten vergißt. Wenn einem Kind also etwas verboten wird, erinnert es sich daran genau, weil es ja seine Absicht nicht durchführen konnte. Man hat es frustriert. Eine liebevolle und von gegenseitigem Vertrauen gestützte Beziehung läßt aber diesen Affekt, die Frustration, erträglich werden. Das Kind identifiziert sich dann sogar mit der verbietenden Instanz, der Mutter, und lernt selbst Nein zu sagen (A. Freud 1936).

Diese relativ unkomplizierte Identifikation mit einem »alten« Angreifer (einem Angreifer aus der Vergangenheit) ist oftmals

Bestandteil affektiver Zustände auch im späteren Lebensalter und muß in der Behandlung entsprechend in Betracht gezogen werden. Wenn der Affekt lediglich abreagiert wird, bleiben wichtige Komponenten, wie zum Beispiel eine solche frühe Identifikation, verborgen, deren Einfluß sich durch die Isolation von den emotionalen Quellen noch steigern kann. Eine Tanztherapeutin, die Entspannungsmethoden und Abreaktion erzielen will, muß sich daher zunächst fragen: Was ist zu erwarten, wenn der Affekt in seiner ganzen Komplexität freigesetzt wird? Entsteht ein neuer Affekt, und welcher? Wird der Patient wieder mit einer frühen Entwicklungsphase in Berührung kommen? Wenn der Patient nicht fähig war, eine genügende »Frustrationstoleranz« zu entwickeln, kann die Freisetzung des Affekts durch Abreaktion zu einer Auflösung der Körpergrenzen führen.

Ich wiederhole deshalb, daß die muskuläre Spannungsabfuhr mit dem ursprünglichen Erleben in Verbindung gebracht werden muß, daß der Zusammenhang zwischen Vergangenheit und Gegenwart hergestellt werden muß. Erst wenn die Vergangenheit bewältigt ist, sind wir frei, in der Gegenwart zu leben.

Psychoanalytiker haben sich schon immer mit intensiven Affekten beschäftigt. 1941 sprach Fenichel von einem »archaischen Entladungssyndrom« und von »Affektanfällen«. Dieser Gedanke wird durch Krystals (1978) Konzept der »Affektstürme« unterstrichen. Man scheint andeuten zu wollen, daß überstarke Gefühle oder Affekte so gezähmt werden müssen, daß sie keines körperlichen oder motorischen Ausdrucks mehr bedürfen. Aber im Rahmen der hier vorgestellten Tanztherapie gehört dieser Gedanke in Acht und Bann. Der Affekt ist schließlich das stärkste Verbindungsglied zwischen der inneren und der äußeren Welt und der Mittler zwischen Leib und Seele. Ja, für die Behandlung ist es sogar am besten, sich über die Affekte einen Zugang zum Patienten zu verschaffen. Die Affekte sind auch diejenigen Bestandteile der Leib-Seele-Einheit, die konkret erkannt, erfühlt, durchlebt und für die Übertragung nutzbar gemacht werden können. Ehe sie aber sowohl der Triebentladung als auch der Selbstbeobachtung nutzbar gemacht werden können, müssen sie erst einmal voll entfaltet sein. Die Schwierigkeiten entstehen vor allem dann, wenn der Affekt nicht voll zum Ausdruck gelangt.

Ich denke da zum Beispiel an die Patientin Merce. Sie machte beim Sprechen unaufhörlich tastende Bewegungen mit den Fingern. Selbst bei größeren körperlichen Übungen nahm sie dieses Tasten unmittelbar nach Ablauf der Bewegung wieder auf. Sobald sie sich zwang, davon abzulassen, bekam sie Druckbeschwerden in der Magengegend. Ihre verbalen Assoziationen deuteten auf Geschwisterrivalität hin, darauf, daß man auf ihr »herumhackte«. Diese Assoziationen brachten ihr jedoch keinerlei Erleichterung. Es war auch bemerkenswert, daß ihre Assoziationen mit keinerlei Veränderung im Sprach- oder Atemrhythmus einhergingen, wie es sonst der Fall war, wenn sie über bedeutsame Ereignisse in ihrem Leben berichtete.

Ich schlug ihr vor, sich auf den Boden zu legen und das Tasten einmal ganz bewußt zu übertreiben. Bald wurde aus dem Tasten ein Zupfen, aber sonst änderte sich nichts, weder in Merces Gefühl noch in ihren Assoziationen. Manchmal verschwand das Symptom für einen kurzen Augenblick, wenn ich Merce erlaubte, sich an meiner Hand zu halten. Endlich einmal hatte Merce einen Traum, der eine schmerzvolle Phantaie über den Tod ihres Vaters enthüllte – der im übrigen gesund und munter war. Die Tastenden Bewegungen nahmen während des Erzählens immer stärker zu. Merce, die ihr Verhalten schon seit langem als krankhaft empfand, hatte immer wieder versucht, damit aufzuhören; nun kam ihr erst ganz zum Bewußtsein, wie wild und verzweifelt sie da herumtastete. Vergeblich zählte sie nun sämtliche Theorien auf, die erklärten, warum sie von diesem Tick nicht ablassen konnte.

Ihre plötzliche Blässe, ihr rascher Atem und die zunehmende Geschwindigkeit ihrer Hände, die nach einem flüchtigen Etwas tasteten, machten fühlbar, daß hier intensive Gefühle im Spiel waren, die sich zwar einen Zugang zur Motorik geschaffen hatten, aber nach wie vor von der dazugehörigen Vorstellung abgespalten waren.

Merce quälte sich ab, ein »braves Kind« zu sein und »Assoziationen zu produzieren«, und stellte schließlich fest, daß sie mit etwas kämpfte, aber nicht wußte womit. Ich gab ihr eine Plüschschlange, die ich für solche Situationen bereithalte. Merce begann sofort, der Schlange mit der größten Lust den Hals umzudrehen. Sie streichelte die Schlange, liebkoste sie, redete liebevoll auf sie ein wie auf ein kleines Kind, hielt sie wie ein Baby im Arm und versuchte sie dann doch zu zerreißen. Sie vermittelte das Bild eines kleinen dreijährigen Mädchens, das mit einer Schlange spielte, sie schlafenlegte und ihr ein Liedchen vorsang. Dann begann wieder ein heftiger Kampf, in dem die Schlange rituell erschlagen wurde; das ganze nahm die theatralische Gestik des Grand Guignol an. Merce verlor während dieser Zeit keinen Moment ihre Fähigkeit, sich selbst zu beobachten, und kommentierte ihr eigenes Verhalten mit einigem Humor. Sie stellte fest, daß sie sehr kräftige Hände hatte, daß das, was sie tat, durchaus von einem Rhythmus beherrscht war und daß es im Grunde ein wenig lächerlich war, eine Plüschschlange zu enthaupten.

Wir brauchten einige Stunden, bis wir festgestellt hatten, was wirklich vorging. Merce erkannte allmählich bzw. konnte diesen Gedanken zulassen, daß sie ihren Vater schon immer hatte zerstückeln wollen, sie wollte ihn am liebsten »Stück für Stück auseinanderreißen«. Als Kind war sie oft Zeuge heftiger Auseinandersetzungen zwischen ihren Eltern gewesen und hatte gehört, wie ihr Vater die Mutter anschrie. Um mit ihrer Erregung fertigzuwerden, rannte sie in ihr Zimmer und versteckte sich unter ihrer Babydecke. Sie streichelte die Decke, riß an ihr herum, versteckte sich unter ihr, je nachdem, was sie gerade brauchte, einen Tröster, einen Feind oder einfach ein sicheres Versteck. Sie war mit ihrer Decke damals umgegangen, wie sie heute mit der Schlange umging. Später zerbiß sie aus Erregung ihre Nägel, nach ihren eigenen Worten, »bis auf die Knochen«. Diese Wut auf ihren Vater, die Unfähigkeit, befriedigende Beziehungen zu anderen Menschen einzugehen, und schließlich ein Übermaß an unbestimmten Ängsten hatten sie in eine psychoanalytische Behandlung getrieben. Sie sagte jedoch, daß sie dort keinerlei Erleichterung gefunden habe, was nach ihrer Meinung damit zusammenhing, daß sie dort »still liegen« mußte.

In der Tanztherapie dagegen fand Merce eine Möglichkeit, ihre stark verdrängten Affekte nicht nur ans Licht zu bringen, sondern auch aufzulösen. Sobald der Affekt – die Wut – mit seinem Ziel und seinem Objekt – dem Vater – und der dazugehörigen Motilität verknüpft worden war, konnten wir daran gehen, uns damit zu befassen, in welcher Art die Vergangenheit auf die Gegenwart einwirkte.

Es muß immer wieder betont werden, daß Patienten, die starke motorische Bedürfnisse haben, nur unzureichend auf verbale psychotherapeutische Verfahren ansprechen, weil ihnen dort der Zugang zur eigenen Motilität versperrt ist. Es gibt bis jetzt noch keinen Maßstab, an dem sich feststellen ließe, wer für eine Psychoanalyse und wer vielleicht eher für eine psychoanalytisch orientierte Tantztherapie geeignet ist. Bis jetzt bestimmen einige entwicklungspyschologische Kriterien und vor allem der Wunsch der Patienten selbst, wer zur Tantztherapie kommt.

Viele Kliniker meinen, daß nur Menschen, die auf einer frühen Entwicklungsstufe stehengeblieben sind, von einer Tanztherapie profitieren könnten. Die wichtigsten Anwärter sind und bleiben autistisch und psychotisch gestörte Patienten; ihr verzerrtes Körperbild, ihre mangelnde Fähigkeit, sich adäquat zu bewegen und auch ihr starkes Bedürfnis nach Spannungsentladung lassen sie für eine Tanztherapie ganz besonders geeignet erscheinen. Wenn jedoch der Schwerpunkt in Theorie und Praxis auf die Motilität, sowohl als Trieb wie auch als Ichfunktion, gelegt wird, erweitert sich der Anwendungsbereich der Tanztherapie erheblich. Die folgende kurze Erörterung soll verdeutlichen, daß der Motilitätstrieb und die Motilität in phasenspezifischer Form auf allen Entwicklungstufen vorhanden ist.

Stufen und Phasen der menschlichen Entwicklung

Die orale Phase

Die erste Stufe der menschlichen Entwicklung nach der Geburt ist die orale – eine in der Tat passende Bezeichnung. Wenn man ein Neugeborenes beobachtet, sieht man, wie das Kleine alles durch den Mund erfährt und erforscht. Es stellt sehr schnell fest, daß das Saugen an den Fingern Befriedigung verschafft, und versucht daher, alles in den Mund zu stecken. Hoffer (1949) erblickt in dieser Tatsache die Entstehung eines ersten, rudimentären Körperichs; das heißt, die bewußte und im Gedächtnis gespeicherte Wahrnehmung der Lust während des Fingersaugens festigt ein primitives Ich durch bewußte und absichtliche Aktivität. Das Kleinkind verhält sich freilich so, als ob man alles essen und sich dadurch Befriedigung verschaffen könnte, bis es durch Erfahrung lernt, daß diese Erwartung falsch ist. Es ist allerdings erstaunlich, wie viel das Kind lernt, wenn es einen Finger in den Mund steckt. Härte und

Weichheit werden durch Betasten des knochigen Gaumens und der weichen Zunge erfahren. Der nasse Finger, den man aus dem Mund herausgezogen hat, kühlt rascher ab als eine nasse Windel, so daß der Unterschied in der Empfindung von Wärme und Kälte auf diese Weise viel leichter festgestellt werden kann.

Daß ein bedeutsamer Anderer existiert, wird dem Kind auch durch Betasten klar. Es faßt den Mund, die Wangen und das Kinn der Mutter an und erinnert schließlich das verschwommen wahrgenommene Gesicht als konkrete Einheit. Die Verbindung zwischen der Mutter als Nahrungsquelle und dem eigenen Selbst muß langsam erfahren werden. Psychoanalytiker nehmen an, daß Säuglinge den Unterschied zwischen Belebtem und Unbelebtem, Innerem und Äußerem, Selbst und Nichtselbst mühsam erlernen müssen. Aber zunächst richtet sich alles auf den Mund, durch den die Welt und das werdende Ich erforscht werden.

Die erste Lebensphase – ungefähr die ersten vier Wochen – bezeichnete Margaret Mahler (1968) als die »normal autistische«. Jeder durchschreitet diese Entwicklungsphase, in der auch die rudimentärsten Wahrnehmungen und Empfindungen nur in unvollkommener und chaotischer Form vorhanden sind. Der Säugling ist, um das Gleichgewicht seiner Gefühlswelt zu bewahren, auf Entladungs- und Entspannungsphänomene angewiesen, weil einfach noch kein organisierendes Ich für eine differenzierte Regulationsweise vorhanden ist. Das Kind lebt, als ob es von einer beschützenden Schale umgeben sei und reagiert zunächst hauptsächlich auf physiologische Vorgänge. Das Ziel ist und bleibt während dieser frühen Zeit, Unlust abzuwehren. Autistische Menschen entwachsen diesem Zustand nie. Die durch das Scheitern der ersten Phase geprägte Reizabwehr verstärkt sich bei solchen Patienten im Verlauf der Entwicklung noch.

Auf die normal-autistische Phase folgt dann die Symbiose zwischen Mutter und Kind. Die Instinktmechanismen des Selbsterhaltungstriebs sind bei Menschen längst nicht so ausgeprägt wie bei Tieren. Das Menschenkind ist viel länger und stärker auf seine Umgebung angewiesen. Freud und andere waren der Meinung, daß diese lange Abhängigkeit von den Eltern zum Teil für die Neurosenbildung verantwortlich zu machen ist. Dadurch, daß das Kind ständig kontrolliert wird, werden innere Konflikte noch gesteigert. Aber die Symbiose ist befriedigend und zur Entwicklung, ja, zum Weiterleben notwendig. Das Kleinkind ist auf das Einfühlungsvermögen seiner Mutter beziehungsweise seiner Pflegepersonen angewiesen, denn es muß erst durch vorhersehbare und wiederholte Ereignisse lernen, daß Unlust und Unruhe schließlich ein Ende haben. Mahler (1968) beschreibt, wie in der Vorstellung des symbiotischen Kindes Mutter und Kind eine omnipotente Einheit darstellen. Aber in dieser omnipotenten Beziehung lernt das Kind, sich an das Gesicht der Pflegeperson zu erinnern, das ja immer mit dem Absinken der Bedürfnisspannung verbunden ist (Spitz 1965). Es wird dem Kind möglich, sich von der dumpfen Wahrnehmung viszeraler Vorgänge abzuwenden. Statt dessen erweckt nun der rhythmische, regulierte Tagesablauf Vertrauen. Zugleich lernt es durch die Pflege, die ihm die Mutter angedeihen läßt, seine Körpergrenzen kennen.

Zu dem Zeitpunkt, zu dem der Schritt vom normalen Autismus zur Symbiose vollzogen wird, sind schon viele motorische Fähigkeiten vorhanden. Zu Anfang liegt das Kind auf dem Rücken, meist mit dem Köpfchen zur Seite. Wenn man das Kind hinsetzt, fällt das Köpfchen zurück (Gesell und Amatruda 1973). Liegt es auf dem Bauch, versucht es manchmal schon, sich auf die Seite zu rollen oder selbst den Kopf hochzuhalten. Es macht Kriechbewegungen und rudert mit den Armen wie ein Schwimmer. Oft ballt es die Fäustchen und hält fest, was man ihm in die Hand gibt. Autistische Kinder und Erwachsene sind in ihrer gesamten Motorik durch die Spuren dieser frühen Entwicklungsstufe geprägt. Ihre Mütter berichten häufig, daß sie schon als Säuglinge unfähig waren, sich zu entspannen, wenn sie gehalten wurden.

Normalerweise charakterisieren unkontrollierte Arm- und Beinbewegungen, zufälliges Betasten des Körpers, Daumenlutschen, Sabbern und Saugen und das Kopfheben diese erste Entwicklungsstufe. Autistische Kinder reagieren auf eine körperliche Kontaktaufnahme oft damit, daß sie sich aufwölben, sich winden und den Körper steif machen. Auch das Gegenteil davon kann eintreten; potentiell autistische Kinder machen sich häufig auffällig schlaff und weich. Man kann eine Überempfindlichkeit gegenüber inneren und äußeren Reizen erkennen (Brody, Axelrad, Moroh 1976). Sensorische Reizungen werden durch unregulierte Entladungsreaktionen oder aber durch vollständiges Einigeln abgewehrt. Introjektion (alles in sich aufnehmen), Projektion (alles wieder herausspucken) und Verleugnen (es ist gar nicht da) bilden sich allmählich als erste Abwehrmechanismen heraus. Die Ängste sind überwältigend. Solche Patienten haben nicht einfach Angst, sie erwarten eine Katastrophe, weil sie völlig vergessen oder verleugnet haben, daß jemand da sein könnte, der Hilfe, Nahrung und körperliche Entspannung bringen könnte.

Schon viele Tanztherapeutinnen haben die befriedigende Erfahrung gemacht, daß es ihnen gelang, autistische Patienten mit ihrem Selbst und mit anderen bekannt zu machen. Ich selbst erinnere mich mit besonderer Rührung an das erste Mal, als Tommy es wagte, ganz vorsichtig mein Haar anzufassen. Nachdem wir viele Monate miteinander gearbeitet hatten und nur ab und zu etwas dabei erreichten, hatte er endlich den Mut, mich ganz zart zu berühren. Das Haar besitzt jedenfalls ein Merkmal des Unbelebten und kann daher einen symbolischen Übergang zwischen Berührbarem und Nichtberührbarem darstellen. Linda hatte keine derartigen Skrupel. Sie packte meine Hand und benutzte sie, um damit an Spielzeug zu gelangen, das sie besonders gerne haben wollte. Jerry wollte gern meine Schuhe tragen und regte sich fürchterlich darüber auf, daß meine Füße nicht darin steckenblieben, wenn ich sie auszog! Diese Patienten hatten große Mühe, zumindest in einem Teil von mir einen bedeutsamen Anderen zu sehen. Wenn es dann aber endlich soweit war, daß wir uns gegenseitig umarmen konnten und der Körperkontakt nicht mehr gefährlich erschien, freuten wir uns immer ganz besonders. Aber es dauerte meist dann noch ziemlich lange, bis sie fähig wurden, auch anderen Vertrauen entgegenzubringen.

Wann man in diese autistische Schale eindringen und wann man sie besser respektieren soll, ist stets eine heikle Frage während solcher Behandlungen. Am besten wartet man, wie oben ausgeführt, auf ein Signal vom Patienten. Aber das autistische Selbst ist so gespalten und fragmentiert, daß es Hilfe braucht, um sich hervorzuwagen. Darum muß man auf jede Bewegung und Aktivität achten, die man mitmachen und erweitern könnte. Ich spiegele nicht nur nach, sondern verlange nonverbal und verbal: Versuche, es mir nachzumachen!

Symbiose

Man geht davon aus, daß die Schizophrenie ihren Ursprung in der symbiotischen Phase hat und sich dann entwickelt, wenn diese Entwicklungsstufe nicht aufgegeben werden kann (Fliess 1948, Brown und Menninger 1949, Blanck und Blanck 1968, Rutter und Schopler 1979). In der soziobiologischen Einheit zwischen Mutter und Kind verhält sich das Baby stets so, als ob Mutter und Kind eine einzige Person wären, die die Welt beherrscht. Die Symbiose dauert ungefähr vom ersten bis zum fünften Monat. Hier wird offensichtlich das Bewegungsmuster sehr stark beeinflußt, denn während dieser Zeit sind alle menschlichen Funktionen noch physiologisch und psychologisch zugleich. Die frühen, infantilen Bewegungsmuster werden nämlich, überlagert von den reiferen, beibehalten (Greenacre 1958, Spitz 1965). Sie kommen wieder zum Vorschein, wenn eine schizophrene Dekompensation einsetzt.

Viele Kleinkinder können mit fünf oder sechs Monaten sitzen und bereits zu stehen anfangen. Sie können greifen, zupacken, kratzen, etwas zusammenraffen und sich auf und ab bewegen. Sie freuen sich über ihre Erforschung der Umgebung, und man kann die Intentionalität in der Gestik und Bewegung beobachten. Der Umriß einer werdenden Persönlichkeit zeichnet sich ab, und der Zuschauer kann sich vorstellen, was für ein Erwachsener dieses Baby einmal werden wird.

Die motorischen Interaktionen während der Tanztherapie sind von ähnlichen Bewegungsspuren bzw. flüchtigen Andeutungen durchzogen. In therapeutischer Hinsicht muß auf die mangelnde Frustrationstoleranz und Kontaktunfähigkeit dieser Patienten geachtet werden. Die Bandbreite der symptomatischen Motilität reicht von der Hyperkinese auf der einen Seite bis zur Katatonie auf der anderen. Ein verzerrtes Körperbild ist – ob es sich nun in Phantasien niederschlägt oder nicht – immer vorhanden. Die Gestik nimmt exzentrische Formen an; unter anderem kommen etwa Kopfrollen, Schaukeln und Grimassenschneiden vor. Häufig findet man eine Versteifung von Oberkörper und Hüften, die nicht isoliert bewegt werden können, oder eine Versteifung von Hals, Oberkörper und Hüfte. Häufig sind Mund und Halspartie angespannt. Sabbern, Beißen und Spucken gehören wie Schaukeln und Zehenspitzengang zu diesen Symptomen. Die Raum- und Zeitwahrnehmung ist eingeschränkt oder existiert überhaupt nicht. In der tiefsten Regression besitzt der Patient die Fähigkeit, den anderen vollkommen zu imitieren, aber dies wird dann sofort wieder vergessen. Identifizierung (ich bin genau wie du) und Verschiebung (nein, nicht ich habe das gemacht, sondern du) kommen zu den bestehenden Abwehr- und Anpassungsstrategien noch hinzu. Auch die Angstvorstellung, von der geliebten Person aufgefressen zu werden, spielt eine große Rolle, so daß schließlich alle Abwehrmechanismen gegen das eigene Selbst gerichtet werden. Ein äußerst komplizierter Interaktionsvorgang!

Symbiotische Patienten klammern sich wie gesagt an und sind in der Tanztherapie in erstaunlichem Maße dazu fähig, jede Bewegung des Therapeuten aufs genaueste nachzuahmen. Jesse war einer von denen, die jede Bewegung nachahmen können, solange der Therapeut in der Nähe ist, sich aber in ein fast katatones Verhalten und hospitalismusähnliche Bewegungsmuster zurückziehen, sobald sie wieder allein sind. Gemeinsam konnten wir Tango und Mazurka tanzen und uns auch über seine Lebensgeschichte unterhalten, seine Symptomatik jedoch veränderte sich dabei nicht. Eines Tages stießen wir ganz zufällig so heftig zusammen, daß wir beide zu Boden fielen. Jesse war ganz erstaunt, daß seine Therapeutin sich nicht an der gleichen Stelle wehgetan hatte wie er. Daraufhin erzählte er mir, daß er die Vorstellung hatte, ich verschwände in einem »schwarzen Loch«, wenn er wieder auf seine Station zurückmußte. In der nächsten Stunde fügte er hinzu, daß das »schwarze Loch« sein eigenes Kopfinneres sei.

Jesse ist typisch für viele meiner psychotischen Patienten. Es gibt einfach keinen Ausweg für sie, sie sind in jedem Fall verloren: Wenn die Person, der sie vertrauen, Teil ihrer inneren Welt wird, verlieren sie sie; wenn sie sich aber mit der geliebten Person identifizieren, verlieren sie sich selbst. Ob es sich nun um Erwachsene oder Kinder handelt, sie müssen ihre Körpergrenzen definieren, und das ist oft nur durch das Berühren eines anderen oder durch Berührtwerden möglich.

Das Selbst entsteht durch
Loslösung und Individuation

Es folgt die Loslösungs-/Individuationsphase. Sie gehört noch zur oralen Phase, aber anale Faktoren sind schon erkennbar. Die völlige körperliche Abhängigkeit von der Mutter löst sich zwischen dem fünften und neunten Monat teilweise auf. Das Kleinkind differenziert sich von der Mutter, während die Wahrnehmungs- und Denkfähigkeit heranreift. Der eigene Körper und der Körper der Mutter werden taktil erforscht und mit der Umwelt verglichen. Auch das Körperbild differenziert und erweitert sich und geht nun über die erste primitive Hand/Mund/Ich-Einheit hinaus. Unter dem Körperich wird hier das konkret erfahrene Bewußtsein des Körpers und dessen innere Repräsentanz verstanden (Schilder 1923/1950). Nach Mahler (1975) vollzieht sich in dem Differenzierungsprozeß, den sie Ausschlüpfen nennt, die psychische Geburt des Menschenkindes, die die physische zum Abschluß bringt.

Die Entwicklung der Fortbewegungsfähigkeit spielt spätestens ab dem neunten Monat eine ganz wesentliche Rolle. Dem Kleinkind ist es nun möglich, sich bewußt von der Mutter zu entfernen, aber auch wieder zu ihr zurückzufinden, indem es zunächst krabbelt, dann läuft. Wie diese Übungsphase von beiden, Mutter und Kind, gehandhabt wird, hinterläßt seine Spuren.

Neben der realen Fähigkeit, zu beißen und zu kauen ist auch der Wunsch vorhanden, zu verschlingen und zu zerstören. Das kleine Kind ist nun fähig, auf die Mutter böse zu sein oder aber ihr liebende Gefühle entgegenzubringen. Es hat nun selbst die Wahl. Aber es ist manchmal schwierig zu erkennen, daß es ein und dieselbe Mutter ist, die einen so wütend oder so glücklich machen kann, besonders wenn man gerade dabei ist, etwas Wichtiges zu erforschen oder Grund zum Weinen hat. Es bedarf schon der »Identifikation mit dem Aggressor« (man ist wie Mutter oder eine andere Person, die als Erzieher fungiert), um die durch diese Wahrnehmungsverwirrungen entstandene Ambivalenz zu bewältigen. Autoren wie Greenacre (1958) und Mahler (1968) sehen in dem Bestreben, sich von der Mutter abzusetzen, in der Weigerung, sie anzusehen oder ihr Gehen und Kommen zu bemerken, die Vorläufer des Abwehrmechanismus der Verleugnung.

In der Tanztherapie werden Kinder und Erwachsene, die diese

Phase wiedererleben, zum selbständigen Tanzen aufgefordert, ganz egal, wie primitiv dieser Tanz sein mag. Das Berühren wird seltener. Wenn es doch einmal nötig ist, wird es gedeutet, um die Autonomie des Patienten zu erhalten bzw. aufzubauen. Besonders unterstützt werden alle Bestrebungen, außerhalb der Behandlung Befriedigung zu finden.

Die anale Phase

Sehr bald, etwa um das erste Lebensjahr, wird es dem Kleinkind klar, daß es mit dem Sphinktermuskel etwas zurückhalten oder herausstoßen kann. Die Notwendigkeit, die Sphinktermuskulatur zu beherrschen, kann zu einem Kampf führen, der entweder zu früh oder zu spät geführt wird; am besten ist es natürlich, wenn kein Kampf nötig ist, weil das Kind, seiner natürlichen Entwicklung folgend, »groß« sein und dementsprechend auch wie ein Erwachsener »groß machen« will. Aber noch ehe dieses Problem gelöst ist und in Überschneidung mit der dritten Phase des Kampfes um Loslösung und Individuation, kann noch eine andere wichtige Fixierung stattfinden. Nach Kernberg (1976) wird auf dieser Entwicklungsstufe der Grundstein für die Organisation der Borderline-Persönlichkeit gelegt. In den starken Schwankungen zwischen Liebe und Haß, die ein und derselben Person gelten, gleichen die Borderline-Persönlichkeiten einem Kleinkind in der Übungsphase, das noch nicht deutlich zu erkennen vermag, daß es immer mit ein und derselben Person zu tun hat. Während die Integration feindlicher und liebevoller Gefühle noch nicht stattgefunden hat, sind andere Ichfunktionen schon weiter entwickelt und haben sogar relativ reife Formen angenommen. Die Gefühlsschwankungen dieser Patienten sind in ihrem Bewegungsmuster in der Tanztherapie zu beobachten; hier »üben« sie, wie man sich von der Therapeutin distanziert oder sich ihr nähert.

Wiederannäherung

Die Wiederannäherungsphase reicht ungefähr vom vierzehnten bis zum dreißigsten Monat. Das Kind stellt fest, daß die Mutter nicht ein Teil ihrer selbst ist. Manchmal erscheint sie dem naiven Wahrnehmungsvermögen als magisch, voll unglaublicher Kraft, vielleicht auch voll Boshaftigkeit. Und doch weiß das Kind, daß es die

Mutter braucht und liebt. Diese Zeit ist ziemlich schwierig. In der Verschmelzung während der symbiotischen Zeit fühlte das Kind sich allmächtig, voll grandioser Omnipotenz. Jetzt wird ihm deutlich, daß es ungeschützt, verletzlich und angreifbar ist. Das Kind fängt an, Reaktionsbildungen gegen Dinge zu entwickeln, die ihm immer selbstverständlich vorgekommen sind. Der Stuhlgang ist nun nicht mehr eine Handelsware, mit der man Mutters Beifall oder Unwillen hervorrufen kann, sondern ein »ekliges« Etwas, das schlecht riecht. Die eher lauten und lebhaften Reaktionen des Säuglingsalters werden nun durch Scham, Widerwille und Ekel ersetzt. Zu diesem Zeitpunkt treten auch Wutanfälle, Quengeligkeit und Launenhaftigkeit stärker in Erscheinung. Es ist wirklich ein Glück, daß das Kind nun auch rennen und springen kann und sich zum Ausgleich durch alle möglichen neuen psychischen und körperlichen Errungenschaften befriedigen kann. Die Körperhaltung ist noch nicht ganz stabil, und das vorgestreckte Bäuchlein hilft, das Gleichgewicht zu halten. Zurückhalten und Kontrollieren werden wichtig. Die Forderungen der Realität werden immer mehr akzeptiert. Die Frustrationstoleranz hat sich herausgebildet, und wenn sich Ängste bemerkbar machen, sind sie längst nicht so überwältigend wie früher.

Zwangsneurosen haben ihren Ursprung in der analen Phase (Fenichel 1945, Salzman 1972). Sie wird anal genannt, weil Kind und Umwelt sich in dieser Zeit im allgemeinen sehr stark mit der Sphinktermuskulatur und dem Sauberwerden beschäftigen. Oft ist es auch so, daß Eltern und Kinder sich ganz außerordentlich für die Farbe, den Umfang und die Form des Stuhls interessieren. Aber wie bereits erwähnt, sind nun auch Ekel und Schamgefühle vorhanden. Wie läßt sich das Interesse an den Ausscheidungsvorgängen mit den neuerworbenen Reaktionsbildungen versöhnen? Das ist ganz einfach. Man lernt zum Beispiel, etwas ungeschehen zu machen. (»Ich habe mir nicht in die Hose gemacht, denn ich habe sie ja gewaschen und man merkt nichts mehr davon.«) Oder man erzählt irgendwelche Geschichten, wobei anzumerken ist, daß sich aus diesen Fabulierkünsten später dann die Intellektualisierung entwickelt. Schließlich besteht auch die Möglichkeit, wenn es durchaus notwendig werden sollte, auf fühere Verhaltensweisen zu regredieren.

Bemerkenswert ist, daß viele Zwangsneurotiker auch den steifgehaltenen Rücken des Kleinkindes mit in die Tanztherapie bringen. Ganz generell haben diese Patienten viele Körperspannungen und Verkrampfungen, besonders in der Gesäßgegend und um den Sphinkter. Dies kommt daher, daß sich die Reaktionsbildungen der Scham und des Ekels gegen die phasentypische Erotisierung des Afters richten. Eine starre Körperhaltung mit angespannter Schulter- und Nackenmuskulatur und eine steife Gangart, bei der die Füße nicht abgerollt werden, charakterisieren das äußere Erscheinungsbild. In ihrer Bewegungsweise wirken Zwangsneurotiker zumeist kraftvoll, aber zugleich unnatürlich und gezwungen, jedoch kann es auch vorkommen, daß sie sich durch das Fehlen jeglicher Spannkraft auszeichnen. Im großen und ganzen ist wohl Ambivalenz das Hauptkennzeichen des zwangsneurotischen Patienten.

In der Tanztherapie muß selbständiges Tanzen angeboten und gefördert werden, denn Kinder und Erwachsene, die unter dieser Neurose leiden, müssen ihre Bewegungsmöglichkeiten ausprobieren und erforschen. Daher sehen diese Stunden auch ganz anders aus als die bis jetzt beschriebenen. Die Therapeutin nimmt nur selten an diesen Tänzen teil, denn hier ist man nun in erster Linie auf der Suche nach dem ganz persönlichen Bewegungsmuster des Patienten. Das ausgeprägtere Muster der Therapeutin würde dabei nur stören. Tanzkombinationen oder technische Details können oder sollten natürlich gezeigt werden, wo das am Platze ist, aber im Grunde genommen liegt der Schwerpunkt auf der Devise: Selbst ist der Mann! Selbst ist die Frau!
Auf diese Weise wird auch die Gefahr übergroßer Abhängigkeit vermieden, denn der Patient wird immer wieder zu eigenständigem Handeln ermuntert. Bewußte Bewegungsaktivität bildet ein Gegengewicht zu den Abhängigkeitsbedürfnissen.

Die phallische Phase

Auf der nächsten Entwicklungsstufe, der phallischen, werden die Genitalien in das Körperbild integriert. Die Masturbationsproblematik tritt ins Blickfeld. Dieser Konflikte tritt immer auf, egal ob die Eltern nun ein Verbot aussprechen oder nicht. Kleine Jungen sind nun noch mehr von der Tatsache angetan, daß sie einen Penis haben; kleine Mädchen entdecken ihre Klitoris. Das Urinieren wird noch interessanter. Aber wenn keine Probleme auftauchen, wird bald alles vergessen und durch Sublimierung erledigt: die sogenannte Latenzzeit beginnt. Falls aber der glatte Übergang in die Latenzzeit unterbrochen wird, entsteht Hysterie (Fenichel 1945, Krohn 1978). Auch Hysteriker kommen gelegentlich zur Tanztherapie. Diese Patienten zeichnen sich durch folgende Merkmale aus: ausschweifende, dabei aber zerstreut wirkende Gestik, eine fast ungezügelte Motilität mit allerdings eingeengter Hüftrotation, Konversionssymptome, die teilweise mit Phantasien verknüpft sind, partielle Anästhesie von Körperteilen, Störungen der sensorischen Wahrnehmungen, Verkrampfungen, Kopfschmerzen, schlechte räumliche und zeitliche Koordination und Schwankungen zwischen unrhythmischen und rhythmischen Mustern.

Nach dieser Phase folgt die Pubertät als Vorläufer der Geschlechtsreife.

Während der Pubertät treten die aus der Kindheit stammenden Probleme noch einmal auf den Plan. Alte Lösungen werden entweder beibehalten oder durch neue und bessere ersetzt. Ganz neue Konstellationen persönlicher Beziehungen ergeben sich. Die gesamte Lebensgeschichte wird noch einmal rekapituliert. Schon zeichnet sich der Umriß der Persönlichkeit ab, die das Leben des Erwachsenen charakterisieren wird. Es werden sich keine unüberwindbaren Schwierigkeiten in den Weg stellen, wenn die Aufbaustufen der oralen, analen und phallischen Phase glatt durchlaufen worden sind. Der junge Mensch schreitet mit Vertrauen in die Welt, wenn er wirkliche Geschlechtsreife erreicht hat. Geschlechtsreife bezieht sich hier nicht nur auf den rein sexuellen Aspekt. Es ist mehr eine Art Stenographie, die in kürzester Form aussagt, daß dieser Mensch es fertiggebracht hat, eine Harmonie zwischen Psyche und Soma herzustellen, und daß alle seine Fähigkeiten und Funktionen von einem differenzierten Ich reguliert werden.

Um es noch einmal zusammenzufassen: Diese Diskussion hat sich mit den vielen Facetten der Motilität befaßt, die in Betracht gezogen werden müssen, ehe primär die Tanztherapie als Tiefentherapie eingesetzt werden kann. Zweifelsohne gibt es noch andere Faktoren, die noch nicht konzeptualisiert worden sind.

Die wichtige Latenzzeit ist nicht besprochen worden, weil man innerhalb des psychoanalytischen Rahmens der Meinung ist, daß hier keine Fixierung mehr stattfinden kann. Probleme haben ihren

Ursprung in den früheren Entwicklungsphasen, denn in der Latenzzeit selber sind die Triebe sozusagen schlafengegangen (Freud 1905b, Blos 1962).

Es ist weithin bekannt, daß Patient und Therapeut einander Gefühle entgegenbringen müssen, ehe tiefgreifende und bleibende Veränderungen erzielt werden können. Darüber wird im nächsten Kapitel gesprochen.

3 Patient und Therapeut in der Behandlung

Wenn sich Kollegen treffen, hört man unter anderem oft, daß Theorie und Behandlungsmethodik gar nicht so wichtig seien, sondern es vielmehr auf die Beziehung zwischen Patient und Therapeut ankomme. Man übersieht dabei, daß eine Übertragung sich nur entfalten kann, wenn die Neutralität des Therapeuten das entsprechende affektive Klima geschaffen hat. Außerdem wissen Psychoanalytiker, daß Übertragungen zu nichts führen, wenn Therapeuten sie nicht erkennen und bewußt handhaben. Bereitwilligkeit und Intuition allein sind einfach nicht genug. Bei Anfängern kann man sogar beobachten, daß sie die therapeutische Situation überhaupt nicht zu nutzen wissen und die gerade erst entstandene Übertragung wieder unterdrücken. Es kommt auch vor, daß junge Therapeuten ihre eigenen Gefühle nicht steuern können und mit den Patienten verschmelzen. Übertragungsbeziehungen helfen dem Patienten nur, wenn der Therapeut weiß, wie man damit umgeht.

In der Tanztherapie verstärkt und kompliziert das motorische Moment die Übertragungsbeziehung außerordentlich. Bisher sind zwar noch keine Forschungen über diese Dimension der Übertragungsbeziehung angestellt worden, doch die Vorstellung, daß Bewegung und Tanz an sich schon psychische Veränderungen hervorrufen können, wäre allzu naiv. Wenn das stimmte, bräuchte man ja nur zu einem Tanzlehrer zu gehen, sich unterrichten zu lassen und auf Veränderungen zu warten. Tanz und Bewegung werden erst zu einem Agens der Therapie, wenn man sie dazu benutzt, Erinnerungen zu wecken, Widerstände aufzulösen und Übertragungen herzustellen. Diese wichtigen Therapiekomponenten treten erfahrungsgemäß in der Tanztherapie in viel intensiverer Form auf als in verbaler Therapie. Tanztherapeuten müssen also mit besonderer Vorsicht vorgehen.

Bewußte Motilität entwickelt sich noch vor der Sprechfähigkeit. Mit ihrer Hilfe läßt sich deshalb leichter derjenige Zustand eines Menschen rekonstruieren, in dem er noch eine ursprüngliche psychobiologische Einheit war. Ganz frühe Erinnerungen werden eher durch Tanz und Bewegung als durch eine verbale Vorgehensweise stimuliert. Weil es sich aber um so archaische Phänomene handelt, sind die Gefühle und Affekte wesentlich stärker und unmodifizierter als die im Gespräch hervorgerufenen. Sie müssen rasch erfaßt und strukturiert werden, damit sie sowohl vom Therapeuten als auch vom Patienten verstanden und integriert werden können.

Weil die Patienten etwas aktiv *tun*, während sie diese starken Gefühle erleben, können sie aus eigener Kraft und durch Selbstbeobachtung ihre Erregung kanalisieren und verarbeiten. Körpergrenzen und Körperbild werden durch bewußte Bewegungsaktivität verstärkt, wodurch auch das Streben nach Selbständigkeit gefördert wird. Ängstlichen Patienten stockt häufig der Atem, wenn sie Atemübungen machen. Sie können sogar vorübergehend vergessen, wo sie sich befinden, wenn sie in der Erinnerung wiedererleben, wie einsam und verlassen sie als Kind waren. Das passierte Doris. Sie wollte in den Armen gehalten und gewiegt werden, weil ihre eigene Mutter ihr das immer verweigert hatte. In der Übertragung wollte sie unbedingt mich dazu veranlassen. Als ich ihr im Gespräch klarzumachen versuchte, daß sie als Erwachsene doch nicht auf andere angewiesen sei, wurde sie noch ärgerlicher, und ihr Abhängigkeitsbedürfnis verstärkte sich. Ich schlug einen Walzer vor. Doris stellte fest, daß sie im Walzerrhythmus sich selbst wiegen konnte. Gleichzeitig dachte sie daran, ob ihr Freund wohl auch mit ihr Walzer tanzen würde? Beide zusammen beschlossen, an einem Kurs für Gesellschaftstanz teilzunehmen. Doris war nun in der Lage zu erkennen, daß ihr Wunsch, von der Therapeutin gewiegt zu werden, ihren frühen Entbehrungen entstammen mußte und ihr gegenwärtiger Konfliktlösungsversuch ein erster Schritt in Richtung auf echte Unabhängigkeit darstellte. Durch die Atemübungen waren sehr frühe Erinnerungen und die damit verbundenen Anlehnungsbedürfnisse wach geworden. Durch ihre Bewegungen im Walzerrhythmus befriedigte sie diese Bedürfnisse in sublimierter Form, wodurch es ihr möglich wurde, über ihre Konflikte nachzudenken, ohne von ihren Gefühlen überflutet zu werden.

Übertragungen sind in jeder Therapie ausschlaggebend. Sie gleichen einem Klebstoff, der die Vergangenheit festhält und sie mit der Gegenwart verbindet. Dabei kommt es natürlich auf die

Art des Klebstoffs an. In der Symbiose kann er wie ein Kleister so dick sein, daß alles zusammenpappt. Wenn aber Affektstürme toben, ist die Verbindung so brüchig, als hätte man nur ein wenig Zuckerwasser genommen. Wenn sich keine Übertragungsbeziehung hergestellt hat, haben die Patienten keinen Ansporn mehr, in der Therapie zu verbleiben, selbst wenn sich in der Bewegung eine großartige Interaktion ergeben hat. Wenn die Übertragung aber zu intensiv wird – in positiver wie negativer Hinsicht –, wird die Therapie entweder vorzeitig abgebrochen oder ins Unendliche ausgedehnt. Wie dem auch sei, der Therapeut muß deutend eingreifen, damit die Probleme des Patienten sich nicht noch verfestigen, sondern aufgelöst werden.

Freud (1914c) war der Meinung, daß Übertragungen eine Brücke zwischen der Vergangenheit und der Gegenwart sind, denn sie spiegeln die Vergangenheit in der Gegenwart wider. Bekanntlich war er der Auffassung, daß diese unbewußten Erinnerungen sich im Medium der Sprache manifestieren sollten. In der Tanztherapie dagegen wird die Motilität zum Medium der Übertragung. Dieser Widerspruch löst sich aber wieder auf, wenn wir uns klarmachen, daß weder Tanztherapie noch Psychoanalyse von sich aus die Übertragung hervorbringen. Sie stellen vielmehr den Rahmen zur Verfügung, in dem Übertragungen sich bilden können. Dazu gehört, daß die Therapeuten zunächst einmal beiseite treten und auf den richtigen Augenblick zur Deutung warten.

Die American Psychoanalytic Association (Moore und Fine 1968) definiert Übertragung wie folgt:

»Verhalten und Gefühle der frühen Kindheit, die wichtigen Personen entgegengebracht worden sind, werden auf Bezugspersonen in der Gegenwart verschoben. Verhalten, Phantasien und Liebesgefühle, Haß und Wut werden in diesem unbewußten Prozeß wiederholt. Es gibt viele Arten von Übertragungen ... Sie können in der Analyse entstehen, aber auch außerhalb, sie können positiv oder negativ sein ... Im Grunde genommen können sie zwischen zwei beliebigen Menschen entstehen ...«
(S. 92–93).

Es gibt also keine menschliche Beziehung, die nicht irgendwie von der Vergangenheit beeinflußt ist. Insbesondere der verdrängte, unbewußte Anteil des Erlebten wirkt sich auf die gegenwärtige Wahrnehmung und Reaktionsweise aus. Das, was vom Wesen des

Patienten in dessen Ausstrahlung sichtbar wird, läßt sich möglicherweise intuitiv erfassen. Aber es müssen dennoch wohlüberlegte Entscheidungen getroffen werden, wie die einzelnen Stunden am effektivsten strukturiert werden und was am nützlichsten ist. In jeder Stunde treten viele Übertragungserscheinungen gleichzeitig auf. Ich erinnere mich da an Harvey. Er hatte am Vietnamkrieg teilgenommen. Ihm als einem ehemaligen Soldat kam Therapie unmännlich vor. Seine lebhaften Erinnerungen an den Krieg ließen im Behandlungsraum Schlachtfelder und ganze Armeen entstehen. Seine gesamte Muskulatur verkrampfte sich, während er erzählte. Er marschierte wie ein lebendes Standbild umher. Ich fühlte, welch starke Körperwärme von ihm ausging, wenn er in meine Nähe kam. Als ich ihn darauf aufmerksam machte, wurde er noch ärgerlicher und wollte wissen, ob sich nicht alle Leute erhitzen, wenn sie einen Wutanfall haben. Er warnte mich, daß ich ihn gefälligst in Ruhe lassen solle, weil er in Gedanken noch ein paar Feinde umbringen mußte. Aber gleichzeitig hatte er Tränen in den Augen.

Seine Übertragung war also äußerst kompliziert. Durch das Nacherleben seiner Kriegserfahrungen beschwor er mich: »Hilf mir!« Aber seine Muskelpanzerung sagte aus: »Bleib bloß weg von mir!« Er war auch deprimiert. Oft sagte er, alles sei egal. Es gebe nichts, was ihm helfen könnte. Aber dabei schien es, als ob er gleich anfangen wollte zu weinen. Ich sagte ihm endlich: »Sie verlangen zu viel von sich selbst. Der Krieg ist ja ständig bei Ihnen. Sie kämpfen täglich mit der Vergangenheit. Wir müssen zusehen, daß Sie wieder in der Gegenwart leben können.«

Ich bot mich also als Bezugsperson an, als jemanden, der seine Verzweiflung und seinen Schmerz verstehen konnte. Er wäre mit seinen Ängsten allein geblieben, wenn ich mich nur um seine vielen körperlichen Symptome gekümmert hätte. Er war ganz erstaunt darüber und wollte wissen, woher ich denn wüßte, wie er sich fühlte. Langsam akzeptierte er mich als Begleiterin auf seinem langen Leidensweg. Unter der harten Panzerung und dem abstoßenden Benehmen steckte doch ein Mensch, der sich an Kontakt und Liebe erinnern und diese verdrängten Erinnerungen »übertragen« konnte. Harvey war zur Tanztherapie gestoßen, nachdem er von Psychiatern mit Medikamenten »vollgestopft« worden war. Es war verständlich, daß man ihn beruhigen wollte. Er konnte nämlich kaum stillsitzen, sondern mußte unablässig umherlaufen und oft aufschreien. Die Kombination von Bewegungsfreiheit und außerordentlich starker Übertragung in der Tanztherapie brachte ihm endlich die Befreiung von seinen Schwierigkeiten.

Erfolg oder Mißerfolg des therapeutischen Unternehmens hängen immer von der Übertragung ab, denn nur durch die Übertragung können Patient und Therapeut miteinander Kontakt aufnehmen und Gefühle durcharbeiten.

Zu welchen Übertragungsformen der Patient in der Lage ist, hängt von seiner Entwicklungsstufe und von der Art seiner Objektbeziehungen ab. Objektbeziehungen wiederum haben mit dem eigenen Körperbild zu tun. Schilder erklärte 1923, daß wir unseren Körper bewußt in seiner Ganzheit kennen müssen, um auf andere umfassend eingehen zu können. Er sagt: »Ein Körper ist notwendigerweise ein Körper unter anderen... es ist sinnlos, über ein ›ich‹ zu reden, wenn nicht auch ein ›du‹ da ist...« (S. 281).

Übertragungen und alle menschlichen Beziehungen werden in Mitleidenschaft gezogen, wenn der Körper und das Körperbild erstarrt sind.

Schilder eröffnet der Tanztherapie schon fast ihre raison d'être, wenn er feststellt, daß das rigide Körperschema sich bei Tanz und Gymnastik löst. Wenn wir uns zum Beispiel schnell drehen, verändert sich unsere Welt- und Selbstwahrnehmung. Während des Drehens scheint sich eher die Welt zu bewegen als wir uns selbst. Grenzen verschwimmen, und wir verlieren unsere Orientierung. Tänzer lernen, daß man einen festen Punkt fixieren muß. Dann kann man ruhig Pirouetten drehen, ohne daß einem schwindlig wird. Das ist nur eine Methode unter vielen, die man benutzen kann, um sich von einem starren Körperbild zu befreien.

Grands jetés und alle anderen hohen Sprünge verschaffen einem das Gefühl, als ob man flöge. Durch das Stakkato in Flamencotänzen kann man den Hochmut eines Aristokraten und die verhaltene Leidenschaft seiner Gefährtin nachempfinden. Ein korrekt ausgeführter Hula-Hoop versetzt die versteiften Hüften in befreiende Rotation. Jeder Tanzschritt, jeder Tanz erweitert das psychologische Blickfeld. Bei Menschen, denen es schwerfällt, neue und komplizierte Tanzkombinationen zu lernen, mag es genügen, sie zu ermuntern, die Tänze soweit nachzuahmen, wie sie eben können. In dieser Nachahmung wird nämlich bereits der persönliche Stil ihrer Bewegungsmuster offenbar. Bei Psychotikern ist die Situation freilich schwieriger. Ihr Körperbild ist meist so unrealistisch und zerstückelt, daß es sich entweder als völlig unflexibel erweist oder so ins Fließen geraten ist, daß sie jeden Gegenstand oder jeden Menschen sich einverleiben. Dies ist ein typisches Kennzeichen der oralen Entwicklungsstufe. Selbstverständlich haben Leute, deren Körperbild so vage bleibt, Schwierigkeiten, das Bild ihres Gegenübers mit einer festumrisseneren Identität auszustatten. Trotzdem werden Übertragungen gebildet.

Psychotische Übertragung

Psychoanalytiker haben schon seit langem Freuds Auffassung widerlegt, daß Psychotiker wegen ihrer Regression auf ein autoerotisches, narzißtisches Entwicklungsniveau zu keiner Übertragung fähig seien.

Tanztherapeuten sind in der Behandlung solcher Patienten besonders erfolgreich, schon allein deshalb, weil sie durch Spiegeln und andere konstruktive Übungen die Körpergrenzen festigen. Der Patient lernt im wahrsten Sinne des Wortes sich »zusammenzureißen«. Der englische Psychoanalytiker Rosenfeld schrieb 1952: »Wenn man vermeidet, durch beruhigendes Eingreifen oder durch Liebesbeweise absichtlich eine positive Übertragung herzustellen, werden die psychotischen Erscheinungen sich von selbst in einer Übertragung strukturieren. So wie sich beim Neurotiker eine Übertragungsneurose entwickelt, formt sich hier etwas aus, das man ›Übertragungspsychose‹ nennen könnte« (S. 25).

Für den Tanztherapeuten, der sich der Spiegelungsmethode von Marian Chace bedient, bedeutet dies, daß er die Patienten dank seiner Empathie innerlich stärkt und sie während des Behandlungsverlaufs so nimmt, wie sie eben sind, ihnen also nicht seine eigenen Werturteile aufzwingt.

Searles (1963) wirkte in Chestnut Lodge, einer Institution, in der auch Marian Chace ihre Entdeckungen machte. Er schrieb: »Die Ichfunktionen des Psychotikers sind so undifferenziert, daß dieser dazu neigt, den Therapeuten nicht als Abbild seiner Mutter oder seines Vaters (oder wer sonst auch immer in Betracht kommen könnte) zu sehen, sondern er bildet sich ein –

und sein Verhalten wird tatsächlich durch die Vorstellung gesteuert –, daß der Therapeut seine Mutter oder sein Vater ist« (S. 252).

Auch er nennt diese wechselhaften und unbeständigen Beziehungen »Übertragungspsychose«. Für unsere Zwecke ist dieser Ausdruck ausgesprochen passend. Für den Therapeuten sind die Folgen einer solchen Übertragungspsychose einfach überwältigend. Man muß sich darauf einstellen, daß der Patient in der Behandlung zum wirklichen Kind wird, das nur körperlich erwachsen ist.

Jacobson (1964) macht darauf aufmerksam, wie kompliziert solche Behandlungen werden können. Sie erwähnt die Tatsache, daß »psychotische Patienten projektive Wahnvorstellungen entwikkeln, die sie nie auf außerhalb ihrer selbst liegende, klar erkennbare Menschen übertragen«, aber auch, daß diese gleichen Patienten »entfremdete Wahnvorstellungen über ihr Selbst entwickeln, die überhaupt nichts mit ihren früheren und jetzigen Realobjekten zu tun haben« (S. 47).

Das heißt, daß der Psychotiker aufgrund seines zerstörten oder unvollständigen Körperbildes verzweifelt versucht, seiner zerstörten und unbefriedigenden inneren Welt irgendeine Struktur oder Bedeutung zu geben. Häufig ist es unmöglich, die egozentrischen Wahnvorstellungen zu verstehen oder sie zu durchdringen. Aber dem Psychotiker ist seine Scheinwelt heilig. Sie allein garantiert ihm, daß er noch existiert, auch wenn niemand sonst seinen Glauben teilt. Er verteidigt sich und seine Welt mit aller Macht.

Therapeuten sind hier sich selbst überlassen. Ein ganz harmloses »Guten Tag« kann von dem Patienten als Aggression aufgefaßt werden oder im grenzenlosen Nichts der psychotischen Welt verschwinden. Der Patient hilft dem Therapeuten zunächst einmal nicht.

Margaret Mahler (1968) nennt die ersten Wochen des Lebens »normal autistisch«. Das Neugeborene lebt »in einem Zustand primitiver und halluzinatorischer Sinnestäuschung, in dem die Befriedigung dem eigenen omnipotenten, autistischen Bereich zugeschrieben wird« (S. 7).

Diese Formulierung stellt den Bezugsrahmen für das therapeutische Vorgehen dar. Weil der Patient so offensichtlich unter seinem Schicksal leidet, sich ungeliebt glaubt und daher Befriedigung nur von sich selbst erwartet, könnten Therapeuten versuchen, sich in das bedürfnisbefriedigende Objekt zu verwandeln, das der Patient braucht. Der Wiederholungszwang veranlaßt uns ja schließlich alle, unsere frühen Konflikte immer wieder zu durchleben, immer in der Hoffnung, dieses Mal eine bessere Lösung zu finden. Für den Psychotiker heißt das, die ganz frühe, orale Zeit zu durchleben. Er regrediert also besonders tief.

Aber wie kann man den nonverbalen, oft bizarren Ausdruck einer total verwirrten Person verstehen? Woher weiß man, ob der Patient sich so steif hält, weil er in den Mutterleib zurück will, oder ob er dadurch versucht, seine Welt zu kontrollieren? Oder ist er so von Ängsten gepeinigt, weil seine Triebe ihn überfluten? Oder sind alle drei Annahmen richtig?

Aber vielleicht befindet sich der Patient schon auf dem Niveau der symbiotischen Phase. Mahler (1968) beschreibt, daß in der Symbiose Ich und Nicht-Ich als eins empfunden werden, daß die Mutter/Kind-Dyade eine gemeinsame Grenze zur Außenwelt bildet, obgleich es sich doch an sich um zwei verschiedene und voneinander getrennte menschliche Wesen handelt. Dieses Konzept ermöglicht es dem Therapeuten, sich vorzustellen, daß er hier ein erwachsenes Baby vor sich hat. Aber warum sollte der Patient jemandem den Eintritt in seine Welt erlauben? Die unglaubliche Omnipotenz, die lustvollen Machtgefühle, die sich da angesiedelt haben, werden so schnell nicht aufgegeben. Diese Gefühle stammen noch aus der Zeit der symbiotischen Einheit mit der Mutter.

Mahler hebt immer wieder hervor, daß die Mutter sich dem Kind libidinös hingeben und für das Kind stets verfügbar sein muß. Die Entwicklung eines autonomen Ichs und das Erlernen sozialer Verhaltensweisen bleiben aus, wenn die Aggression nicht durch eine libidinöse Objektbeziehung neutralisiert wird. Sie betont ausdrücklich, daß das Kind ohne eine solche Objektbeziehung dazu gezwungen ist, seine Aggression gegen den eigenen Körper zu wenden. Therapeuten müssen sich nun an all diese Richtlinien und Formulierungen erinnern, wenn sie einem Patienten gegenüberstehen, der vielleicht gerade seine Gelenke schüttelt, an seinen Fingern lutscht oder einfach nur in die Gegend starrt. Heißt das nun »Geh weg!«, oder versucht er nur jene Verkrampfungen und Spannungen zu lösen, die seine Aggression, die seinen Organismus zu überfluten droht, erzeugt hat?

Es gibt viele Methoden der Kontaktaufnahme. Man könnte die

Hand des Patienten ergreifen und ihm sagen, daß seine Hände gut und kräftig sind. Aber das macht ihm dann vielleicht noch mehr Angst, denn er ist vielleicht gar nicht sicher, ob es sich hier um seine eigenen Hände handelt oder ob *er* sie bewegt. Die libidinöse Besetzung der Körperteile ist häufig so ungenügend, daß völlige Gefühllosigkeit die Folge ist. In einem solchen Fall würde die Hilfestellung des Therapeuten nur seine eigene Angst mindern und dem Patienten bestätigen, daß es weder Sicherheit noch Orientierung gibt in der Welt. Man müßte also mit dem Versuch, seine Hand zu halten, warten, bis der Patient wieder fähig ist, sein Körperbild und seine inneren Repräsentanzen aufzubauen.

Edith Jacobson (1964) erläutert die Situation wie folgt: »Das Kleinkind kann zuerst wahrscheinlich nicht zwischen seinen eigenen Lustgefühlen und den lustspendenden Objekten unterscheiden ... man muß annehmen, daß die Triebentladungsmuster von Mutter und Kind sich während der ersten Lebensmonate aneinander anpassen« (S. 35).

Das deckt sich mit Mahlers Gedankengängen, die ebenfalls erkannt hat, daß Kleinkinder gewisse Handlungsweisen und Gesten ihrer Mutter assimilieren, ohne daß dieser Vorgang stets mit einem Phantasieinhalt besetzt sein müßte.

Wenn der Therapeut nun diesen theoretischen Richtlinien folgt, muß er sich mit vier Problemen auseinandersetzen:
1. Der Patient will nichts mehr mit der Wirklichkeit zu tun haben.
2. Der Patient sucht psychologische und, soweit es überhaupt möglich ist, materielle Befriedigung.
3. Das Selbstbild des Patienten ist völlig unzutreffend.
4. Der Patient hat sämtliche Objekte und deren innere Repräsentationen, die schon immer lediglich in halluzinatorischer Form existiert haben, verloren.

Wie geht der Therapeut nun mit solchen Projektionen und Halluzinationen um? Soll der Therapeut versuchen, sie zu deuten, soll er verbal oder gar handelnd auf sie eingehen? Das wäre ein Fehler. Man muß warten, bis der Patient selbst wieder in Kontakt mit der Wirklichkeit getreten ist. Das geschieht zumeist, wenn der therapeutische Prozeß Fuß gefaßt hat.

Oder kann sich der Therapeut etwa als Ersatzmutter oder -vater anbieten? Kann man in der therapeutischen Situation die

Rhythmen der ersten Lebenserfahrungen wiederholen? Das wird wohl kaum möglich sein, denn in solchen Fällen bestanden höchstwahrscheinlich Unstimmigkeit und ungenügendes gegenseitiges Einfühlungsvermögen in der Mutter-Kind-Beziehung. Man muß sich als Therapeut damit abfinden, daß man den Patienten zunächst nicht verstehen kann. Später, nach langer Beobachtung, wird seine Welt vielleicht verständlich.

Jacobson (1964) vertritt die Auffassung, daß im psychotischen Prozeß und bei gewissen psychosomatischen Erkrankungen »die Besetzung der Körpergrenzen, des Wahrnehmungsvermögens und der motorischen Funktionen vermindert ist. Statt dessen werden die inneren Organe besetzt. Gleichzeitig spalten die Triebe sich regressiv voneinander ab, wobei die destruktiven Triebenergien die Vorherrschaft gewinnen und nach physiologischer Entladung suchen« (S. 17).

Therapeuten können in solchen Situationen versuchen, die Grimassen der schizophrenen Patienten, den starren, nach innen gerichteten Blick und das matte, interesselose Lächeln durch einfache Fragen zu erforschen, indem sie von einigen unkomplizierten Anhaltspunkten ausgehen. Ich denke da an Eva. Sie mußte offensichtlich zur Toilette gehen. Sie schnitt fürchterliche Grimassen, wand sich und benahm sich wie ein Baby, das in die Windeln macht. Aber als ich fragte: »Müssen Sie zur Toilette gehen?«, dachte Eva, daß ich zaubern und sie wie ein Röntgenapparat durchschauen könnte. Sie bekam große Angst. Ich wollte sie unterstützen, aber ihr wurde das nicht klar. Es wäre sicher heilsamer gewesen, wenn ich mich nicht so sehr um ihre Unlust gekümmert hätte. Sie selbst hätte mir sagen sollen, daß sie zur Toilette mußte. Ihre Realitätswahrnehmung wäre dadurch verstärkt worden.

Es ist tatsächlich so, daß Patienten einen ganz einfachen Gruß und ein freundliches Lächeln seitens der Therapeutin als Gefahr erleben können und dadurch ihre Überzeugung bestätigt sehen, daß niemand sie versteht.

Ich erinnere mich an Bob, einen sehr regredierten Jungen, der vor mir wegrannte, wenn ich in die Klasse seiner Sonderschule kam. Seine Diagnose war Schizophrenie. Zunächst dachte ich, daß er sich ganz untypisch benahm, denn für ihn schienen Worte nicht die konkretistische Bedeutung zu besitzen, wie das doch sonst der Fall ist. Er entfernte sich immer, wenn ich die ganze Klasse mit

»Hello« begrüßte. Er war aber bereit, mir die Hand zu geben. Die anderen Schüler begrüßten mich zwar auch, aber nachdem sie mich dadurch in das grenzenlose Chaos ihrer Welt aufgenommen hatten, zogen sie es vor, mich zu ignorieren. Bob mußte mir erst die Hand schütteln, um die gleiche Entwertung meiner Gegenwart zu erreichen. Er kam meist vorsichtig aus seiner Ecke hervor, schüttelte mir die Hand und ignorierte mich von da an. Nach ungefähr sechs Monaten waren Bobs Kameraden schon zu allerlei Bewegungsaufgaben bereit. Sie freuten sich sogar auf ihre Stunden. Aber Bob blieb immer noch in seiner Ecke und kam nur hervor, um mich zu begrüßen. An einem kalten Wintertag verspätete ich mich etwas und hastete, noch ziemlich durchgefroren, ins Klassenzimmer. Bob begrüßte mich. Das war ja zum Ritus geworden. Aber dieses Mal blieb er wie gebannt stehen und ließ meine Hand überhaupt nicht wieder los. Schließlich sagte er: »Deine Hände sind kalt. Ich bin auch kalt.« Hier konnte ich nun das Konzept der konfliktfreien Ichsphäre anwenden. Theorien über Objektbesetzung und Triebverteilung hatten mich in diesem Fall bisher nicht weitergebracht. Aber Bob hatte mir gezeigt, daß wenigstens ein kleiner Teil seiner Ichfunktionen – nämlich die Temperaturwahrnehmung – noch in Ordnung war. Ich beschloß also, Bob in die Einzeltherapie zu nehmen und mit ihm Temperaturunterschiede zu untersuchen. Zunächst faßten wir die Wände an und stellten fest, wie kalt und hart sie waren. Möbel und Fußböden waren auch kalt und hart. Aber Heizkörper stellten sich als zugleich warm und hart heraus. Bob wollte wissen, ob Heizkörper lebendig sind. Bob hatte also eine Initiative ergriffen, er interessierte sich wieder für die Außenwelt. Wir beschlossen nun, uns anderen Menschen zuzuwenden. Bob wollte sie gern einmal anfassen. Er stellte fest, daß Menschen hart und weich, kalt und warm sein können. Das traf natürlich auch auf mich zu, und Bob fragte sich nun: Wenn meine Therapeutin so ist, bin ich vielleicht auch so? Er lernte langsam, was belebt und was unbelebt ist. Nach einiger Zeit erzählte mir Bob etwas sehr Aufschlußreiches. Als ich immer so fröhlich die Klasse mit »Hello« begrüßte, hörte er am Anfang immer nur »hell« (Hölle). Er dachte, ich würde ihn und seine Kameraden sicher in die Hölle jagen, denn jemand, der immer so freundlich und fröhlich war wie ich, war in seiner Sichtweise auch jemand, der viel zuviel Macht besaß.

Bobs psychische Probleme hatten also auch sein Hörvermögen beeinträchtigt. Aber jetzt, während der Behandlung, konnte er völlig normal hören. Auch seine Lehrer waren von der Steigerung seiner Aufnahmefähigkeit und Intelligenz beeindruckt. Das Konzept der konfliktfreien Ichsphäre war hier also außerordentlich hilfreich, auch wenn es sich wie bei Bob nur um eine einzige Ichfunktion handelte. Trotz seiner eingeschränkten Wahrnehmungsmöglichkeiten gelang es Bob, erst eine negative, dann eine positive Übertragung zu erleben. Allerdings waren diese Übertragungen von symbiotischen Verschmelzungen gekennzeichnet, denn zunächst dachte er ja, daß ihm kalt sei, weil ich kalte Hände hatte. Ich habe mich oft gefragt, ob er auch annehme, ich würde mit ihm zur Hölle fahren. Und Bob war keineswegs der einzige, der so reagierte. Solche Schwierigkeiten treten in der Behandlung oft auf, denn diese Patienten wollen sich anschmiegen, sie wollen gewiegt werden und sich überhaupt nicht von ihrer Therapeutin trennen. Aber am nächsten Tag starren sie einen dann mit leeren Augen an und scheinen sich an nichts zu erinnern. Durch diesen Rückzug schützen sie sich vor den wiederholten Trennungen nach den Therapiestunden.

Ich möchte hier noch ein Beispiel anführen. Donna regte sich immer auf, wenn ich nicht an den Sitzungen teilnehmen konnte. Eine Praktikantin führte die Gruppe während meiner Abwesenheit weiter. Sie sah, daß Donna sich einen neuen Bewegungsausdruck zugelegt hatte. Sie hüpfte ängstlich von einem Fuß auf den anderen und zitterte an Armen und Beinen. Gleichzeitig wollte sie wissen, »wo der große Vogel ist und was nun wohl aus dem Schwänzchen werden soll«. Die Praktikantin veranstaltete daraufhin mit der Gruppe einen Vogeltanz, den alle außer Donna wunderbar fanden. Donna bekam immer mehr Angst. Sie rannte im Raum umher und suchte nach dem Vogel. Erst nach meiner Rückkehr konnten wir feststellen, daß Donna nach einer »seagull« (Möwe) gesucht hatte. Aus »Siegel« war für sie »seagull« geworden und sie selbst mein kleiner Schwanz! Sobald sie das verstanden hatte, konnte sie meine Abwesenheit und Rückkehr als Lernerfahrung nutzen, die ihr das Vertrauen gab, sich auch mit anderen anzufreunden.

Diese Körperbildentstellung ist nicht untypisch für Donnas Entwicklungsstufe. Sie entspricht ungefähr der »Achtmonatsangst«, von der Spitz (1965) berichtet. Es handelt sich hier um das Unbehagen, das ein Kleinkind spürt, wenn seine Mutter weggeht und ein Fremder sich nähert. Das gesunde kleine Kind kommt natürlich nicht auf den Gedanken, es sei der Schwanz eines Vogels und die Mutter der Vogel selbst. Donna war aber so von der Welt entfremdet, daß ihr die Bindung an einen Menschen zu gefährlich war. Ein Vogel erschien ihr dagegen vertrauenswürdiger.

Eine besonders wirksame Übung in solchen Fällen besteht darin, daß Patient und Therapeutin gemeinsam mit nach oben gerichteten Handflächen ein biegsames Stöckchen balancieren. Mal gibt der Patient die Richtung an, mal die Therapeutin. Musik vermittelt eine passende Stimmung und verleiht der Übung auch die Struktur, in der man sich gegenseitig führen kann. Es ist hier also – durch die Isolierung des Tastsinnes – eine Vorstufe des Körperkontakts möglich geworden; Patient und Therapeutin bekommen durch das Stöckchen ein »Gespür« füreinander. Man kann sich näher kommen, ohne daß der Patient sich vor Verschmelzung und Identitätsverlust durch allzu engen Kontakt fürchten müßte.

Donnas Entwicklungs- und Übertragungsniveau ist aber schon um zwei Entwicklungsstufen weiter als das autistischer Patienten.

Autistische Übertragungserscheinungen

Es ist fraglich, ob man hier überhaupt von einer Übertragung sprechen kann, denn es handelt sich um die völlige Unfähigkeit, einen anderen wahrzunehmen. Entwicklungspsychologisch gesehen ist diese Stufe den ersten Wochen des Lebens ähnlich. Das Neugeborene ist zuerst kaum imstande, seine Umwelt wahrzunehmen. Erst die körperliche Fürsorge der Mutter bringt das Kind dazu, sie als getrenntes Objekt wahrzunehmen. Das Kind erlebt sich selbst, wenn es gestreichelt, gehalten und gewaschen wird. Gleichzeitig lernt es aber auch die streichelnde Hand und die nährende Brust kennen. An der Brust der Mutter spürt das Kind Atemrhythmus, Körperwärme und Hautkontakt. Gleichzeitig mit dem eigenen Körperbild vervollständigt sich die Wahrnehmung des »bedeutsamen Objekts« – nämlich der Mutter.

Viele Tanztherapeuten verlassen sich auf das Widerspiegeln, wenn sie mit autistischen Patienten arbeiten. Aber beim Spiegeln kommt es ja darauf an, daß der Patient auch hinsieht. Bei autistischen Menschen läßt sich das durchaus nicht voraussetzen, denn häufig können sie gar nicht sehen, obgleich sie rein körperlich dazu in der Lage wären. Ich habe schon Bobs Schwierigkeiten beim Hören beschrieben. Ein ähnlicher Mechanismus mag das Sehvermögen von Sherry, Danny, Joe, Pete und vielen anderen beeinträchtigt haben. Sie schauten einfach nicht hin, als ich versuchte, sie zu spiegeln.

Ruttenberg (1971) macht den Vorschlag, eine präorale, sensomotorische Phase für autistische Menschen anzunehmen. Diese Phase sei durch unregelmäßige, ziellose Motilität und labiles Wahrnehmungsvermögen gekennzeichnet. Auch Piaget (1972) geht von der Existenz einer solchen Phase aus, meint jedoch, daß sie die kreativste im Menschenleben sei und daß sie bis zum Spracherwerb andauere. Aber für autistische Menschen gilt diese Piagetsche Kreativität leider nicht. Sie verharren in einem Zustand konkretistischer Wahrnehmung, wenn sie überhaupt etwas registrieren. Sie wissen zum Beispiel, was eine Gabel ist, aber können diesen Begriff nur mit der einen Gabel verknüpfen, die sie immer benutzen. Sie erkennen vielleicht die Form, aber wissen nicht, mit welcher Bedeutung sie diese Wahrnehmung ausstatten sollen. Die von Piaget untersuchte Fähigkeit zum abstrahierenden Denken fehlt hier völlig.

Während der ersten drei Monate ist nach Spitz (1965) jegliche Art der Wahrnehmung und des Lernens in der Art eines bedingten Reflexes beinahe körperlich vorprogrammiert. Erst wenn sich Lust und Unlust mit gewissen körperlichen Erfahrungen verbinden, erhalten Reizreaktionen ihren psychischen Inhalt. Weil der Sinnesapparat zunächst noch nicht voll entwickelt ist, müssen wir erst lernen, wie wir unsere Ichfunktionen einsetzen. Wir hören, sehen, riechen und fühlen zwar, aber das alles hat noch gar keine Bedeutung. Wir müssen die Reize aus der Umwelt einordnen, was erst möglich wird, wenn wir körperlich und psychisch gereift sind.

Man kann autistische Patienten, auch wenn sie erwachsen sind, mit Neugeborenen vergleichen. Sie sind im Bereich der Kontaktwahrnehmung steckengeblieben, wo Formen, Umrisse und Menschen für sie miteinander verschmelzen. Sie können sich in keiner Weise auf ihre Wahrnehmungen verlassen, denn diese sind labil. Gleich nach der Geburt verlassen wir uns alle auf die Wahrnehmung durch direkten körperlichen Kontakt, aber später, wenn der Sinnesapparat sich entwickelt hat, stellen wir fest, daß uns eine distanziertere Wahrnehmungsweise besser dient. Man verliert den Kontakt mit Mutters Gesicht viel schneller, wenn man es nur körperlich spürt und nicht in seiner Ganzheit sehen kann. Aber später kann man ihr mit den Augen folgen, auch wenn man nicht in ihren Armen gehalten wird. Daher gewöhnt man sich dann schnell an eine solche distanziertere Wahrnehmungsweise.

Die autistischen Patienten, von denen ich hier spreche, wiesen keine organischen Beeinträchtigungen auf. Trotzdem konnten sie mich nicht ansehen, und sie merkten nicht, daß ich sie spiegelte. Darüber hinaus verweigerten sie auch den Körperkontakt.

Nach Rutters Ansicht (Rutter und Schopler 1979) lassen autistische Patienten durchaus enge körperliche Nähe zu. Aber Rutter und seine Kollegen verstehen unter Körperkontakt etwas anderes als ich. Solange der Patient sich anfassen läßt, wird das als Körperkontakt verstanden, auch wenn dies durch eine Verhaltensmodifikation erzwungen wurde. Aber aus psychoanalytischer Sicht ist der Inhalt der Gefühle beim Körperkontakt das Ausschlaggebende.

Manchmal benutzen autistische Patienten die Hand der Therapeutin wie ein Werkzeug. Sie können der Beziehung noch nicht ganz trauen. Es ist ein gutes Zeichen, wenn der gleiche Patient sich an die Therapeutin anschmiegt, auch wenn er sie nicht anschaut.

Man sitzt in solchen Stunden meist auf dem Fußboden, denn aufrechte Haltung und willkürliche Motilität gehören einer anderen Entwicklungsstufe an. Die meisten autistischen Menschen können zwar irgendwie laufen und haben auch eine ungefähre Raumwahrnehmung. Die Bezeichnung »ungefähr« wurde mit Absicht gewählt. Sie trampeln nämlich einfach über einen Klassenkameraden, der irgendwo still herumsitzt, hinweg, als ob er ein Ding sei.

Auch Bobby benahm sich so. Seine gewissenhafte Lehrerin versuchte, ihn zum Zuschauen zu veranlassen. Sie ließ stundenlang ein Bällchen vor ihm hin und her baumeln, auf das er seinen Blick richten sollte. Manchmal tat er das auch, manchmal nicht. Die Lehrerin war überzeugt, daß Bobby sich nur weigerte, ihr zu folgen, aber Bobbys leerer Gesichtsausdruck verkündete seine tiefe innere Abwesenheit. Er hatte wahrscheinlich nicht einmal die Anwesenheit seiner Lehrerin bemerkt. Und obwohl er so gleichgültig und desinteressiert war, ließ er doch zumindest die Therapiestunden über sich ergehen. Manchmal heulte er in langgezogenen Tönen auf. Ich sang ihm Lieder vor und imitierte sein Geheul. Wenn er mich – fast aus Versehen – anschaute, beeilte ich mich, ihn zu spiegeln. Aber er blieb in sich versunken, blickte ins Leere, heulte ab und zu und drehte kleine Spielzeuge in der Hand hin und her. Aber es gab doch einen Hinweis darauf, daß er bemerkte, was um ihn herum vorging, denn er regte sich immer auf, wenn ich ihm keine Musik vorspielte. Seine Klassenkameraden fanden den Plattenspieler an sich schon interessant, Bobby jedoch wollte nur Musik hören und schrie, wenn man sie abstellte. Seine Lehrerin belohnte ihn nun mit Musik, wenn er gehorchte. Ich war zunächst nicht dafür, ihn so zu behandeln, aber ich merkte, daß er mich immer kurz anguckte, wenn er Musik haben wollte. Ich benutzte nun diese kurzen Momente der Kontaktaufnahme und fragte ihn immer wieder: »Welche Musik willst du haben, Bobby?« Eines Tages hatte er es verstanden. Er packte meine Hand und legte sie auf die Schallplatte, die ihm gefiel. Wir freuten uns beide darüber. Bobby lächelte still vor sich hin, wurde aber sofort wieder ernst, wenn er sich beobachtet fühlte. Allmählich brachte er seine eigenen Schallplatten mit. Wir saßen dann gemeinsam auf dem Boden und hörten sie uns an. Eines Tages, als wir so still und friedlich dasaßen und zuhörten, rutschte Bobby plötzlich auf mich zu und setzte sich ganz unbefangen auf meinen Schoß. Doch es dauerte noch lange, bis er vor mir stehen konnte und eine Umarmung verlangte.

Im allgemeinen kann man Patienten, die sich von Anfang an berühren lassen, nur als sekundär autistisch bezeichnen. Sie hatten schon das Niveau der symbiotischen Phase erreicht, doch die Anforderungen, die die Entwicklung mit sich brachte, trieben ihr schwaches Ich in die Regression.

Nachdem ich mit vielen Bobbys gearbeitet und die Gemeinsamkeiten in ihrer abweisenden Unzugänglichkeit beobachtet hatte, dachte ich mir einige Techniken aus, um die Kontaktaufnahme zu erleichtern und zu beschleunigen. Wenn ich mich zum Beispiel neben dem Patienten seitwärts auf den Boden lege, ahme ich ein Mutter/Kind-Spiel nach. Wir schauen einander ins Gesicht, und ganz langsam fängt der Patient an, das Gesicht, das da so nahe bei ihm liegt, zu erforschen. Ehe er das wagt, ergibt sich häufig ein kleines Fingerspiel, das auch eine Form des Spiegelns ist, denn ich versuche, die zufälligen und ziellosen Bewegungen des Patienten aufzufangen und ihnen zu folgen. Augenkontakt ergibt sich in dieser Haltung fast von selbst, denn sie gehört zu dieser frühesten Entwicklungsstufe. Wenn man als Therapeut so in die Augen eines autistischen Patienten blickt, hat man den Eindruck, in die tiefen, aber noch ausdruckslosen Augen eines Neugeborenen zu schauen.

Wenn durch solche Übungen allmählich gewisse zarte und kaum feststellbare Übertragungserscheinungen entstanden sind, kann man noch andere, stärker strukturierte Bewegungen anbieten.

Diejenigen autistischen Patienten, die von ihrer eigenen Aggression überflutet werden, machen erstmals die Erfahrung lustvoller Empfindungen, wenn sie der Therapeutin zumindest soviel Vertrauen entgegenbringen, daß sie bereit sind, sich flach auf den Rücken zu legen und die Füße an deren Schultern zu pressen. Dadurch wird eine kontrollierte Entladung der Aggression ermöglicht, denn es wird dem Patienten erlaubt, die Therapeutin mit den Füßen an den Schultern zu stoßen! Zuerst sinken meist die Knie zu beiden Seiten herab. Sie müssen dann festgehalten werden, während die Therapeutin dem Patienten zeigen muß, wie er seine Beine rhythmisch auf und ab bewegen kann. Manchmal fängt der Patient auch an zu zittern oder saugt am Daumen, weil ihm das alles viel zu aufdringlich und lästig ist. Aber wenn er sich erst einmal an diese Haltung gewöhnt hat, findet er das meist sehr interessant. Er ist ja nun in der gleichen Haltung, in der er einst gewickelt wurde, nur hat er jetzt die Möglichkeit, »sich zu rächen«. Er kann stoßen oder auch die Therapeutin rhythmisch wiegen. Ein weiterer Zweck dieser Übung ist die Organisation labiler Bewegungsmuster, wobei die Aggression durch den libidinösen Körperkontakt neutralisiert wird. Allerdings muß man vorsichtig sein, wenn der Patient sehr groß und kräftig ist. Es ist mir schon passiert, daß ein seelisch nur einige Monate alter, aber körperlich erwachsener Patient mich glatt durch den ganzen Raum stieß! Man arbeitet darauf hin, daß die Therapeutin von den gegen ihre Schultern gestemmten Füßen ihres Patienten regelrecht gewiegt wird. Wenn die Körpererinnerung an das Gewindeltwerden wachgerufen ist, erscheinen gleichzeitig primitive Übertragungen, besonders wenn diese Erinnerungen Lust bereiten. In einem solchen Fall kann es vorkommen, daß der Patient zu Beginn der Therapiestunde bereits in der richtigen Lage auf einer Matte oder auf dem Fußboden, die Füße in die Luft gestreckt, auf seine Therapeutin wartet. Es kommt dann stets zum Augenkontakt, der Patient beginnt zu lächeln und nach dem Gesicht der Therapeutin zu greifen. Wenn also der libidinöse Zugang durch Wiegen und Streicheln versperrt ist, kann man dennoch zum Erfolg kommen, wenn die Aggression durch derartige Stoßübungen strukturiert wird.

Auch mit sekundär autistischen Menschen kann man auf einer Matte oder auf dem Fußboden »spielen«. Der Patient sitzt zwischen den Beinen der Therapeutin und lehnt sich mit dem Rücken an sie. Langsame, sanfte Musik trägt noch zu dieser gemütlichen und entspannten Atmosphäre bei. Die Therapeutin hebt die Hände des Patienten rhythmisch hoch und läßt sie wieder sinken. Zuerst wirkt sie als »Motor«, bis der Patient sich selber dazu animiert fühlt, die Arme zu heben und zu senken. Das sieht schon fast wie das *port de bras* der Ballettklasse aus. Der hyperkinetische Irrwisch und der in sich versunkene Träumer partizipieren in dieser Lage durch das Beugen und Strecken der Beine an der körperlichen und emotionalen Verläßlichkeit der Therapeutin. So kommt man auf dem Weg zur Symbiose ein großes Stück weiter.

Noch eine andere, außerordentlich wirksame Methode, die sich bei der Herstellung einer Übertragungsbeziehung als hilfreich erwiesen hat, ist eine Behandlungsweise, die ich einfach »breathing together« (zusammen atmen) nenne. Ich hatte schon seit langem beobachtet, daß diese regredierten Patienten kaum tief Atem holen konnten oder wollten. Auch nach verhältnismäßig anstrengenden Bewegungen weigerten sie sich, tief zu atmen. Statt dessen legten sie sich lieber auf den Boden, wobei sie hyperkinetisch oder lethargisch reagierten. Auch unter normalen Umständen atmeten sie völlig unrhythmisch und sehr flach. Wir untersuchten daraufhin ihre Vitalkapazität (Siegel und Blau 1978) und stellten fest, daß diese Patienten bei normaler Lungenentwicklung doch nur ein Drittel ihrer Vitalkapazität benutzten.

Die Atmung gehört zu den autonomen Reflexen. Aber Blau und ich betrachteten die Atmung auch als Bestandteil des gesamten psychophysiologischen Systems. Das Neugeborene paßt sich dem Atemrhythmus der Mutter an. Die beiden Atemmuster werden sozusagen synchronisiert und stellen eine Art Sozialisation dar, die dann anderen adaptiven Modi den Weg bahnt. Stellt sich diese Synchronisierung zwischen Mutter und Kind nicht ein, entstehen Fehlanpassungen. Kestenberg (1967) hat ein diagnostisches Profil entwickelt, in dem sie die Körperrhythmen von Mutter und Kind vergleicht. Durch die genaue Beobachtung dieser Rhythmen kann man, wie Kestenberg gezeigt hat, mit ziemlicher Gewißheit voraussagen, mit welchen Ergebnissen die Mutter/Kind-Dyade die Klippen und Engpässe der Entwicklung passieren wird. Unsere Methode des »Breathing Together« erlaubt uns, die Atmung als Teil des allerersten und primitiven Körperichs und Körperbildes zu sehen.

Gleich nach der Geburt muß das Kind ja atmen, wenn es am Leben bleiben will. Während die Mutter es hält, fühlt es, ob diese ihren Atem ängstlich anhält, ob sie ärgerlich schnauft oder ruhig ein- und ausatmet. Die Körperrhythmen sind maßgebend und stellen eine Art Leitfaden dar, an den das Kind sich hält und durch den es sich orientiert. Vereinfacht gesagt, festigt diese erste Anpassung die Bindung zwischen Mutter und Kind. Gleichzeitig erfährt das Kind seinen eigenen Körper, denn wenn es einatmet, wird es gegen die Mutter gedrückt und von ihr wegbewegt, wenn es ausatmet.

Es ist schon besprochen worden, wie ähnlich sich autistische Patienten verhalten. Daher ist »Breathing Together« auch eine phasenspezifische Methode, um Übertragungen zu fördern. Man geht folgendermaßen vor: Wir legen uns gegenseitig die Hände auf den oberen Teil des Brustkorbs. Meist sitzen wir auf dem Fußboden. Oft erscheint es auch notwendig, die Hand des Patienten festzuhalten. Ich rede beruhigend auf ihn ein und sage ihm, daß die Luft gut für uns sei, auch wenn der Patient zu keiner verbalen Äußerung fähig ist. Wenn er das alles ruhig über sich ergehen läßt, versuche ich, seinen Atemrhythmus aufzufangen. Der ist oft so unrhythmisch und flach, daß ich anfange, unter Luftmangel zu leiden, und aufhören muß. Das versuche ich ihm auch zu erklären. Nach einer Weile jedoch läßt der Patient sich auf ein so enges Zusammensein ein. Dann sage ich: »Versuch doch mal, wie ich zu atmen.« Zuerst passiert nicht viel. Nach vielen Sitzungen stellt sich ein rhythmisches Wiegen ein, wobei wir uns gegenseitig hin und her zu stoßen scheinen. Dann atmen wir gleichmäßig zusammen. Meist ist das der erste Schritt im Aufbau einer echten Übertragung.

Aber es gibt Patienten, bei denen man noch größere Schwierigkeiten hat, überhaupt einen Kontakt herzustellen. Sie verteidigen sich durch Rückzug vor jeder menschlichen Berührung. Aber häufig erweisen sich nur ihre Widerstände, nicht ihr eigentliches Selbst als autistisch. Wenn man mit echt autistischen Individuen arbeitet, fällt einem bei Behandlungsbeginn zunächst das Fehlen jeglicher Symbolisierungsfähigkeit auf, die sich ja, wie Deutsch (1959) und Spitz (1965) festgestellt haben, ungefähr nach dem dritten Lebensmonat entwickelt. Doch bei den gerade eben beschriebenen Patienten läßt sich eine überraschend stark ausgeprägte Symbolisierungsfähigkeit erkennen. Ehe man ihre Symbole versteht, ist es unmöglich, in ihre von dicken Festungsmauern umschlossene Welt einzutreten. Man sieht solche Patienten selten in der Privatpraxis. Sie sind so regrediert, daß sie weder am Familienleben teilnehmen noch einer Arbeit nachgehen können.

Für die Therapeutin ist so eine Behandlung schwierig. Der Patient, wenn er sie überhaupt wahrnimmt, stellt sich vor, daß sein Gegenüber vielleicht ein magisches Auge, eine Rübe oder ein Stuhl sei, oder was sonst noch in seine Wahnvorstellungen hineinpaßt. Jede Möglichkeit ist denkbar, sobald die Therapeutin in den Wirbel seiner unneutralisierten Aggression miteinbezogen wird. Unneutralisierte Aggression ist vielleicht nicht ganz der richtige Ausdruck, obgleich man ihn immer wieder in bezug auf diese Patienten hört. Ihre Aggression hat sich sowohl auf ihr Selbst als auch auf andere gerichtet; sie scheinen sich selbst und anderen in unvorstellbarem Ausmaß zu mißtrauen.

Neutralisierung ist ein hypothetischer psychischer Prozeß, in dem die ungebundenen destruktiven Triebe durch Objektbeziehungen gezähmt und modifiziert werden. Nach Hartmann (1939) werden in der normalen Entwicklung die aggressiven und libidinösen Triebe durch Neutralisierung nutzbar gemacht. Man kann das wieder beim Kleinkind beobachten. Sobald es lernt, daß keine Notwendigkeit besteht, so fürchterlich zu schreien, weil es sich ja darauf verlassen kann, von der Mutter gepflegt und genährt zu werden, verschwinden allmählich die überwältigenden, spannungsgeladenen Impulse, und es kann sich dem positiven Objekt, der guten Mutter, zuwenden, die ja der Ursprung dieser Befriedigungsgefühle und seines Selbst ist. Kommt allerdings der Prozeß der Triebneutralisierung zu keinem befriedigenden Abschluß, ist mit einer Störung der Ich- und Überichfunktionen zu rechnen.

Diejenigen, die bei Behandlungsbeginn neuartige, aber ebenfalls bizarre Verhaltensmuster entwickeln, stellen sich offensichtlich eher auf die Behandlung ein und sind auch leichter erreichbar als diejenigen, die in stoischer Weise darauf fixiert sind, ihre Nichtigkeit herauszustreichen.

Aber auch bei denen, die sich am liebsten hinter ihrer »Nichtigkeit« verstecken, können die nur mühsam unterdrückten und angestauten, nur unvollständig neutralisierten Triebenergien in einer berserkerhaften Raserei zum Ausbruch kommen, so daß die Therapeutin alles dransetzen muß, die Situation nicht aus der Hand zu verlieren. Das heißt, sie muß angesichts des Wutanfalls ihres Patienten ihre Ruhe und Neutralität bewahren, um vielleicht dadurch eine Übertragung in Gang zu bringen.

Am schwierigsten zu behandeln sind diejenigen Patienten, die alles über eine einzige, stereotype Ausdrucksform signalisieren: von der Wahrnehmung propriozeptiver Reize bis hin zum Ärger über ihre Pfleger, die sie nicht genügend lieben. Übertragungsmanifestationen scheinen völlig zu fehlen; Stunde um Stunde murmelt der Patient die gleichen Worte vor sich hin oder wiederholt die gleichen Gesten und Gebärden.

Es ist ausgesprochen schwierig, zur Bedeutung dieser Verhaltensweisen vorzudringen, denn sie drücken vieles zugleich aus. Scheinbar haben sie ihre symbolische Bedeutung verloren, so wie auch die Objekte in der Psyche des Patienten ihre Grenzen verloren haben. Aber der Schein trügt. Die Symbole sind hier so verdichtet und den unbewußten Wünschen angepaßt worden, daß sie sowohl eine Bedeutung zum Ausdruck bringen, als auch zugleich jegliches Verständnis dieser Bedeutung verhindern. Wenn zum Beispiel jemand umherhüpft und auf die Decke zeigt, während er schreit »Ein Denkmal, ein Denkmal«, mag das heute bedeuten: »Ich habe eine Erektion«, am nächsten Tag aber: »Geh weg und laß mich in Ruh«. Verbale Deutung hilft hier gar nicht, denn sie wird entweder nicht gehört oder gar so aufgenommen, daß sie die stereotypen Handlungen noch verstärkt, Widerspiegeln wird ignoriert.

Das folgende Beispiel stammt aus der Behandlung eines Vierzehnjährigen, der sich als chronisch Schizophrener vier Jahre lang nur dieses gerade eben beschriebenen Rituals als einzigem Ausdrucksmittel bediente. Trotz starker Sedierung sprang er immer wieder auf und rief »Ein Denkmal, ein Denkmal«. Er soll sich auch schon in der Kindheit »merkwürdig« verhalten haben. Daher waren seine Eltern keineswegs überrascht, als sie in seinem sechsten Lebensjahr seine Diagnose erfuhren. Zunächst versuchte man es in einer Sonderklasse der Grundschule, wo er auch lesen lernte. Aber bald konnte er sich dort nicht mehr halten und wurde mit zehn Jahren in eine psychiatrische Anstalt eingeliefert.

Als er mir in der Sonderschule zugeteilt wurde, konnte ich zunächst nichts weiter tun, als seine bizarre Gestik und Körpersprache zu beobachten. Ich versuchte, sie als Basic Dance zu verstehen, aber auch das gelang mir nicht. Verbale und nonverbale Deutungen brachten ihn nur dazu, noch schneller zu hüpfen und zu schreien. Es war, als ob meine unkorrekten Deutungen ihn nur noch weiter erregten. Seine Pfleger beklagten sich, daß die Behandlung, die ja meiner Meinung nach noch gar nicht begonnen hatte, seinen Zustand noch verschlimmert habe. Er randalierte besonders, wenn er wußte, daß ich kam. An diesen Tagen wollte er überhaupt nicht mehr still sitzen und seine Puzzlespiele machen oder lesen. Ich regte mich selber auch auf, als ich sah, wie wild er sich aufführte. Da meine Anwesenheit ihn zu erregen schien, dachte ich darüber nach, ob sein Verhalten nicht auch als Übertragungsreaktion verstanden werden könnte. Als Dave also das nächste Mal rasend an mir vorbeihüpfte, sagte ich: »Du denkst wohl, daß ich dir erlaube, wie ein Verrückter umherzuspringen und immer ›ein Denkmal, ein Denkmal‹ zu schreien.« Er blieb sofort stehen und blickte mir bereitwillig ins Gesicht. Wir hatten uns also verstanden. Später zeichnete er ein Riesenbild für mich, das die ganze Wand bedeckte. Er nannte es »das Bild vom toten Dave« und hüpfte hoch, um mir den Kopf der Zeichnung zu zeigen. Ich bot ihm eine kleine Leiter an, aber das war ihm zu einfach. Er erklärte mir, sein totes Selbst sei viel größer als das Selbst, mit dem er mit mir sprach. Er wollte das tote Selbst durch sein Springen einfangen und es in ein Denkmal verwandeln. Dadurch sollte es unschädlich gemacht werden. Aber beim Springen und Hüpfen hielt er sich selbst für groß und gefährlich, also mußte er sich selbst einfangen und als Denkmal zur Leblosigkeit zwingen. Er konnte seine Angst vor mir und der Therapie nur durch verstärktes Agieren ausdrükken. Mittlerweile war der gleiche symbolische Ritus zu einem

primitiven Kontaktmittel geworden, durch das er sich mir nähern konnte.
Später erzählte er mir, daß er die ganze Welt als tot und »von da oben« sah. Nur er und ich waren noch am Leben. »Da oben« stellte sein eigenes, gewaltiges, totes, abgespaltetes Selbst dar. Dave lernte dann, auf einfache Fragen realistisch zu antworten. Ich fragte ihn: »Worauf stehst du?« oder »Wo hast du denn Beine und Füße?« Dadurch wurde die Realitätswahrnehmung wiederhergestellt. Gleichzeitig wurde Dave auch wieder ruhiger und konnte in seine Klasse zurückkehren.

Symbiotisches Anschmiegen

Haben die Patienten schon das Niveau der symbiotischen Phase erreicht, zeigt ihre Motilität einen ganz anderen Charakter. Sie können alle Tanzformen wunderbar nachahmen und alle Rhythmen aufnehmen, aber sie können nur in sehr beschränkten eigenen Bewegungsmustern improvisieren. Wenn die Therapeutin aus dem Gesichtsfeld verschwindet, fallen die Patienten in ihre eigene ziellose und fragmentarische Motilität zurück als hätten sie vergessen, was sie inzwischen gelernt haben. Die Therapeutin muß mit ihrer körperlichen Gegenwart, aber auch in ihrer Funktion als libidinöses Objekt unbedingt mehr als einmal in der Woche zur Verfügung stehen, sonst bildet sich keine wahre »Übertragungspsychose«. Zuerst muß man am Körperbild arbeiten. Der Patient tastet vielleicht nach dem Gesicht der Therapeutin oder nach den Umrissen ihres Körpers und lernt dabei, wie und wo und wie oft man einen anderen anfassen darf, und daß Berührung auch unangenehm sein kann.

Manchmal ist es aber unmöglich, so starken und intimen Kontakt zu erlauben. Die Triebe des Patienten werden wach und wollen befriedigt sein. Dann ist es ratsam, sich auf große Papierbahnen zu legen und die Umrisse des Körpers aufzuzeichnen. Dieser Umriß wird dann mit Gesichtszügen und Kleidung ausgestattet. Merkwürdigerweise kommt es oft vor, daß auf dem Bild nicht das Porträt des Patienten entsteht, sondern das der Therapeutin. Und dabei kommt es gar nicht darauf an, welchem Geschlecht der Zeichner angehört. Symbiose heißt eben, zwei Menschen als einen zu erleben. Darum ist es so wichtig, in der Behandlung Grenzen zu setzen. Diese Patienten wollen auch den Behandlungsraum gar nicht mehr verlassen. Die Zeit wird nicht als sinnvolle Kategorie begriffen. Ein Patient erklärte mir: »Ich glaube, es gibt zwei verschiedene Arten Zeit. Eine wird von euch, vom Personal, benutzt, und wir Patienten haben die andere. Die Leute vom Personal zerstückeln die Zeit und machen Hackfleisch daraus, aber die Patienten machen aus ihr Karamelbonbons, so daß sie süß wird und ewig andauert.« Zu jener Zeit, als er mir das erzählte, wollte er »der Chef sein, der die Sitzungen zu Ende bringt«.

Das war ein intellektuell recht anspruchsvoller Patient. Andere weigern sich einfach, wieder zu gehen, oder erinnern sich schnell an einen Traum oder wollen einen Tanz vorführen. Wieder andere verlangen, gewiegt zu werden, ganz egal, wie »erwachsen« sie sind. Ich habe zum Beispiel Großmütter in meinen Armen gehalten, die alles verloren hatten, was sie liebten, und senil und kindisch geworden waren. Meine Arme wurden schwer, wenn ich Veteranen zweier Kriege wiegen mußte, die sich vor ihren eigenen Erinnerungen fürchteten und sich nicht von ihren Kriegserlebnissen befreien konnten. Aber ich habe auch kleine Kinder gewiegt, die endlich einen bedeutsamen Anderen erleben konnten. Das Bedürfnis war bei allen gleich: Nur für eine kurze Zeitspanne, die wir die »therapeutische« nennen, wollten und mußten sie noch einmal einen Anderen erleben, der nichts von ihnen verlangte und mit dem sie sich ohne Gefahr identifizieren konnten. Gleichzeitig stabilisierte sich ihr Körperbild einfach dadurch, daß sie durch mein Beispiel erfuhren, was ein Körper eigentlich ist.

Borderline-Schwankungen

Die Übertragung wird wesentlich komplizierter, wenn die Loslösungs- und Individuationsphase erreicht ist. Normalerweise lernt das Kind, »nein« zu sagen, und es experimentiert mit seiner neuerworbenen Machtfülle. Es spielt ganz gern ein Weilchen allein, aber kehrt immer wieder zur Mutter zurück und läßt sich streicheln. Auch der Patient experimentiert so mit dem therapeutischen Prozeß. Dadurch werden die Widerstände natürlich komplizierter. Die Patienten schwanken zwischen bedeutungsvollem Bewegungsausdruck und dem Bedürfnis, die Therapeutin zu verärgern. Sie wollen ihren Platz für sich haben und werden wütend, wenn sie widergespiegelt werden, weil sie meinen, man würde sich über sie lustig machen. Es ist deshalb am besten, sie allein tanzen zu lassen. Sie wollen akzeptiert, vielleicht sogar bewundert werden. Wie das Kleinkind auch, brauchen sie ein Publikum, damit ihr abgespaltener und destruktiver Exhibitionismus wieder integriert werden kann. Auch ganz ruhig verlaufende Sitzungen sind notwendig, in denen Patient und Therapeutin nur miteinander atmen und sich im gegenseitigen intensiven Betrachten kennenlernen können. Es ist, als ob das Aufblühen der ganzheitlichen Identität im Patienten des Nährbodens der Verschmelzung mit der Therapeutin-Mutter bedürfe, um nie wieder vergessen zu werden. Aber ehe das geschieht, gibt es viele Übertragungsschwankungen. »Schwankung« und »Unbeständigkeit« sind überhaupt die Kennzeichen der Borderline-Patienten. Die geliebte Person von heute wird der gehaßte Feind von morgen. Das zeigt sich auch in der Übertragung. Durch Spalten kann der Borderline-Patient ein und dieselbe Person auf verschiedene Weise wahrnehmen und gleichzeitig vergessen, daß er gestern anders gedacht und gefühlt hat.

Kohut (1971, 1977) und Kernberg (1975, 1976) unterscheiden zwei verschiedene Typen der Borderline-Persönlichkeit, deren Symptome aber ähnlich sind. Ihr Narzißmus ist derart verletzt worden, daß Hochmut und die Unfähigkeit, freundschaftliche Beziehungen einzugehen, an die Stelle eines gesunden Selbstbewußtseins getreten sind. Innere Objektrepräsentanzen sind nur schwach ausgeprägt und vermischen sich mit der unrealistischen Einschätzung des eigenen Selbst. Kohut nennt diese fast psychotischen Selbst- und Objektrepräsentanzen »Selbst-Objekte«.

In dem Typus, den Kernberg beschreibt, dominiert die Wut darüber, fortgesetzt unverstanden zu bleiben und enttäuscht zu werden. Solche Menschen müssen sich dann isolieren und vor anderen fliehen (Stolorow und Lachman 1980). Der Patient sucht seine gespaltenen Wahrnehmungen irgendwie zu harmonisieren. Doch seine Realitätswahrnehmung ist längst nicht so gestört wie die des Psychotikers. Die Grenzen zwischen Selbst und anderen sind nicht in diesem Umfang verwischt. Diese Menschen wehren sich nur wesentlich mehr gegen jeden Kontakt und haben immer Angst, daß man ihnen zu nahe treten könnte.

Morton war jemand, der sich viel auf seine »splendid isolation« einbildete. Nachdem er laut verkündet hatte, daß er eine Tanztherapeutin brauche, machte er sich in der klassischen Position des Analysanden auf der Couch breit. Dann schimpfte er über die fehlende Theorie und Metapsychologie der Tanztherapie und versuchte, mich in die Rolle der Analytikerin zu drängen. Er nahm also seine eigenen Intentionen zurück, wollte gar keine Tanztherapie, sondern Analyse. Sehr schnell wurde mir klar, daß er ein schon seit langer Zeit bestehendes Verhaltensmuster wiederholte. Aber gerade als wir darüber sprachen, machte er eine Kehrtwendung um 180 Grad. Er wollte mich tanzen sehen und versprach, mir das dann nachzumachen. Er schmeichelte mir und versuchte auch, sich verführerisch zu geben. Ich merkte also, daß es ihm außerordentlich wichtig war, mich zu manipulieren.

Während seiner Deklamationen wurde er manchmal rot oder erbleichte vor Wut. Er schämte sich, wenn seine Blumensträuße, Theaterkarten und Einladungen höflich abgelehnt wurden. Er mußte dann tief atmen und wurde steif. Sein Oberkörper verlor jede Beweglichkeit. Er mußte sich mit dem ganzen Körper drehen, wenn er sich mir zuwenden wollte. Manchmal ging das so weit, daß er nicht einmal mehr den Kopf wenden konnte. Trotzdem führte er sehr komplizierte und kontrollierte Tai-Chi-Sequenzen vor, die er gelernt hatte, um mir zu zeigen, daß ich nichts von wirklicher Therapie und Bewegung verstünde. Es ist kaum notwendig, seinen psychologischen und physiologischen Zwiespalt zu erörtern. Er benahm sich so ähnlich wie Madge. Aber Madge hatte andere Gründe, sich so widersprüchlich zu verhalten. In der Übertragung schien sie genauso unfähig, eine stabile und von Vertrauen getragene Beziehung eingehen zu können, wie Morton. Aber ihre Lebensgeschichte war völlig anders. Man konnte in ihrem Fall von einer Entwicklungsstörung des gesunden Narzißmus reden, denn sie hatte nie ein Selbstbewußtsein entwickelt. Nach Kohut sind solche Störungen auf fehlende Empathie der Umwelt zurückzuführen. Menschen wie Madge sind nicht vernachlässigt worden. Man verstand ganz einfach nicht, was sie wollte und brauchte. Madges Mutter war so mit sich selbst beschäftigt, daß sie kaum merkte, wenn Madge besonders artig war oder sich hübsch anzog, um ihr zu gefallen. Die Mutter war Schauspielerin und behandelte ihr Kind wie ein reizendes kleines Spielzeug. Sie verstand nicht, daß Madge auch bewundert werden wollte und Beifall brauchte. Madge wollte, wie alle anderen Kinder auch, ihre Mutter trotz aller

Enttäuschungen liebhaben. Sie identifizierte sich mit jedem, der ihr Sicherheit und ein wenig Wärme anzubieten schien, denn sie hatte keine andere Möglichkeit, sich mit der ständigen Zurückweisung ihrer Gefühle von seiten der Mutter abzufinden. Durch Identifizierung konnte sie am Glanz und Ruhm anderer teilhaben, ohne selbst darauf Anspruch erheben zu müssen. Ich konnte kaum glauben, daß die so bescheidene Madge ein berühmtes Fotomodell war und schon oft ihren Kolleginnen einen Job vor der Nase weggeschnappt hatte. Zunächst schien Madge mich anzubeten. Aber das hörte bald auf. Sie meinte nämlich, ich würde ihren besten Freund, einen Fotografen, völlig unterschätzen. Schmollend zog sie sich zurück und verfiel in Schweigen. Sie schien vergessen zu haben, daß sie sich erst ein paar Tage vorher nicht genug darüber auslassen konnte, wie sehr die Behandlung und die Therapeutin ihr schon geholfen hätten.

Morton und Madge benahmen sich wie Kinder, die denken, ihre Mutter sei böse, wenn nicht alles nach ihrem Willen geht. Natürlich ist dann die gleiche Mutter die beste auf der Welt, wenn sie nachgibt. Man muß schon recht »erwachsen« sein, ehe man zugeben kann, daß ein und dieselbe Mutter verschiedene Gesichter hat.

Diese einander entgegengesetzten Haltungen finden sich in der Übertragung wieder. Sie drücken sich in der Bewegung mit der gleichen Vielfalt wie im Gefühlsleben aus. Heute klappt bei diesen Patienten einfach alles, morgen aber scheitern sie bei den Übungen so kläglich, als wären sie gelähmt. Alles therapeutische Geschehen trägt den Stempel des »als ob« (H. Deutsch 1942), weshalb man gegenüber dem Behandlungserfolg stets eine kritische Distanz bewahren sollte.

Die Hartnäckigkeit der Übertragung in der Zwangsneurose

Zwangsneurosen bringen eine tiefe Spaltung zwischen Psyche und Soma mit sich. Der tanztherapeutische Ansatz muß hier über das einfache Widerspiegeln und den Körperbildaufbau hinausgehen. Da diese Patienten jedoch über ein ganzes Arsenal von Widerständen verfügen und – sie befinden sich ja auf einem schon relativ hohen Entwicklungsniveau – die Welt und ihre wichtigen Bezugspersonen mit viel weniger Entstellung wahrnehmen, ist es wichtig, sich gleich um die Übertragung zu kümmern. Zwangsneurotiker sind längst nicht so gleichgültig wie autistische Patienten, noch haben sie so ein starkes Abhängigkeitsbedürfnis wie die symbiotischen. Im Gegensatz zu den Borderline-Persönlichkeiten werden sie in ihren Überzeugungen nie schwankend, selbst wenn sich diese als offensichtliche Fehleinschätzungen herausstellen sollten. Sie sind sehr stolz auf ihre Unabhängigkeit und brechen die Behandlung schon bei den geringsten Vorkommnissen ab, wenn man nicht sofort die vielen negativen Übertragungserscheinungen in den Griff bekommt. Da ihr Verhalten durch tiefe Ambivalenz geprägt ist, zu der emotionale Kälte und offensichtliches Mißtrauen treten können, werden Zwangsneurotiker häufig mit Borderline-Persönlichkeiten verwechselt. Die Diagnose ist häufig schwierig, und auch erfahrene Therapeuten machen hier leicht Fehler.

In Borderlinezuständen besteht die Gefahr, daß die regressive Tendenz ins Psychotische abkippt, denn die Abwehr ist labil, und persönliche Beziehungen reichen nicht sehr tief. Das Anpassungsvermögen ist nicht sehr groß, was sich auch in der Übertragung zeigt. Aber der Zwangsneurotiker ist zu einer intensiven Beziehung und einer echten Übertragung fähig. Er ist in der Analphase fixiert oder, wie manch ein Patient schon angemerkt hat, »in der Scheißphase steckengeblieben«. Sie sind völlig von ihrer Beschäftigung mit den Fäzes in Beschlag genommen, was sich nicht nur innerpsychisch in ihrer Starrheit und Strenge und ihrer übertriebenen Furcht vor dem Tod zeigt, sondern auch in der zu Verstopfung führenden Verkrampfung der Sphinktermuskulatur, der betont aufrechten Haltung und der Unfähigkeit, bei irgend etwas Genuß zu empfinden. Jeder Annäherungsversuch wird als Übergriff und Aufdringlichkeit empfunden und zurückgewiesen. Aber auch genau das Gegenteil dieses Krankheitsbildes läßt sich beobachten. Manche Zwangsneurotiker werden so unordentlich, daß sie sich nicht waschen. Ich habe schon Patienten behandelt, die ihre völlig verschwitzte Kleidung seit Tagen nicht gewechselt hatten. Meine Fragen wurden schroff abgewiesen. »Red nicht soviel, Siegel«, hieß es, »das Waschen haben doch die Kapitalisten erfunden, die am Seifenverkauf verdienen wollen.«

Therapeutische Neutralität zu bewahren ist hier besonders wichtig. Diese Patienten sind durchaus imstande, Entscheidungen selbst zu treffen. Sie brauchen aber die Therapeutin als Katalysator, durch den der Konflikt sich auflöst.

Während der normalen Analphase wächst der Aggressionstrieb

beträchtlich an und vermischt sich mit sadistischen und libidinösen Impulsen. Das Kind wird sauber und hat seine Passivität durch Aktivität ersetzt. Es kämpft um seine Freiheit und will sich als eigenständige Persönlichkeit behaupten. Die Mutter mit ihren Regeln erscheint dem Kind zwar als liebenswert, gleichzeitig aber auch als einengend. Die Analerotik bildet sich mit ihren Begleiterscheinungen aus: Man freut sich über Gerüche und über die Kontrolle des Stuhls, der je nach Belieben zurückgehalten oder ausgeschieden werden kann.

Man kann Fixierungen aus dieser Entwicklungsstufe gut in dem Verhalten der Patienten erkennen. Sie hassen und lieben ihre Therapeutin zugleich, aber sind auch bereit zuzugeben, daß sie es in der Übertragung mit einer künstlich und zu ihrem eigenen Wohl geschaffenen Situation zu tun haben. Der Zwangsneurotiker verwechselt seine Therapeutin nie mit seinen wichtigen Bezugspersonen draußen in der Realität und kann sich auf eine Übertragung einlassen.

Muskelspannungen verschieben sich oft von einer Muskelgruppe zur anderen. Sogar Verstopfung und Verkrampfung der Sphinktermuskulatur können durch unrhythmische Atmung und Spannung im Schulter- und Hüftbereich ersetzt werden. Es ist ziemlich schwierig, solchen Patienten zu helfen. Ihnen muß es einfach schlechtgehen, und sie widersetzen sich hartnäckig jedem Versuch, ihr Leiden zu lindern. Sollte sich ihr Zustand doch etwas gebessert haben, behaupten sie, das sei ihnen egal. In ihren Improvisationen zeigt sich dann aber eines Tages doch zumeist ein Fortschritt. Sie gehen unbeschwerter mit Raum und Zeit um und entfernen sich räumlich von der Therapeutin. Es ist, als ob sie sagen wollten: »Du denkst wohl, daß du mich beherrschen kannst, und bildest dir ein, daß du Erfolg mit mir hast. Kommt ja gar nicht in Frage!« Die Improvisationen drücken also aus, daß der Patient gesund werden will, aber auch Angst vor der Genesung hat. Der Furcht vor Kontrolle und Manipulation werden alle möglichen Strategien entgegengesetzt: Der Patient bezahlt seine Rechnung spät oder überhaupt nicht, kommt zu spät zu seinen Stunden und widerspricht, so oft er nur kann. Er versucht, alle Enttäuschungen und Frustrationen bei der Therapeutin abzuladen. Besonders seine sadistischen Impulse will er loswerden, denn sie quälen ihn ja selbst. Er wird trotzig und »unartig«. Beim Durcharbeiten nimmt er dann auch die trotzige Haltung eines Kleinkindes an. Er streckt den Bauch vor, macht ein Hohlkreuz und preßt seine Füße flach auf den Boden. Seine ursprünglichen Bewegungsmuster verschwinden dann oft, statt dessen rudert und schlegelt er mit den Armen und Beinen, stampft auf den Boden. Man muß allerdings bedenken, daß solche Widerspenstigkeit für die Individuation notwendig ist! Auch ist das nur eine vorübergehende Erscheinung. Oberkörper und Hüften versteifen sich nie so sehr, wie das während der Psychose der Fall ist. Diese Patienten führen im allgemeinen ein aktives Sexualleben und haben, zumindest rein körperlich, orgastische Empfindungen. Aber sie sind unzufrieden mit ihrer Partnerin und wollen ihr die Schuld am Ausbleiben eines echten Orgasmus in die Schuhe schieben, so wie auch die Therapeutin wegen der schlechten und erfolglosen Therapie beschuldigt wird! Aber die Zweifel und die Ambivalenz werden durchgearbeitet und Kreativität und Intelligenz befreit. Der Patient wird ein ganz anderer Mensch, der sich spontan freuen kann und das Leben genießt. Bis zu diesem Zeitpunkt waren die psychischen Energien von der rastlosen und unablässig fortgesetzten Abwehrtätigkeit verzehrt worden. Es ist also kein Wunder, daß sich neues Wachstum zeigt, wenn der Patient sich in der Übertragung von diesen beklemmenden psychischen Mechanismen befreit. Die Therapeutin ist oft der erste Mensch, von dem sich der Patient ohne Angst vor Rache und Vergeltung innerlich lösen kann.

Bei diesen Behandlungen steht die »Ambivalenz« in physiologischer und psychologischer Hinsicht im Vordergrund.

Die klassische Übertragung

In der phallischen Phase sind auch Fixierungen möglich, aber sie sind anderer Art als die bisher besprochenen. Die Psychoanalyse ist eine ausgezeichnete Behandlungsform für diese im allgemeinen als »Hysteriker« bezeichneten Patienten. Auch wenn die Symptombildung sich ins Körperliche verlagert hat, erlaubt doch der Zustand der komplexen und reichhaltigen Objektbeziehungen und das weitgehend intakte Ich der Hysteriker den Einsatz einer auf verbaler Deutung beruhenden Methode. Trotzdem erscheinen gerade auch solche Patienten bei Tanztherapeuten. Möglicherweise sind das Patienten, die von Natur aus einen stärkeren Motilitätstrieb haben und daher nicht auf der Couch liegen wollen. Man soll aber nicht glauben, daß diese Patienten aufgrund ihres hohen Entwicklungsgrades besonders einfach zu behandeln sind. Sie »besitzen« sozusagen ein ganzes Arsenal von Widerständen, die sie dann auch in der Übertragung einsetzen. Einer der wichtigsten ist ihre Neigung, Probleme einfach zu ignorieren. Sollten sich die berühmten hysterischen Konversionen einstellen, werden sie von ihnen als körperliche Krankheit aufgefaßt oder ganz beiseite geschoben.

Konversionen sind Veränderungen am Körper ohne körperliche Ursache. Hysteriker glauben dem Arzt einfach nicht, wenn er ihnen sagt, daß ihnen rein körperlich nichts fehlt, wenn Krämpfe, Anästhesien, Paralysen oder Dystonien auftreten. Gelegentlich stellen sich besondere Gefühlszustände ein, die das Wahrnehmungsvermögen angreifen und verändern. Auch auf Amnesien sollte man achtgeben.

Der Fall von Jolinda ist in diesem Zusammenhang interessant. Sie wies zahlreiche Konversionssymptome auf, als sie die tanztherapeutische Arbeit anfing. Am auffälligsten war, wie sie ihren linken Arm behandelte. Sie hielt ihn immer eng an den Körper gepreßt. Sie behandelte ihren Arm so, als handelte es sich um eine lästige Angelegenheit, und machte kleine ironische Bemerkungen über ihre »Verkrüpplung«. Sie hatte schon viele Behandlungen über sich ergehen lassen, aber ohne Erfolg. Sie war auch bei einem Psychoanalytiker, der nach ihren Aussagen »ein guter Mensch« war, der »aber nichts von verkrüppelten Armen verstand«.

Jolinda war eine gute Patientin. Ihre Improvisationen waren immer gezielt und ausdrucksvoll, auch schien sich eine gute Übertragung zu bilden. Aber ihr Arm blieb steif, bis sie eines Tages eine Improvisation über ein ertrinkendes Kind tanzte. Sie war so ergriffen von dem phantasierten Geschehen, daß sie sich vergaß und mit beiden Armen nach dem Kind griff. Ich hielt schnell den Arm in der ausgestreckten Haltung fest. Ein gewaltiger Gefühlssturm folgte, denn ich hatte Jolinda ihrer masochistischen Lieblingsphantasie beraubt. Das Durcharbeiten dauerte hier besonders lange und wäre ohne eine starke Übertragung kaum möglich gewesen. Meine rasche Intervention wirkte vielleicht zu aufdringlich. Zunächst sah Jolinda in mir ihren Retter. Aber das hieß, daß ich ihr ihre phantasierte Rolle weggenommen hatte. Sie wollte sich selbst retten. Aber jemand, der Rettung braucht, war ihrer Meinung nach schwach, also unwürdig, überhaupt gerettet zu werden.

Die spezifischen Übertragungsformen, die in der Depression, bei Phobien und in der Konversionssymptomatik auftreten, müssen entsprechend dem jeweils vorhandenen Entwicklungsniveau gedeutet werden. Auch Psychotiker können zusätzlich zu ihrer Grundsymptomatik unter diesen Symptomen leiden. Man erkennt aber den Hysteriker an der Stabilität seiner zwischenmenschlichen Beziehungen.

Wenn man mit seinen Patienten die Tiefenschicht ihrer Seele erforscht, werden auch beim Therapeuten Gefühlsregungen wachgerufen. Das sind die allgegenwärtigen Gegenübertragungen.

Gegenübertragung und Tanztherapie

In der Tanztherapie ist die Bedeutung der Gegenübertragung noch grundlegender als in der Psychoanalyse und muß dementsprechend noch aufmerksamer verfolgt und überprüft werden. Indem Tanztherapeuten ihre Patienten im körperlichen Ausdruck spiegeln, erfahren sie in ihrem eigenen Körper etwas von deren innerem Zustand. Dieser Vorgang geht über die in der Psychoanalyse sonst übliche »Probe-Identifizierung« hinaus. Psychoanalytiker erfahren dadurch, was ein Patient im Augenblick denkt und fühlt. Es handelt sich um einen empathischen, bewußt herbeigeführten Vorgang, durch den man mit der Psyche eines Anderen in direkte Verbindung treten kann. Aber in der Tanztherapie läßt sich das nicht so präzise steuern. Tanztherapeuten müssen jede Bewegung des Patienten genau so aufgreifen, wie er sie macht. Sie müssen sich also, ohne es zu wollen, körperlich mit ihren Patienten identifizieren. Dadurch strömen dann die Stimmungen, Vorhaben, Anpassungen und Widerstände des Patienten in sie ein. Falls die Tanztherapeutin sich all das nicht gedanklich klarmacht, bleibt ein starker Nachhall in ihrer eigenen Seele zurück. Begleitet man einen manischen Patienten bei seinem aufgeregten Schreiten, wird man selber erregt; man wird traurig, wenn ein trauriges Kind sich an einen ankuschelt. Das läßt sich einfach nicht vermeiden, wenn man gleichzeitig auch empathisch bleiben will. Man erfährt und erlebt den Patienten körperlich durch körperliche Imitation, aber diese Imitation führt zu unbewußten Identifizierungen. Wenn diese Identifizierungen nicht sofort erkannt und durchgearbeitet werden, stören sie durch Überlagerung die Bewegungen der Therapeutin. Die beste Ausbildung kann einen nicht auf den Schock vorbereiten, wenn man das erste Mal die mörderische Wut eines Psychotikers spürt. Sie dringt wie ein Schwert in die eigenen Konflikte ein, wenn man nicht aufpaßt. Tanztherapeutinnen müssen also offensichtlich in ihrer eigenen Therapie lernen, wie sie mit den Impulsen, die durch die Einwirkung der Patienten in ihnen entstehen, umgehen.

Als Supervisorin habe ich immer wieder festgestellt, daß Anfänger, vor allem wenn sie noch nicht mit ihrer eigenen Therapie begonnen haben, zwar die körperlichen Gegenübertragungssignale völlig korrekt erfassen, aber nicht wissen, was sie mit ihnen anfangen sollen.  Die Arbeit mit Psychotikern und autistischen Patienten ist in dieser Beziehung besonders schwierig. Wenn man die Vernichtungsangst in dem Patienten spürt, muß man sich immer daran erinnern: Das ist seine Todesangst, nicht meine. Vorsicht ist auch bei symbiotischen Patienten geboten, die versuchen, ihre Therapeutin mit Schmeicheleien und Zärtlichkeit zu verführen. Aber das alles nur zu spüren und wahrzunehmen genügt nicht. Man verliert nur allzu leicht seine Körpergrenzen, wenn ein Mensch sich schluchzend auf einen wirft oder in einem psychotischen Wahnzustand versucht, einen so vollständig in sich aufzunehmen, daß man fürchten muß, geradezu ausgesaugt zu werden. Das eigene Körperich muß nach solchen Stunden wieder aufgebaut werden. Für mich heißt das, daß ich mich im eigenen körperlichen Ausdruck wiederfinde, indem ich entweder einfache Ballettübungen an der Stange ausführe oder in einer Ballettklasse mitmache. Wenn ich spüre, wie sich die Muskeln strecken und das leicht bewegliche Rückgrat sich über der Körpermitte aufrichtet, legt sich der durch die Gegenübertragung hervorgerufene Kummer, und ich beginne mich wieder in der Weise zu bewegen, die für mich natürlich ist. Danach kann ich mich wieder um so leichter in meine Patienten einfühlen.

Ich kenne Therapeutinnen, die, statt ihre Stärken herauszufinden, sich entspannen wollen, wenn sie stark beansprucht worden sind. Sie gehen dann in die Sauna oder lassen sich massieren. Hinterher sind sie dann auch locker und entspannt, haben aber den erneuten heftigen Angriffen der Patienten nichts entgegenzusetzen, um diese unbeschadet zu überstehen. Wenn zum Beispiel eine symbolische Kastrationsdrohung in der Luft liegt, braucht man schon eine gehörige Portion innerer Stärke, um die Aggressionen der Patienten zu neutralisieren. Wenn man sich dem Patienten ganz öffnet und dessen Strömungen in sich hineinfließen läßt, beweist man sich selbst, wie intuitiv man ist, tut aber dem keinen Gefallen, der jemanden mit einer starken inneren Struktur braucht, auf die er sich verlassen kann. Er braucht das Ich der Tanztherapeutin als Stütze, damit er seine eigenen Ichgrenzen wieder aufbauen kann.

Dafür gibt es viele Beispiele. Eine Praktikantin wurde immer verwirrter. Sie konnte weder ihren Patienten noch ihre Supervisorin verstehen. Die Verwirrung entstammte ihrer Gegenübertragungsreaktion. Sie konnte dadurch die schrecklichen Lebensverhältnisse ihres Patienten verleugnen und ihre Sympathien für ihn aufrechterhalten. Eine andere Praktikantin verstand ihre Patienten recht gut, maß dem allem aber keine besondere Bedeutung zu. Beide Praktikantinnen hatten Angst davor, von den Patienten ganz verschlungen zu werden. Sie versuchten erst gar nicht, die Symptome ihrer Patienten therapeutisch zu erfassen. Sie zogen es vor, mit ihnen zu sympathisieren, und verloren dadurch ihr Einfühlungsvermögen. Das zeigte sich so: Praktikantin Nummer eins konnte einfach nicht »nein« sagen, wenn ihr Patient durch die Korridore rennen wollte. Er zeigte sich von seiner schlechtesten Seite und tanzte ihr auf der Nase herum. Praktikantin Nummer zwei hatte ein kleines Mädchen in Behandlung, das sich fast in jeder Stunde auf den Boden legte, sich wie in Schmerzen wand und ihr Bäuchlein hielt. Auch seufzte und weinte es. Das Kind versuchte durch Pantomime auszudrücken, was es gesehen hatte, nämlich die Geburt ihres Bruders. Aber die Praktikantin sah nur ein niedliches kleines Mädchen, das sich merkwürdig benahm. Beide jungen Therapeutinnen hatten Einfühlungsvermögen und therapeutisches Können durch ihre Gegenübertragungsreaktionen verloren. Deren Nachwirkungen waren nicht durch die Ichinstanz der Therapeutinnen geklärt worden; mit anderen Worten, ihre eigenen Konflikte hatten sie blind gemacht.

Sympathie ist nur die erste Stufe, wenn man einen anderen verstehen will. Sympathie drückt unter anderem Mitleid aus, das aber nicht jedem guttut. Der Patient fühlt sich bevormundet oder dem Therapeuten unterlegen. Wenn man sagt: »Du tust mir ja so leid«, sagt man gleichzeitig: »Gott sei Dank, daß ich das nicht nötig habe.« Man hält sich selbst für einen Gönner, wenn der andere vielleicht gar keinen Gönner haben will.

Nach dem anfänglichen Gefühlsüberschwang muß man also seine Sympathie ein wenig zur Seite stellen und aufpassen, was der Patient denn nun wirklich meint. Das erst kann man Einfühlung nennen. Roy Schafer (1959) definiert Empathie als einen Vorgang, in dem man

Empathie:

»den momentanen psychologischen Zustand eines anderen innerlich zu empfangen, zu erleben und zu verstehen sucht« (S. 345). Dieser Vorgang ähnelt dem ästhetischen Zustand (Kris 1952), wo keine innere Notwendigkeit zur Handlung oder Anteilnahme besteht. Man muß dem anderen nicht gleich helfen, wie es üblich ist, wenn man mit einem Trauernden sympathisiert. Es besteht kein innerer Drang; man reflektiert vielmehr, erkennt und versteht die Not des anderen, beobachtet sie, fühlt sie sogar, aber weiß, daß es sich nicht um das eigene Erleben handelt. Ideal wäre es, wenn der Einfühlende gleichzeitig sich selbst beobachten und seine Ichfunktionen dem anderen ohne Zwang anbieten kann. Wahres Einfühlungsvermögen richtet sich also auf den anderen und hat nichts mit Befriedigung eigener Neigungen zu tun.

Um die nötige Distanz von den eigenen Konflikten zu erreichen, ist es unerläßlich, sich selbst einer Therapie zu unterziehen. Man lernt dort, wie Intuition und Sympathie zu wahrem Einfühlungsvermögen werden.

Die tägliche Überprüfung von Gegenübertragungserscheinungen ist sozusagen die Hausaufgabe, durch deren Erledigung man erst therapeutische Erfolge erzielt. Parallel zu den entwicklungsbedingten Übertragungen des Patienten, haben Therapeuten Gegenübertragungen, die aber – was zu hoffen ist – sich auf die Entwicklungsphase des Patienten beziehen, nicht auf die des Therapeuten. Manche Anfänger ziehen den therapeutischen Prozeß rigoros durch, ohne bewußte Gefühlsregungen zu empfinden. Bestenfalls haben sie ihre Gefühle nur verdrängt, schlimmstenfalls sind sie jedoch völlig unsensibel. Doch kommt es auch vor, daß die frischgebackene Tanztherapeutin nur von ihren Patienten spricht und nur für sie lebt. Dann sollte ihre eigene Therapie oder zumindest die Supervision intensiviert werden. Man vergleicht natürlich gern seine Erfahrungen mit Kollegen. Das ist auch nicht gemeint, sondern der zwanghafte, hilflose Redefluß, wenn unkontrollierte, konfliktreiche Gegenübertragungen einem das Leben zur Hölle machen.

Reaktionen auf Autismus

Autistische Patienten können Therapeuten in alle möglichen Gefühlszustände versetzen. Dabei sind Ärger und Enttäuschung unter Umständen sogar ein gutes Zeichen, denn sie könnten möglicherweise ein Echo solcher Gefühle im Inneren des Patienten sein. Man ärgert sich ja nicht, wenn man einer Mauer gegenübersteht! Wenn also doch so ein Gefühl auftaucht, muß man damit rechnen, daß die Therapeutin unbewußt glaubt, ihr Patient halte etwas zurück, das man sinnvoll in die Therapie einbeziehen könnte. Langeweile signalisiert, daß die Therapie in eine Sackgasse geraten ist. Therapeutin und Patient öden sich an und warten auf etwas Neues, das nie kommt. Gerade die unordentlichsten und krankhaftesten autistischen Patienten lösen häufig starke Gefühle aus. Man will sie retten oder glaubt einfach nicht, daß sie wirklich so krank und regrediert sind. Die Antennen des Unbewußten der Therapeutin haben ein Signal aufgefangen. Aber nun muß man aufpassen: Was ist denn hier so interessant? Findet die Therapeutin die Krankheit und das ungewöhnliche Betragen des Patienten nicht so schlimm, weil sie selber immer so »artig« gewesen ist? Vielleicht bewundert sie ihn sogar und beneidet ihn wegen seiner bizarren Gestik. Nach Möglichkeit sollte so ein Paar nicht zusammen arbeiten, denn die Therapeutin hat hier zuviel Gelegenheit, ihre eigenen Konflikte durch den Patienten auszuleben. Wenn ein solcher Prozeß bereits in Gang gekommen ist, ist kein Ende in Sicht, denn die Therapeutin ist überzeugt, daß ihre Interventionen richtig sind. Die Sitzungen erscheinen ihr befriedigend. Ich erinnere mich an eine sehr talentierte Praktikantin, die sich regelrecht in ihre erste Patientin verliebt hatte. Es handelte sich um ein sehr regrediertes, chronisch schizophrenes Mädchen. Die Kleine wollte durchaus nicht glauben, daß sie ein Mädchen sei, daher erlaubte ihr die Praktikantin, ihr in die Hose zu gucken. Sie wollte durch diesen groben technischen Fehler das Kind davon überzeugen, daß sie beide gute und nützliche Geschlechtsorgane hätten. Die Störungen ihrer eigenen Sexualität und ihres Körperbilds waren ihr gar nicht bewußt. Auch verstand sie nicht, daß ihre Patientin die Realität nicht internalisieren konnte. Die unneutralisierten, elementaren Triebe von Psychotikern setzen sich wie Magneten in den unerforschten und konfliktbeladenen Gebieten der Psyche des Therapeuten fest und lassen keine Ruhe, bis die richtige verbale oder nonverbale Deutung gefunden ist. Die Praktikantin, von der hier die Rede ist, hätte sich distanzieren sollen, statt auszuagieren. Bildbände zur Sexualaufklärung hätten ihren Zweck erfüllt und außerdem Distanz zu den primärprozeßhaften Triebimpulsen ihrer Patientin geschaffen.

Weil Autismus und Schizophrenie durch Fixierung in der oralen Phase entstehen, haben Gegenübertragungsgefühle in solchen Fällen auch einen oralen Charakter.

Oralität in der Gegenübertragung

Schizophrene Patienten sind voller oraler Bedürfnisse und Gier. Der gar nicht so unbewußte Wunsch richtet sich auf die konkrete orale Internalisierung der Bezugsperson, sofern diese überhaupt wahrgenommen wird. Das heißt ganz offensichtlich, den bedeutsamen Anderen symbolisch aufzufressen. Die körperliche, oft unbewußte Identifizierung mit dem Patienten während der Tanztherapie ruft dann in der Gegenübertragung Schwindel und Übelkeit hervor. Wenn es sich um eine bewußte »Probe-Identifizierung« handelt, ist das nicht weiter schlimm. Es gibt viele Übungen, die ein harmonisches Gleichgewicht wiederherstellen. Man »zentriert« sich über der eigenen Mitte, das heißt, man führt langsame *pliés* in der zweiten Position aus, was in der Ballettsprache tiefe Kniebeugen mit weit geöffneten Oberschenkeln beschreibt. Auch andere Bewegungsschulen wie Yoga befassen sich mit der Körpermitte und verhelfen dazu, Schwindelgefühle zu beheben. Tiefes Atmen ist das beste Mittel gegen Übelkeit.

Fachkundige Therapeuten, die ihre eigene Therapie hinter sich haben, lernen ihre Körpersignale schnell kennen, wenn eine therapeutische Symbiose sich herzustellen beginnt. Wenn die Körpergrenzen sich so verwischen, gleicht das einem symbolischen gegenseitigen Einverleiben. Tanztherapeuten erleben dann, wie schon gesagt, Übelkeit, starken Hunger oder Durst, wollen rauchen oder haben mysteriöse Schmerzen. Aber bald kommt ein Umschwung. Die positive Seite der Symbiose kann ein einmaliges Wohlbefinden hervorrufen. Die unmäßigen Ansprüche des Patienten werden dann als selbstverständlich und natürlich empfunden, weil sein Leben bisher so leer und verstümmelt war. Aber hier lauert schon wieder eine Falle. Man darf sich nicht erlauben, die omnipotenten Phantasien und den Drang nach sofortiger Befriedigung zu teilen. Man muß sich seiner selbst bewußt bleiben, um den Patienten in die Wirklichkeit zurückzuführen. Obgleich man sich dem Patienten hingibt, muß doch die Unterscheidung von »Ich« und »Du« respektiert werden. Wenn die Therapeutin ein starkes Bedürfnis nach Berührung hat oder gern eine Supermutter sein möchte, wird es schwierig werden, den Fortschritt des Patienten auf seinem Weg zur Separation/Individuation zu fördern. Einer meiner Patienten faßte das in einer treffenden Formel zusammen: »Deine Brüste erinnerten mich an Wolken, so groß und rund. Und ich dachte, da wären tausend Liter Milch drin, ganz für mich allein.« Es war nicht leicht für ihn, sich von dieser Phantasie zu befreien, aber, ehrlich gesagt, auch ich hätte sie gern beibehalten!

Das Unbehagen in der Gegenübertragung bei Borderline-Patienten

Die Schwierigkeiten in der Gegenübertragung bei Borderline-Persönlichkeiten sind spezifischer Natur. Besonders ihre ewigen Schwankungen bereiten Unlust und Unbehagen. Kohut (1971, 1977) und Kernberg (1975, 1976) beschreiben eine Art Gegenübertragungsschub in der Behandlung solcher Patienten. Man kann kaum objektiv oder neutral bleiben, wenn einem so viel verletzter Narzißmus entgegenschlägt. Hinzu kommt noch die anfängliche Idealisierung, die man da über sich ergehen lassen muß.

Borderline-Persönlichkeiten halten sich selbst immer für Ausnahmen und wollen sich den therapeutischen Regeln nicht fügen. Sie verlangen, daß man ihnen sozusagen Dispens erteilt, sonst fühlen sie sich verkannt und unverstanden.

Kernberg hat eine besondere Behandlungsmethode entwickelt. Er sucht zunächst in seiner Psyche nach einem Echo, das der Patient hinterlassen hat. Dadurch weiß er, was ins Bewußtsein gehoben werden muß, und verbalisiert das auch, noch ehe der Patient etwas darüber sagt. Kernberg ist der Meinung, die innere Struktur solcher Patienten sei so labil, daß man sich auf ihre Aussagen und Beobachtungen nicht verlassen kann. Seine eigenen empathischen und intuitiven Erfahrungen seien hier zuverlässiger.

Searles (1968) und LeBoit (LeBoit und Capponi 1979) sind der gleichen Meinung. Sie unterstreichen immer wieder, wie wichtig in solchen Fällen Selbsterkenntnis für den Therapeuten ist. Aber Selbsterkenntnis hilft einem nicht immer, wenn man derart angehimmelt wird. Selbsterkenntnis heißt schließlich, daß man seine eigenen Fehler kennt. Aber für Borderline-Persönlichkeiten, die diese Realität nicht ertragen, ist es unbedingt notwendig, daß man die Idealisierungen über sich ergehen läßt und sie akzeptiert, denn sonst würde sich die ursprüngliche Kränkung wiederholen.

Analität und Gegenübertragung

In der oralen Phase bilden sich die Prototypen der Verarbeitungsmuster, auf die später immer wieder zurückgegriffen wird. Man lernt, sich mit Verlusten und Frustrationen abzufinden. Das gilt für alle Menschen. Dennoch ist es immer wieder ein Schock, wenn man den Wutanfällen und dem manipulativen Verhalten begegnet, die aus der anal-sadistischen Phase stammen. Der Patient verschanzt sich und fordert einen gleichzeitig heraus. Das kann Monate dauern. Ganz gleich wie man sich als Therapeutin das selbst erklärt, man möchte sich rächen und am liebsten zurückschlagen. Längst für erledigt gehaltene Konflikte werden wiedererweckt, und man beginnt, die eigenen Aggressionen zu bekämpfen, übersieht dabei aber die Feindseligkeit des Patienten. Wenn Therapeuten sich selbst nur als gut und großzügig sehen wollen, wird es fast unmöglich, die Patienten mittels Deutungen mit ihren Konflikten zu konfrontieren.

Zwangsneurotiker sind immer kampfbereit. Sie stehen dem Leben mit geballten Fäusten gegenüber. Sie müssen aber einsehen, daß ihr Therapeut nicht allmächtig ist und sie selbst auch nicht. Vor allem müssen sie aber lernen, daß ihr Verhalten Konsequenzen hat. Wer immer nur haßt und Ärger provoziert, wird nicht geliebt, und sogar die Therapeutin ist nicht verpflichtet, ihn zu lieben.

Denn wenn Therapie jedes Bedürfnis erfüllen würde, warum sollte sich dann der Patient im wirklichen Leben noch um etwas bemühen? Ein Zuviel an Nachsicht und Toleranz kann auch schädlich sein (Spitz 1965).

Die Kehrseite der Medaille zeigt sich bei Zwangsneurotikern, wenn der Druck der Zwangsvorstellungen durch die Behandlung zum Verschwinden gebracht wurde und die körperlichen Verkrampfungen sich gelockert haben, aber die Veränderungen, die ihre neue Daseinsweise mit sich bringt, noch nicht völlig durchgearbeitet wurden. Während sie vorher keine konstruktive Beziehung eingehen wollten und alles in negative oder ambivalente Ausdrücke einkleideten, stellen sie dann plötzlich – aber nur für kurze Zeit – fest, ihre Therapeutin sei unfehlbar. Aber das Unechte in dieser übertriebenen Schmeichelei ist nicht zu übersehen, und die Therapeutin hat den Verdacht, manipuliert zu werden. Es fällt der Therapeutin also schwer, alles zu glauben. Der Patient lobt ihr Aussehen und spricht von ihren außerordentlichen Talenten, doch die Therapeutin fühlt sich alt und häßlich. Wenn der Patient sie umwirbt, möchte sie am liebsten auf die Toilette flüchten. Im Unbewußten weiß sie längst, daß der Patient es nicht so meint, daß die Demonstration seiner Übertragungsliebe nichts mit wirklicher Liebe zu tun hat. Für Anfänger ist es besonders schwierig, mit diesem Zwiespalt zwischen bewußter und unbewußter Wahrnehmung fertig zu werden. Sie werden gehemmt, machen weder verbale noch nonverbale Interventionen und verhalten sich genauso »verstopft« wie der Patient.

In solchen Fällen sind isometrische Übungen angebracht. Man stellt fest, daß man Mordlust und Wut doch beherrschen und bewältigen kann, und begegnet der nächsten, negativen Übertragung mit weniger Furcht.

Therapeuten spüren das Unbewußte ihrer Patienten. Aber neben der Übertragungsbeziehung, die sich auf dem Schauplatz der seelischen Innenwelt von Therapeut und Patient abspielt, besteht immer auch eine Realbeziehung, wie sie auch im wirklichen Leben zwischen zwei Menschen anzutreffen ist.

Ich selbst habe es nie fertiggebracht, meine Patienten nicht auch als Menschen zu erleben. Ich lerne von ihnen und freue mich über ihre Fortschritte. Aber ich habe gelernt, solche Gedanken für mich selbst zu behalten, damit die Übertragungs-/Gegenübertragungsbeziehung therapeutisch »sauber« und neutral bleibt.

4 Angewandte Theorie: Der ichpsychologische Ansatz und die Tanztherapie

Bisher habe ich den Schwerpunkt auf die Entwicklung gelegt. Dieser Methode werde ich auch weiterhin folgen, denn die Spuren aller Entwicklungsphasen bleiben während des ganzen Lebens erhalten und werden, wie im zweiten Kapitel ausgeführt wurde, in Zeiten starker psychischer Belastung auch an der Oberfläche sichtbar.

In der oralen Phase steckengebliebene Menschen verfügen nur über eine beschränkte Anzahl adaptiver Modalitäten. Trotzdem ist die Behandlung sehr kompliziert. Die Therapeutin muß zunächst einmal versuchen, Ordnung in eine Welt zu bringen, die nur aus Fragmenten besteht und von unrealistischen Wahrnehmungen geprägt ist. Und das ist gar nicht so einfach. Denn was man an innerer Struktur mühsam aufgebaut hat, verschwindet unter dem Druck innerer oder äußerer Notlagen im Nu wieder. Je weiter man in der psychosexuellen Entwicklung vorangekommen ist, desto besser ist man den unvermeidlichen Belastungen gewachsen. Dies zeigt sich in den hier dargestellten Fällen (S. 158 ff.) besonders deutlich. Es ist ein großer Unterschied zwischen Carries autistischer Beziehung zu anderen, die nur als Partialobjekte wahrgenommen werden, und Raymonds zynischem Welt- und Menschenbild.

Eine Gruppentherapie mit tief regredierten Patienten soll hier ausführlich geschildert werden, denn die Vorgehensweise in der therapeutischen Praxis ist an sich schon interessant, auch wenn nicht jedesmal gleich auf einen ichpsychologischen Gesichtspunkt rekurriert wird. Man kann dadurch besser verstehen, wie die Tanztherapie als unterstützende Zusatztherapie funktioniert. Der Grundstein für kompliziertere Interventionen wird hier gelegt, aber im Vergleich zu den theoretisch besser fundierten Fallstudien in der Individualtherapie erkennt man auch die Grenzen dieser an sich wertvollen Behandlungsmethode.

Affektentwicklung
bei sechs katatonen Jugendlichen

Es kam mir vor, als ob meine Patienten sich hinter einer Mauer verbarrikadiert hätten, als ich sie das erste Mal traf. Sie waren so deprimiert und hilflos, daß ich als Reaktion darauf am liebsten davongerannt wäre.

Die jungen Leute starrten mich mit leeren Augen an. Sie schienen ihre Körper als Gefängnisse zu empfinden und konnten sich nur unbeholfen und schwerfällig bewegen.

Sie waren die ältesten in einer Sonderschule für verhaltensgestörte Kinder und hatten ein auffallendes Symptom gemeinsam: während einige ihrer Ichfunktionen sich innerhalb der konfliktfreien Ichsphäre kontinuierlich weiterentwickelten, wurde bei Einsetzen der Pubertät die Entwicklung anderer Ichfunktionen durch weitere Regression verhindert oder gar rückgängig gemacht. Das Mißlingen des Versuchs, sich gegen das primitive Überich durchzusetzen, hatte offenbar bewirkt, daß sich nichtneutralisierte psychische Energie gegen das Selbst gerichtet und dadurch auch die letzten Reste von Objekt- und Selbstrepräsentation zerstört hatte. Jacobson (1964) meint, daß in solchen Fällen die Besetzung der Körpergrenzen, der Wahrnehmungs- und Motilitätsfunktionen abnehme und statt dessen eine verstärkte Besetzung der Organe stattfinde, während sich gleichzeitig der Einfluß der Triebe ausweite. Besonders die destruktiven Triebenergien müßten dann auf physiologischem Wege abgeleitet werden.

Schur (1953) schreibt, daß Kleinkinder sich von ungewohnten Dingen und Reizen abwenden und sich zurückziehen. Spitz (1965) hat die gleichen Beobachtungen gemacht. Aber meine Patienten schienen noch nicht einmal so weit in ihrer Entwicklung vorangeschritten zu sein wie die acht Monate alten Kinder, mit denen Schur und Spitz experimentiert hatten.

In meiner Gruppe konnte man starke muskuläre Hemmungen beobachten, die auch mit sensomotorischen Störungen verbunden waren. Die Regression war so tief, daß nur noch primitivste Funktionen vorhanden waren.

Dom verfügte noch über die beste Koordination und nahm auch die Realität teilweise wahr. Man hatte ihn schon mit sechs Jahren als chronisch schizophren diagnostiziert. In der Pubertät wurde er gewalttätig. Er wurde daraufhin sechsmal mit Elektroschock behandelt und war nun friedlich und fügsam geworden. Mit seinen eingefallenen Schultern und seiner gebückten Haltung wirkte er wie ein Greis. Auch schien er überhaupt keine Gefühle mehr zu haben. Er war das zweite von drei Kindern. Seine Eltern verweigerten die angebotene Familientherapie.

Er hatte eine »spezielle Freundin«, die hübsche vierzehnjährige Sarah, deren chronische Schizophrenie ihr nur gestattete, mit bizarren symbolischen Gesten Kontakt zu anderen aufzunehmen (Hartmann 1939, Rubinfine 1962, Mahler 1968). Zu Anfang starrte sie durch mich hindurch, kam dann aber doch steifbeinig auf mich zu, lehnte sich an mich an und schnupperte an mir herum. Meine Körpernähe und -wärme schienen ihr gutzutun. Als sie genug davon hatte, zog sie sich auf ihren Platz neben Dom zurück. Sich an andere Leute anzulehnen, bestätigte ihr die konkrete Existenz eines anderen, den sie anhand des Körpergeruchs identifizierte. Man konnte annehmen, daß Sarah sich an die Nähe und Wärme ihrer Mutter noch erinnern konnte und daher unablässig die Befriedigung suchte, die ihr die Wahrnehmung der Geruchs- und Wärmeempfindungen verschaffte. Aber selbst wenn sie gerade jemanden auf diese Weise erforschte, zeigte ihr Verhalten keine affektive Beteiligung. Ihre Mutter erzählte, daß Sarah sich bis zum zweiten Lebensjahr normal entwickelt habe. Die Eltern trennten sich zu diesem Zeitpunkt nach vielen heftigen Streitereien. Sarah war zuerst verängstigt und zog sich dann so tief zurück, daß ihre Entwicklung unterbrochen wurde. Ihre Mutter kam regelmäßig zur Gruppentherapie, wollte aber Sarahs Diagnose nicht wahrhaben.

Davids Diagnose lautete: schizophren mit autistischem Syndrom und geistig behindert. Auch er blickte zunächst durch mich hindurch, starrte dann auf einen Fleck an der Wand und begann schließlich, am Daumen zu lutschen. Anstatt zu sprechen, versuchte er sich durch Heulen und Schnauben verständlich zu machen. Er war als gefährlich verschrien, denn manchmal versuchte er, Leute zu beißen. Seine Lehrer und Eltern wollten ihm das dadurch abgewöhnen, daß sie sein Verhalten ignorierten. Im Alter zwischen vier und fünf Jahren trat David des öfteren in den Hungerstreik. Erst mit sechs Jahren wurde er sauber. Mit vierzehn begann er seine Eltern anzugreifen. Er bekam Beruhigungstabletten, die auch bald Wirkung zeigten. David hatte die gleiche Körperhaltung wie Dom, die ihn wie einen alten

Mann aussehen ließ. David war der einzige Sohn seiner Eltern. Er schlief bei seinem Vater, der sich empört aus der Gruppentherapie zurückzog, als der Gruppentherapeut von ihm verlangte, David ein eigenes Bett zu verschaffen.

Auch der vierzehnjährige Fred und die sechzehnjährige Martha waren eng befreundet. Martha hatte einen dicken Bauch und steife Knie und konnte sich nur schlecht bewegen. Trotzdem tanzte sie gerne Twist und liebte Musik. Sie hielt Fred an der Hand, und beide ahmten mit schlurfenden Schritten einen Tanz nach. Martha war bei einem psychoanalytischen Psychotherapeuten in Behandlung gewesen, als man ihre Schizophrenie mit acht Jahren erkannte. Aber ihre Eltern gaben jegliche Hoffnung auf, als sie trotzdem ihre Konzentrations- und Aufnahmefähigkeit verlor und nicht mehr lernen konnte. Die Behandlung wurde abgebrochen, und Martha kam in die Sonderschule. Ihre Eltern merkten, daß etwas nicht stimmte, als Martha fünf Jahre alt war. Sie sprach nicht mehr und lächelte nur vor sich hin. Bei unserem ersten Treffen lächelte sie auch wieder, sah mir aber nicht in die Augen.

Fred war ein regelrechter Springinsfeld. Fröhlich vor sich hin plappernd, sprang er plötzlich auf und drehte eine Pirouette nach der anderen. Er drehte sich, bis er mich fast umrannte, hörte aber genau vor mir auf und lief dann von mir weg. Seine Pirouetten waren natürlich auch ein autoerotisches Entladungssymptom. Die anderen Gruppenmitglieder sahen Fred gebannt zu. Anscheinend gaben sie seinen Drehungen eine Bedeutung, die ich nicht verstehen konnte.

Fred war mit vier Jahren als »schizophren mit autistischem Syndrom« diagnostiziert worden. Er hatte sich angewöhnt, seinen Kopf gegen die Wand zu stoßen, so daß ihn seine Eltern in eine Tagesklinik brachten. Dort wurde er psychotherapeutisch behandelt, aber mit zwölf Jahren setzte eine verstärkte Dekompensation ein, er bekam Wahnvorstellungen und plapperte nur mehr vor sich hin. Man schlug eine stationäre Behandlung vor, aber die Eltern konnten sich nicht dazu entschließen. Fred war der Jüngste von drei Kindern. Seine Eltern kamen regelmäßig zur Familientherapie, bis der Vater durch einen Autounfall eine Kopfverletzung erlitt. Der Vater fing an, sich um seine eigene Zurechnungsfähigkeit Sorgen zu machen, er wurde deprimiert, weigerte sich jedoch, sich helfen zu lassen. Freds katatone Phase begann zu ungefähr der gleichen Zeit.

Die fünfzehnjährige Mary hatte sich in einen Roboter verwandelt.

Mit einem grimassenhaften Lächeln, das sich über ihr Gesicht gelegt hatte, wischte sie stundenlang den gleichen Fleck vom Tisch oder fegte den Boden, bis ihr jemand den Besen wegnahm. Trotz ihrer Schizophrenie und geistigen Behinderung konnte sie schwierige Puzzles zusammensetzen und sehr gut sticken. Alle Handarbeiten gelangen ihr. Auch sie lief mit steifen Knien umher, wobei sie ein wenig hin und her wankte, hielt die Arme gebeugt, so daß nur ihre Hände schlaff herunterhingen. Sie ignorierte mich nicht einmal, sie wußte einfach nicht, daß ich da war. Mary war die Jüngere von zwei Kindern und entstammte einer geschiedenen Ehe. Ihr Stiefvater soll sie körperlich mißbraucht haben, bis auch diese Ehe auseinanderging.

Die ursprünglichen Diagnosen stammten bei vier dieser Patienten von Neurologen und wurden später von einem psychiatrischen Team bestätigt, wobei zwei in einer staatlichen Heilanstalt und die anderen zwei in einem örtlichen Rehabilitationszentrum untersucht worden waren. Alle waren privat von Psychiatern behandelt worden. Nach den neuesten ärztlichen Beurteilungen sollten Psychotherapien nicht mehr eingesetzt werden.

Mir war von offizieller Seite kurz und bündig mitgeteilt worden: »Machen Sie doch bitte irgend etwas mit den Gören!« Ich war erschüttert, denn wie sollte ich mich hier als eventuell wichtige Bezugsperson anbieten, wenn ich mit einer derartigen psychischen und körperlichen Unbeweglichkeit konfrontiert wurde? Diese diente als Abwehr, um nicht die innere Unfähigkeit anerkennen zu müssen, je irgendeine Art der Befriedigung finden zu können. Die jungen Leute schienen sogar ihre Partialobjektrepräsentanzen aufgegeben zu haben.

Ich faßte diese enorm tiefe Regression als Verteidigung gegen panische Angst auf, die durch eingebildete oder reale, innere oder äußere Reize hervorgerufen worden war und die jeglichen Versuch des schwachen Ichs, der Situation Herr zu werden und sich weiterzuentwickeln, im Keim erstickte. Diese jungen Menschen waren hilflos der endlosen Kette der Trieberuptionen ausgeliefert, denen sie nur mit unzureichenden Mitteln begegnen konnten. Aber wie sollte ich da noch einmal die Lust am Leben wachrufen oder gar neues Wachstum anregen, ohne sie wieder in Angst und Schrecken zu versetzen? Bei allen sechs waren kaum Gefühlsregungen zu beobachten, und auch von einer Empfänglichkeit für Reize aus dem Körperinnern konnte eigentlich nicht die Rede sein. Um sich vor der völligen Selbstzerstörung zu retten, hatten sich alle sechs regelrecht versteinert. Zunächst mußte ich mich also um die körperliche Erstarrung kümmern und hoffen, daß durch meine Bemühungen auch im Innern etwas in Bewegung gebracht werden könnte oder daß vielleicht konfliktfreie Ichapparate entdeckt werden würden. Als erstes wollte ich die Bewegungsmuster lockern. Um zu diesem Zweck einen therapeutischen Ansatz zu finden, überlegte ich mir, wie jeder einzelne auf unser erstes Treffen reagiert hatte. Fred hatte zumindest gemerkt, daß jemand Neues da war. Seine Kameraden hatten sich für seine Annäherungsversuche interessiert, fast als ob sie sich doch noch an befriedigende Aktivitäten erinnern konnten. Ich imitierte Freds Pirouetten in der Mitte und sagte: »Fred dreht sich so.« Daraufhin zwinkerte Mary mit den Lidern. Ich deutete: »Mary zeigt mir, daß sie das auch findet.« Fred beschloß, sich einzumischen: »Man hört heute Herman's Hermits heulen«, antwortete er, indem er übers ganze Gesicht strahlte.

Glücklicherweise hatte ich eine Platte von Herman's Hermits dabei. Ich legte sie auf und tanzte einen ganz einfachen Rock-and-Roll-Schritt vor. Martha stand sofort auf und schwang ihre Hüften schwerfällig und unrhythmisch in einem Halbkreis hin und her, was sie wohl für Twist hielt. Sarah und Dom faßten sich an der Hand und hopsten vom einen Fuß auf den anderen. Fred tanzte fast Rock-and-Roll-gemäß mit einer nicht vorhandenen Partnerin und erzählte ihr allerhand. Mary drehte sich zur Wand um, und David fing an zu schnauben. Alle waren enorm angespannt. Ich wollte Davids offensichtliche Angst ein wenig dämpfen und zeigte ihm daher, wie man im Rhythmus der Musik auf den Boden stampfen kann. Ich hoffte, daß der feste, durchgängige Rhythmus der Musik und das Gefühl seiner Beine beim Stampfen ihn beruhigen würden. Zuerst hielt er sich die Ohren zu, versuchte aber doch zu stampfen. Doch den Rhythmus bekam er einfach nicht mit. Ich stellte mich ganz dicht neben ihn, damit er die Bewegung meiner Beine spüren konnte. Er heulte einen Augenblick lang verängstigt auf, entspannte sich dann aber etwas und tanzte ziemlich rhythmisch mit. Als die Musik zu Ende war, ließ er ein Knurren vernehmen, worauf er mich in die Schulter biß. Ich sagte: »Du willst nicht, daß die Musik aufhört«, und zeigte ihm, wie man eine Platte auflegt. Aber das wollte er gar nicht wissen. Ich sollte die magische Musikmacherin bleiben. Seine Bemühungen, etwas Befriedigendes zu erleben, mußten für ihn wohl immer ein so katastrophales Ende gehabt haben, daß sie, statt seine Reifung zu fördern, ihn davon überzeugt hatten, daß ihn doch niemand verstehen und ihm helfen könnte. Immerhin hatte er mir erlaubt, ihm das neue Abfuhrmuster des Stampfens beizubringen. Es hatte ihm sogar so viel Spaß gemacht, daß er nicht mehr aufhören wollte. Unsere Kontaktaufnahme war zwar rudimentär gewesen, aber ich konnte mir vorstellen, daß Davids aggressives Gebaren sich doch eines Tages durch die Intensivierung des Kontakts mäßigen würde.

Margaret Mahler (1968) hat immer wieder betont, daß sich kein autonomes Ich bildet und keine Anpassungen möglich sind, wenn die Mutter nicht als libidinöses Objekt empfunden wird. Da David mir zumindest gestattet hatte, ihn zu bemuttern, bestand also doch noch Hoffnung! Überhaupt stand die ganze erste Stunde unter einem günstigen Stern. Sarahs Verhalten zeigte, daß sie sich vielleicht sogar noch an Partialobjekte erinnerte, denn sie hatte sich ja an mich angelehnt und an mir herumgeschnüffelt. Doms Haltung und Gang konnten auch als Introjektion eines bedeutsamen Anderen angesehen werden. Fred hatte sogar Annäherungsversuche gemacht, und David hatte Körperkontakt erlaubt. Alle hatten sich auf je eigene Weise bereit gezeigt, die Wirklichkeit ein klein wenig einsickern zu lassen.

Sie reagierten auch gut auf die rhythmische Musik und konnten den Rhythmus in Bewegung umsetzen. Nur Mary hatte sich abgewendet.

Nach dem Tanzen ließ ich die Gruppe einzeln durch den Raum schreiten. Keiner konnte koordiniert gehen. Weil ihre Beine und Füße weit nach außen gespreizt waren, konnten sie kaum ihr Gleichgewicht halten. Auch ihre Knie konnten sie nicht richtig bewegen. Dom und David hielten die Knie immer gebeugt, während die anderen sie beim Stehen und Laufen ganz steif hielten, als ob sie keine Gelenke hätten.

Während der nächsten Monate versuchte ich nun, ihr Raumgefühl zu entfalten, das man ja nur durch bewußte Wahrnehmung der Körpergrenzen erlernen kann. Vor allen Dingen war mir aber daran gelegen, das Körperbild und das Bewußtsein für Bewegungsvorgänge zu stärken. Weil alle gern Rock and Roll hörten, fingen wir jede Stunde damit an, darauf zu tanzen.

Wir standen im Kreis, damit wir uns gegenseitig betrachten konnten. Jeder Körperteil wurde dann einzeln bearbeitet, indem wir erst mit dem Kopf nickten, die Schultern rhythmisch auf und ab bewegten, die Ellbogen berührten, die Handgelenke ausschüttelten, und so weiter, bis jeder Körperteil einmal in Bewegung gewesen war. Wir führten die Übungen so kräftig wie möglich aus, denn ich hoffte, daß ich durch einfache oder intensive Bewegungen die Lust am Leben wiedererwecken würde. Um es theoretischer zu formulieren: Ich wollte mit den Übungen in die verzerrten und versteinerten Seelen dieser jungen Leute eindringen, um sie mit genügend neutralisierter psychischer Energie auszustatten, so daß sie auf ihr potentielles libidinöses Objekt, nämlich auf mich als Therapeutin, aufmerksam werden könnten.

Wir stellten uns im Kreis auf, um Ablenkungen fernzuhalten. Auch sollten sie mich als Leiterin erfahren und als jemanden, dem man trauen kann. Durch die Bewegungen sollte Freude an der Aktivität geweckt werden. Auch die Lehrerin und die Erzieherin nahmen an diesen Übungen teil, die ihnen offensichtlich gefielen.

Als ich ihnen die ersten einfachen Tanzschritte zeigte, starrten mich alle nur an, bis Martha sie aus ihrer Verblüffung riß. »Ja, ja«, rief sie ganz entzückt aus und nickte dazu steif mit ihrem Kopf. Dom, Fred und Sarah riefen auch »ja, ja«, brachten es aber nicht fertig zu nicken. David wackelte mit dem ganzen Oberkörper. Mary lachte. Ich lachte zustimmend zurück und unterstützte die Gruppe, indem ich sagte: »Alle sagen ja.«

Als wir dann noch einmal anfingen zu nicken, stellte ich fest, daß bei allen die Sehnen des Halses so angespannt waren, daß auch die ganze Mundpartie versteift war. Dadurch wurde das Nicken fast unmöglich und tat vielleicht auch weh. Ich war Martha dankbar, daß sie trotzdem so spontan und freundlich »ja« genickt hatte. Mit ihren vorgeschobenen Kinnladen und stoßartigen Bewegungen sah sie aus, als ob sie sich vor etwas Giftigem fürchtete, nicht, als ob sie etwas Neues lernen wollte. Dennoch waren sie und ihre Kameraden bereit, bei dieser Übung ihr Bestes zu geben. Vielleicht hatten sie gespürt, wie wichtig mir das war, und waren darum bereit, noch einmal jemandem Vertrauen entgegenzubringen. Oder vielleicht konnten sie sich doch noch an etwas Befriedigendes erinnern, denn die Spannungen befanden sich ja im Bereich des Mundes, hatten also mit Essen und Eßbarem zu tun. Möglicherweise verbarg sich hier die Erinnerung an ein Partialobjekt, denn schließlich wird man ja gerade in dem Zeitraum gefüttert, in dem das Wahrnehmungsvermögen noch nicht genügend ausgebildet ist, um Mutter und Eßbares zu unterscheiden.

Zudem wollte ich mich sowieso besonders um den Kopf kümmern, weil er ja der Sitz der Hauptsinnesorgane ist. Wir saßen zusammen auf dem Boden und hörten einer langsamen und einschmeichelnden Musik zu. Gleichzeitig machte ich vor, wie man den Kopf langsam rotieren läßt. Ich konnte das wagen, weil diese Bewegung bei niemandem in der Gruppe als Symptom auftrat. Ich war erstaunt und erfreut, wie gut alle mitmachten. Nur Fred hatte Schwierigkeiten. »Er fällt ab, er fällt ab!« schrie er ängstlich, hielt sich die Stirn und reckte sich so hoch wie möglich empor. Panik überflutete ihn. Schnell legte ich meine Hand auf seinen Kopf und sagte: »Das ist dein Kopf. Der fällt nicht ab.« Nun wollte er meinen Kopf anfassen und sich vergewissern, daß er fest angewachsen war. Das beruhigte ihn. Fred und ich mußten uns noch oft mit diesen extremen Kastrationsängsten abplagen. Aber allmählich wuchs in Fred die Überzeugung, daß weder mein Kopf noch seiner je abfallen würden. Unsere Beziehung wurde stärker, und eine Übertragung bildete sich aus. Viel später stellte ich dann fest, daß Freds Mutter oft gesagt hatte: »Ich verliere noch den Verstand, wenn du mich nicht in Ruhe läßt«, oder »Du machst mir rasende Kopfschmerzen«. Fred hatte das ernst genommen. Er hatte sich selbst durch die Introjektion der Anklagen seiner Mutter bestraft. In der Behandlung konnten wir nun darüber sprechen. Fred ließ sich wieder, zumindest ein Stück weit, auf die Wirklichkeit ein, wodurch es ihm auch möglich wurde, seine konfusen Gedanken soweit zu ordnen, daß er sie verbalisieren konnte und sie nicht länger nur mittels körperlicher Symptome ausdrücken mußte.

Die übrigen Gruppenteilnehmer hatten solche Ängste nicht. Sie saßen da, rollten ihre Köpfe und waren wie hypnotisiert. Sie schliefen beinahe ein. Hatte ich nun zuviel Befriedigung angeboten oder ihnen gar einen anderen Weg der Realitätsflucht gewiesen?

In dieser Situation dachte ich daran, ob es nicht möglich wäre, das Verlangen nach Wiederbelebung der

»Kerne frühinfantiler Selbstbilder [wachzurufen und zu fördern, E. S.], die nichts anderes sind als die Erinnerungsspuren lustvoller und unlustvoller Empfindungen, die unter dem Einfluß der Autoerotik und des Beginns zweckgerichteten Handelns und der spielerischen Erforschung des ganzen Körpers mit dem Körperbild assoziiert wurden« (Jacobson 1964, S. 20).

Um nun täglich wenigstens eine gewisse Stimulanz zu gewährleisten, bat ich die Lehrerin, doch das Nicken zu üben. Als ich wiederkam, erzählte sie mir ganz stolz, daß alle, auch Fred, mitgemacht hätten. Nur David beugte immer noch den ganzen Oberkörper nach unten, statt zu nicken. Ich sah das als Widerstand gegen seinen eigenen oral-aggressiven Drang, der ihn so oft dazu zwang, andere zu beißen. Bei ihm waren Kopf, Hals und Oberkörper zu einer Einheit verschmolzen, die den aggressiven Trieb durch eine muskuläre Abwehr im Zaum halten sollte.

Die Stunden verliefen während der nächsten Wochen gleichmäßiger. Man lernte, sich etwas lockerer zu bewegen, und die Sitzungen wurden immer mit Kopfrollen und Atemübungen beendet. Alle kannten nun auch meinen Namen und begrüßten mich mit einem Lächeln, aber nur David und Fred erlaubten mir, auf sie individuell einzugehen. Es entstand auch noch keine Gruppendynamik. Freds Gruß bestand immer noch aus seinen Pirouetten, David heulte auf und brachte es nicht fertig zu nicken, Mary ignorierte alles, und so weiter. Ich mußte also wieder eine neue und bessere Behandlungsmethode finden.

Die Lockerung in der Bewegung konnte nur während der Sitzung beobachtet werden. Eltern und Lehrer fanden, daß die jungen Leute immer noch wie Schlafwandler durchs Leben gingen.

Ich überlegte mir, daß ich eigentlich zu viel von ihnen verlangt hatte. Übungen sollen mit der Entwicklungsstufe des Patienten zu tun haben und altersspezifisch sein.

Mit zwölf Monaten recken sich die Kleinkinder schon ganz gern hoch, sie können sich sogar auf die Zehenspitzen stellen und nach Mutters Hand greifen. Ich mußte mir also etwas ausdenken, das dem psychomotorischen Niveau der Gruppe entsprach.

Wir saßen also wieder auf dem Boden, hörten Walzermusik und hoben unsere Arme nach oben. Sie verstanden alle, was »nach oben« heißt, aber die Bewegung hörte bei allen im Bereich der Ohren auf. Abwechselnd die Arme zu heben, war zu schwer. Sie hoben die Arme im allgemeinen nur bis in Schulterhöhe oder begnügten sich, als Reaktion auf das Kommando, die Ellbogen anzuwinkeln. Mit verzerrtem Gesichtsausdruck gelang es Dom, seine Arme ganz hoch zu strecken, aber er ließ sie so schnell wie möglich wieder fallen. Ich schlug vor, sich doch die Arme einmal anzusehen. Das stiftete noch mehr Verwirrung.

Ich hatte wieder zuviel verlangt. Den Körper wahrnehmen schien gefährlich zu sein, und der Raum über dem Kopf war unbekanntes und wahrscheinlich auch gefährliches Feindesland. Überhaupt benahmen sich alle Teilnehmer dieser Gruppe, als ob sie weder ihren gesamten Körper noch die einzelnen Körperteile als ihr Eigentum empfanden, ja oftmals, als ob ihr Körper leblos sei.

Ich dachte mir nun ein neues Spiel aus, das mehr den frühesten Entwicklungsstufen entsprach. Es hieß »Hier ist mein Kopf«. Man saß wieder im Kreis, und die Lehrerin oder Erzieherin rief den Satz laut aus. Wenn jemand es fertigbrachte, seinen Kopf anzufassen, stellte sich die Lehrerin vor ihn und sagte: »Ja, das ist dein Kopf. Er gehört nur dir.« Ich übte mit der Lehrerin, das wirklich lobend auszusprechen. Manche Tage gelang alles wunderbar. Dann hatte das Spiel eine Fortsetzung. Nun hieß es: »Faß meinen Kopf an!«

Zu Anfang reagierten meine Patienten verängstigt. Sie wollten nichts anfassen und den Kopf schon gar nicht, denn der könnte ja abgehen, man könnte ihm weh tun, usw. Aber das änderte sich gänzlich, nachdem einige Versuche erfolgreich verlaufen und auch mit Lob bedacht worden waren. Die Gruppe hatte nun verstanden, um was es ging, nämlich um ein Spiel, das Spaß macht, bei dem man herumkichern kann und auf das man sich freut. Eigentlich wiederholten sie hier ein Spiel von Kleinkindern, die auch nur unter großer Anstrengung nach Spielkameraden oder einem Spielzeug langen können und das erst viele Male üben müssen, ehe sie sich daran erinnern, wie man es macht.

Die Teilnehmer meiner Gruppe hatten nun gelernt, daß ihr Kopf fest auf den Schultern sitzt und daß sie durch eigene Aktivität etwas Befriedigendes erleben konnten, indem sie ein Gefühl für das Vorhandensein ihres Körpers entwickelten. Aber warum konnten sie ihre Arme nicht vollständig nach oben oder zur Seite strecken?

Ich beschloß, wieder mit der Gruppe zu »spielen«. Als alle im Kreis saßen, ging ich von einem zum anderen und sagte: »Faß meinen Kopf an«, aber beugte mich nur so weit herab, daß sie nach oben greifen mußten. Dom und Sarah versuchten es zuerst. Dom schien wegen seiner Aggressivität beunruhigt zu sein. Aber ich zog ihn lächelnd hoch, so daß er nun vor mir stand. Es lief dieselbe Walzermusik wie sonst auch. Ich demonstrierte einen einfachen Walzerschritt, den Dom sofort nachahmte. Sein besorgter Gesichtsausdruck verschwand, und er lächelte. Wir tanzten bis zum Ende der Platte miteinander. Langsam entspannte sich Dom, er sah fast träumerisch aus und schien den Tanz zu genießen. Er wollte gar nicht mehr aufhören. Er hatte also den ersten Schritt in Richtung einer Symbiose erlebt, hatte sich erlaubt, mit mir zu verschmelzen. Er wurde von da an viel zugänglicher, wollte neben mir sitzen und ließ mich während der Stunden nicht aus den Augen. Aber der Umwelt brachte er immer noch seinen finsteren oder leeren Gesichtsausdruck entgegen.

Sarah beteiligte sich begeistert an unserem Spiel. Sie griff nach mir, wollte umarmt werden und spielte mit mir für kurze Zeit wie ein glückliches Baby mit seiner Mutter.

Auch Mary griff nach mir, aber mit geschlossenen Augen. So viel Kontaktaufnahme war noch zuviel für sie, doch wollte sie sich nicht ganz ausschließen.

Für David war das alles sehr schwierig. Er konnte es kaum abwarten, bis er an der Reihe war. Eines Tages, nach ungefähr drei Monaten, konnte er seine Erregung nicht länger zügeln. Er sprang auf und biß mich so stark er konnte in die Schulter. Ich schrie erschrocken auf. Darüber freute er sich ungemein. Er lachte, schlug sich auf den Oberschenkel und zeigte auf mich. Man hatte sein Symptom so lange ignoriert, daß er sich gar nicht genug über meine Reaktion freuen konnte. Seine Existenz war endlich bestätigt worden! Ich konnte mich schließlich zu der Deutung aufraffen: »Ich weiß, daß du mich am liebsten aufessen würdest.« Er nickte zustimmend mit dem ganzen Oberkörper und lachte. Dann umarmte er mich und legte seinen Kopf auf meine Schulter. Kurz darauf biß er auch seine Lehrerin. Sie hatte uns beobachtet und sagte ihm das gleiche. Später fing David an, sich selbst zu beißen. Er weinte dann und wollte umarmt werden. Auf diese Weise bemühte er sich darum, die mühsam errungene Beziehung zur Lehrerin und zu mir aufrechtzuerhalten.

Dieser Vorfall führte allmählich zu einer entspannteren Atmosphäre. Sie kapselten sich nicht mehr so ab, wenn ich da war, und ließen sich bereitwillig auf jede neue Übung ein. Sie hatten Vertrauen zu mir gefaßt; eine echte Objektbeziehung schien sich abzuzeichnen. Gleichzeitig verbesserten sich auch Körperhaltung und Gang. Sarah und Martha beugten nun beim Gehen wieder ihre Knie, und Dom versuchte, geradezustehen. Aber sie wirkten immer noch steif, denn die Arme schwangen bei der Bewegung nicht mit, selbst wenn sie schnell liefen. Aber Lehrer und Erzieher berichteten erstaunt, daß sie in der therapiefreien Zeit nach mir fragten, meinen Namen behielten und sich am liebsten mit Schallplatten und Musik beschäftigten. Merkwürdigerweise schenkte man einander überhaupt keine Beachtung, außer wenn, wie bei Dom und Sarah, besondere »Freundschaften« geschlossen wurden, die freilich eher im Sinne einer Beziehung zu einem nur der Befriedigung des eigenen Selbst dienenden Spiegelbild zu verstehen waren.

Die nächste Übung hatte wieder mit Raumwahrnehmung zu tun. Wir hatten das »Oben« erforscht, nun hieß es, die Arme in einer halbkreisförmigen Bewegung nach außen zu führen, um den Bereich seitlich des Körpers zu erkunden, sie dann wieder über dem Brustkorb zu schließen und sich selbst zu umarmen. Walzermusik gab den Rhythmus an. Wir saßen wieder auf dem Boden und versuchten, die Arme rhythmisch zu öffnen und zu schließen. Großes Erstaunen: Man stieß dabei den Nebenmann an! Man schaute mich erwartungsvoll an. Was macht man nur, wenn man an eine fremde Schulter oder einen Oberarm anstößt? Dieses Mal half ich absichtlich nicht weiter. Ich wollte Selbständigkeit fördern. Mary und Sarah waren die einzigen, die nicht gemerkt hatten, daß jemand neben ihnen saß.

Fred murmelte schließlich: »Sie ist da. Mein Arm ist da.« »Martha sitzt neben dir«, antwortete ich.

Das fanden Martha und Fred spannend. Sie wandten sich einander zu und kicherten. Sie öffneten die Arme, doch da sie sich nun Auge in Auge gegenübersaßen, wagten sie nicht, sich zu berühren. Fred dachte eine ganze Weile nach, legte dann doch vorsichtig seine Hand auf Marthas Schulter, und beide wandten sich wieder dem Kreis zu.

Als die Übung wieder fortgesetzt wurde, imitierte ich Fred und berührte meine Nachbarin an der Schulter. Ich erklärte, was ich tat. Dom fand das gut. Er kam herüber und faßte meine Schulter an. So saßen wir auf dem Boden und hatten bald alle einander die Arme auf die Schulter gelegt. Wir neigten uns zur Seite und bewegten uns, bis der ganze Kreis im Takt der Musik hin und her schaukelte. Wir waren eine fröhliche Runde geworden. Wir schauten uns an und lachten. Zum ersten Mal mußte sich niemand in seine private Welt zurückziehen.

Als ich zur nächsten Stunde kam, setzten sich alle schnell hin und legten einander die Arme auf die Schultern! Sie hatten gelernt, sich zu wiegen und so zu schwingen, wie ein Baby gewiegt wird, aber da sie diese Erfahrung gemeinsam gemacht hatten, waren sich alle nähergekommen.

Mary war die einzige, die sich nicht beteiligte. Als die anderen sie in den Kreis zogen, öffnete sie ihre Augen, aber hielt sich so weit wie irgend möglich von mir fern. Dieser Widerstand zeigte zumindest an, daß sie jetzt ihre Umwelt wahrzunehmen begann, denn bislang hatte sie nur mit leeren Augen vor sich hingestarrt.

Von nun an wurde auch in meiner Abwesenheit getanzt und gewiegt. Man umarmte Lehrer und Erzieher und sogar die Eltern. Das war so neuartig, daß die Elternpaare ganz erschrocken reagierten und erst vom Personal beruhigt werden mußten.

Bei unserer nächsten Übung versuchten wir Bauchaufzüge und Radfahrübungen zu machen. Mary konnte das nicht, ja sie konnte nicht einmal ihre Beine beugen und strecken. Ich legte ihre Füße gegen meine Schultern und ließ mich von ihr hochdrücken. Das glich ganz dem spielerischen Unsinn, den man mit einem Baby anstellt, wenn es gewickelt wird. Zuerst war sie ganz erstaunt, dann fing sie an zu strahlen. Aber die Gruppe ärgerte sich. Was, Mary wurde vorgezogen?

Ich betrachtete das als einen großen Erfolg, denn eine Art Geschwisterrivalität war an die Stelle der autoerotischen Zurückgezogenheit getreten.

Von diesem Zeitpunkt an verliefen die Stunden weniger mühselig. Je offener sich die Beziehung zu mir gestaltete, desto deutlicher traten auch Gefühle der Freude, Furcht und des Vertrauens zutage.

Viele charakteristische und analysierbare Phantasien kamen an die Oberfläche; Erinnerungen wurden verbal mitgeteilt und nicht länger ausagiert oder in Symptomen ausgedrückt. Man zog sich immer weniger zurück, um das gewaltsame Eindringen der Außenwelt zu verhindern, die Aufmerksamkeitsspanne wurde länger.

Für die Gruppe galt, daß man Hoffnung gefaßt hatte und zur Zusammenarbeit bereit war. Auch wenn es noch viel zu tun gab, hatte doch jeder in der Gruppe sowohl in physischer wie in psychischer Hinsicht in den vergangenen neun Monaten große Fortschritte gemacht.

Um den Vorgang noch einmal zu rekapitulieren: Während der Behandlung wurde der psychische Konflikt zunächst nicht bearbeitet. Tanz und Leibesübungen wurden eingesetzt, um das entfremdete und unzureichende Körperbild zu stärken. Selbst- und Objektrepräsentanzen wuchsen langsam, nachdem ein gewisser Grad von Bewegungsfreiheit erreicht worden war.

Im allgemeinen läßt sich sagen, daß ein Erfolg bei der Entwicklung objektbezogener, sensomotorischer Aktivität die Tendenz begünstigt, sowohl die befriedigende Aktivität selbst als auch ein adäquater werdendes Körperbild zu verinnerlichen, was wiederum dazu verhilft, die innerpsychische Differenzierung zwischen Selbst und Nicht-Selbst voranzutreiben.

Fallbesprechungen

Tanztherapie als Haupt-Therapie

Besonders als ich mit meiner Privatpraxis anfing, kamen Patienten zu mir, die schon bei allen möglichen anderen Therapeuten in Behandlung gewesen waren. Tanztherapie war für viele »der letzte Rettungsanker«. Die Familien hatten viel durchgemacht, denn immer wieder hatten sie neue Hoffnung geschöpft, die sich dann aber als trügerisch erwies. Als sie bei mir angelangt waren, waren sie resigniert und oft auch zynisch. Sie schämten sich und waren verärgert, daß es ihren Kindern so schlecht ging. Um vor sich selber zu bestehen, weigerten sie sich, die Diagnosen zu akzeptieren, sie schimpften über die Behandlungsmethoden und verdrängten ihre eigenen Schuldgefühle. Ich schlug stets auch eine Familientherapie bei einem Kollegen vor, denn besonders bei Kindern ist es wichtig, daß sich auch die gesamte Familie ändert. Kinder haben einfach noch nicht die Übersicht und die Fähigkeit, die Familiendynamik entscheidend zu ändern. Auf der anderen Seite brauchen sie eine Vertrauensperson, der sie alles erzählen können, die sie regelrecht »in Besitz nehmen können«, ohne sich um Mutter und Vater Sorgen machen zu müssen. Zu Anfang ließ ich mich manchmal dazu überreden, auch Kinder in die Behandlung aufzunehmen, deren Eltern nicht selbst therapiert werden wollten. Die Resultate waren immer schlecht. Was ich in der Behandlung erreichte, wurde regelmäßig durch das mangelnde Verständnis im Elternhaus zerstört. Als Therapeut muß man sich also im klaren darüber sein, daß Konflikte innerhalb der Familie die Behandlung erschweren, manchmal sogar unmöglich machen. Die wirtschaftlichen Verhältnisse spielen natürlich auch eine wichtige Rolle, aber es findet sich dann meist doch eine Klinik oder ein Therapeut, die für minderbemittelte Familien zuständig sind.

Eines Tages müßte man ein Buch darüber schreiben, wie man die Leute von der Notwendigkeit einer psychologischen Behandlung überzeugen kann, denn viele wollen einfach von Psychotherapie nichts wissen. Dann wird es für die Therapeutin schwierig, immer offen und freundlich zu bleiben. Ich bin aber der Meinung, daß Familien oder auch Einzelpersonen, sobald sie an meiner Türe klingeln, auch gesund werden wollen, ganz gleich, wie sehr sie sich zunächst sträuben. Dabei handelt es sich bei mir weniger um therapeutischen Optimismus als vielmehr darum, daß mich Menschen in ihrer Individualität einfach faszinieren.

Die folgenden Fallbesprechungen sind bis zum gewissen Grade nicht nur Beschreibungen von Krankheitsbildern, sondern wollen auch die Lebensgeschichte der Patienten erzählen.

Vom sekundären Autismus zur Symbiose

Carrie

Die Prognose für Autismus ist schlecht. Ein therapeutisches Arbeitsbündnis ist aber trotzdem möglich, wenn die Arbeit des Therapeuten auf die noch intakten Ichapparate abzielt (Hartmann 1939) und man seine verbalen und nonverbalen Interpretationen auf das konzentriert, was sich handfest in der Realität greifen läßt.

Nach dreijähriger Behandlung schaffte es Carrie, ein Kind, das nicht einmal sprechen konnte, vom sekundären Autismus zur Symbiose voranzuschreiten.

Carrie wurde im Alter von dreieinhalb Jahren von der Therapeutin ihrer Mutter zu mir überwiesen. Die Mutter war verzweifelt, denn sie hatte Carrie zu vielen Spezialisten gebracht, die alle ganz verschiedene Diagnosen gestellt hatten: Verhaltensstörungen, Schäden am Nervensystem, Entwicklungsstörungen und eine geistige Behinderung. Man hatte sich schließlich auf Autismus geeinigt. Die Mutter war verärgert und völlig verwirrt wegen der einander widersprechenden Diagnosen und erwartete von ihrer Therapeutin, daß sie ihr mit Carrie helfen sollte. Niemand wollte Carrie in eine psychotherapeutische Behandlung aufnehmen, denn ihr Fall galt als hoffnungslos. Man riet zu einer stationären Behandlung, was aber von den Eltern abgelehnt wurde.

Carrie litt unter folgenden Symptomen: 1. Sie hatte nicht sprechen gelernt, sondern verfügte nur über zwei Wörter: »Mama« und »nein«. Sie drückte sich verbal nur durch diese Wörter aus, mit denen sie alles bezeichnete. 2. Ihr hyperkinetischer Bewegungsdrang wurde gelegentlich durch Zustände kataleptischer Starre durchbrochen, in denen sie sich plötzlich auf die Zehen reckte, einen Arm in die Luft streckte und ins Leere starrte. 3. Sie lief auf Zehenspitzen. 4. Sie vollführte alle paar Minuten schmatzende Geräusche. 5. Sie schüttelte ihre Hände auf eigentümliche Weise hin und her.

Ich hatte die verschiedenen, in der Tat widersprüchlichen Diagnosen und Testresultate gelesen und konnte die Verwirrung der Mutter verstehen. Man hatte keine Gehirnwellenuntersuchungen vorgenommen, weil Carries Vater dagegen war. Es war den Ärzten nicht gelungen, ihn umzustimmen. Später stellte sich heraus, daß er recht hatte, denn Carries Körperbildstörungen betrafen vornehmlich den Kopfbereich. Ein Elektroencephalogramm hätte wahrscheinlich ihre angstbeladenen Phantasien nur noch verstärkt.

Der Fall interessierte mich, und ich erklärte mich bereit, Mutter und Kind kennenzulernen, ohne daran ein Versprechen zu knüpfen, eine Behandlung aufzunehmen. Carries Mutter war während unseres ersten Treffens sehr nervös. Sie saß steif da und antwortete peinlich genau auf alle Fragen. Carries Geburt war normal verlaufen, aber sie wollte damals kein Kind. Sie sagte das mit einem schuldbewußten Blick auf Carrie, die ganz still und ruhig da stand und auf nichts weiter achtete. Carrie war ein unruhiges Baby gewesen, das sich nicht gern im Arm halten ließ. Sie aß aber gut, konnte mit acht Monaten stehen und mit zwölf Monaten laufen. Mit achtzehn Monaten wurde sie wegen Krupp für drei Tage ins Krankenhaus eingeliefert, wo man sie trotz ihres Protestgeschreis in einem Sauerstoffzelt festband. Mit zwei Jahren mußte ihre Nase verätzt werden. Mutter und Krankenschwester hielten das schreiende Kind fest. Frau A. wußte von ihrer Therapeutin, daß solche Vorfälle traumatisch sind, und brach in Angstschweiß aus, als sie darüber berichtete.

Sie selbst kam aus einer Arbeiterfamilie, wo man für sie »keine

Zeit hatte«. Sie war sehr stolz auf ihren Mann, der als Ingenieur für die Regierung arbeitete. Sie heirateten, als Frau A. vierundzwanzig war. Herr A. hatte als Hobby die »Sternguckerei«. Er hielt nicht viel von Psychotherapie, aber hatte sich an Frau A.s Therapie »gewöhnt«. Herr A. verstand es, seine kleine Tochter, die sehr an ihm hing, zu beruhigen, wenn das der Mutter nicht gelang.

Während Frau A. mir das alles erzählte, hatte Carrie eine Schale mit Süßigkeiten entdeckt. Sie saß auf der Erde, die Schale zwischen den Beinen, und wickelte ein Bonbon nach dem anderen aus. Dann glättete sie die Folien und legte sie vorsichtig aufeinander. Sie verteilte die eingewickelten und die ausgepackten Bonbons auf zwei Haufen. Nicht nur die Tatsache, daß sie zwischen zwei Sorten Nahrung unterscheiden konnte, sondern auch die Art und Weise, wie sie aß, waren aufschlußreich. Sie ging vollkommen in ihrer Lust am Essen auf. Sie stürzte sich auf die Bonbons wie ein ausgehungerter Tiger auf ein Stück Fleisch. Als Frau A. das merkte, warf sie sich auf das Kind und versuchte, ihr die Bonbons zu entreißen. Die beiden kämpften lautlos und verbissen. Schließlich gab Frau A. nach. Mit Tränen in den Augen sagte sie: »Ich kann mit dem Kind nichts anfangen. Ich will sie nicht wegschicken, aber was soll ich tun?«

Gleich nach unserem zweiten Treffen rief mich die Therapeutin der Mutter an. Frau A. sei sich doch unsicher, ob sie Carrie zu mir in die Behandlung schicken solle, weil sie Angst habe, daß ich Carrie verwöhnen würde! Ich hatte mich aber noch gar nicht zur Behandlung bereit erklärt. Die Art und Weise jedoch, wie Carrie mit den Süßigkeiten umgegangen war, hatte mir gefallen. Sie besaß eine Reihe von Handfertigkeiten, mittels derer man sicher einen Kontakt herstellen konnte. Außerdem schmeckten ihr die Bonbons so gut. Autistische Kinder lieben Süßigkeiten natürlich auch, aber sie sind selten so begeistert bei der Sache oder erlauben sich nur selten eine so starke affektive Beteiligung. Carrie konnte auch gut sortieren, glätten und aufstapeln. Es gab also genügend Ichapparate, die noch konfliktfrei waren. Ich machte den Vorschlag einer Probebehandlung von drei Monaten.

Carrie schien gern zu kommen. Sie rannte sofort zu der Schale mit Bonbons und kniete sich buchstäblich in die lustvolle Beschäftigung des Essens hinein. Ich versuchte, ihre Hände zu fassen und mit ihr zu sanfter Musik zu schaukeln. Sie knurrte mich an, als ob sie beißen wollte. Man konnte fast Angst vor ihr bekommen, so wild hörte sie sich an. Nun konnte ich auch die Sorgen ihrer Mutter besser verstehen. Ich versuchte, sie für Spielzeug zu interessieren und spielte ihr etwas auf dem Glockenspiel und den Gongs vor. Aber sie drehte sich um und hörte einfach nicht hin. Für autistische Kinder ist das ein untypisches Verhalten. Sie hören meist hin, sind aber uninteressiert, während Carrie alldem überhaupt keine Aufmerksamkeit schenkte.

Es blieb mir also nichts weiter übrig, als Carrie zu beobachten. Jedesmal, wenn ich in ihre Nähe kam, knurrte sie mich wie ein wildes Tier an, ansonsten ignorierte sie mich. Als sie sich eines Tages wieder auf die Süßigkeiten stürzte, fiel mir auf, mit welcher Kraft sie darauf herumkaute. Sie schien ein ganzes Universum zu zermalmen und nicht nur ein paar Bonbons. Ich sagte also: »Du hast aber kräftige Zähne.« Sie stutzte und fletschte die Zähne. »Ja«, sagte ich und kümmerte mich nicht um ihren aggressiven Gesichtsausdruck, »deine Zähne sind kräftig.« Nun fing Carrie an zu lachen. Ich zeigte ihr einen Spiegel, damit sie ihre Zähne bewundern konnte. Sie hörte auf zu kauen und betrachtete aufmerksam ihr Gebiß. Dann stopfte sie sich wieder den Mund voll und drehte sich nach mir um. Sie ergriff meine Hand und spuckte das ganze Zeug hinein. Ganz erstaunt sagte ich schnell: »Du willst mir auch Bonbons geben.« Aber das stimmte nicht. Wie sich später zeigen sollte, hatte Carrie mich vielmehr als konkretes Teilobjekt angenommen und mich dies durch ihre symbolische Handlung wissen lassen. Zwar reagierte Carrie nicht durch sprachliche Äußerungen auf dieses Ereignis, doch nahm sie jetzt immer einen kleinen Bonbonvorrat mit nach Hause. Man konnte nicht mit letzter Sicherheit feststellen, ob das irgendeine symbolische Bedeutung hatte und ihr dabei half, die Trennungsangst zu bewältigen, oder ob es schlicht und einfach nur eine Methode war, um an mehr Süßigkeiten zu gelangen.

Frau A. war das alles aber gar nicht recht. Carrie sollte schließlich nicht verwöhnt werden. Ihre Therapeutin konnte ihr aber zum Glück klarmachen, daß Carrie mehr Befriedigung als andere Kinder brauchte, und sie davon überzeugen, doch zumindest die drei Monate Probezeit abzuwarten.

In den Stunden mit Carrie tat sich nun viel. Carrie kam herein, ergriff meine Hand und benutzte sie dazu, Spielzeuge, Bücher und Süßigkeiten zu holen. Aber ich durfte sie immer noch nicht anfassen. Wenn ich das versuchte, wurde ich angeknurrt. Carries Selbstbild war noch so verschwommen, daß sie sich nicht sicher sein konnte, wo ich anfing und sie aufhörte. Trotzdem schien ihre Fähigkeit der Wirklichkeitswahrnehmung zu wachsen. Sie benutzte meine Hand, um Bauklötze aufzutürmen, Puppen zu wiegen und Tassen auf den Tisch zu stellen. Meine Hand war der Vermittler aller Realität. Ich verbalisierte stets das, was wir taten, indem ich etwa sagte:»Du hältst die Puppe in deinem Schoß. Das ist meine Hand, und das ist deine Hand«, usw.

Unsere neue Beziehung wirkte sich bald auch auf Frau A. aus (Hartmann 1939, Jacobson 1964, Mahler 1968). Sie hatte einen kleinen Autounfall, als sie Carrie zur Behandlung brachte, angeblich, weil sie sich plötzlich so müde fühlte und nicht aufpaßte; ein andermal kam sie eine Stunde zu früh an. Sie mußte immerzu auf die Toilette meiner Praxis gehen und fand alle möglichen Gründe, um an die Tür des Behandlungszimmers zu klopfen. Es war klar, daß sie sich zurückgestoßen und ausgeschlossen fühlte, weil Carrie sich von ihr ab- und mir zugewandt hatte. Diese Vorgänge in ihrem Seelenleben waren Frau A. unheimlich, doch wies sie die Deutungen ihrer Therapeutin zurück.

Carrie begeisterte sich unterdessen für den Spiegel. Sie zog mich regelmäßig vor ihn hin, und zusammen bewunderten wir dann ihre starken Zähne. Eines Tages wurde sie noch mutiger. Sie steckte ihre Finger in meinen Mund und betastete meine Zähne. Sie kicherte und bohrte in meinem Mund herum. Ich sagte:»Du willst mal sehen, ob ich auch so starke Zähne habe wie du.« Carrie nickte. Von da an hörte sie auf, meine Hand als Teilobjekt zu benutzen. Ich nahm an, daß sie sich noch weitgehender mit mir identifiziert hatte und daß es ihr dadurch gelungen war, weniger primitive Selbst- und Objektrepräsentanzen auszubilden.

Eine ganz neue Phase zeigte sich auch in ihrem Spiel. Sie wollte kochen. Sie holte sich Töpfchen und Pfannen und »kochte« alles mögliche. Auch die Einstellung zu den Bonbons hatte sich gewandelt. Sie nahm immer nur drei Stück, warf eins in den Abfall, legte eins auf den Boden neben sich und »kochte« das dritte, bevor sie aß.

Unsere drei Monate Probezeit waren um, und wir wurden uns einig, daß Carrie weiterhin bei mir bleiben sollte.

Zu Hause wurden ihre Eßgewohnheiten abscheulich. Sie schnüffelte an allem, was ihr angeboten wurde, herum, warf dann etwas auf den Boden, etwas in den Abfall und bequemte sich erst dann, etwas zu essen. Sie schien durch ihr Verhalten die Spaltung zwischen einer absolut guten und absolut bösen Mutter (Spitz 1965) zu symbolisieren. Gleichzeitig schien sie damit Vergiftungsphantasien abzuwehren.

Ihre starke Aggression und Zerstörungswut wurden auch beim Kochen ausgedrückt. Sie zerstückelte kleine Plastikpuppen und kochte sie. Dann wurde ein Plüschaffe damit gefüttert. Aber oft wurde ihr labiles Ich von primärprozeßhaften Vorgängen überflutet. Sie vergaß, was lebendig und was unlebendig war, und fütterte den Spielzeugherd, die offene Tür, Ritzen im Fußboden usw. Ich konnte nicht feststellen, ob es sich hier um eine Regression handelte oder ob sie nie den Unterschied verstanden hatte. Ich deutete alle ihre Handlungen. Zunächst schien sie mich gar nicht zu hören, aber bald fing sie an zu sprechen. Sie mußte also doch alles Vorgefallene internalisiert haben. Sie konnte nun »kochen, Fleischknödel, Spaghetti und Bonbon« sagen. Mich nannte sie »Bonbontante« und kochte mir »Bonbonsuppe«, die ich dann auch essen mußte. Sie fütterte mich mit einem Löffel und sagte voller Genugtuung: »Gut, gut«. Wir spielten also die ganze oral-sadistische Phase durch, aber mittlerweile wurde Carrie nicht mehr von ihrer Zerstörungswut überflutet. Ihr Ich war stärker geworden und konnte nun neutralisierte Energien einsetzen.

Ihre bizarre Körpersprache und Gestik verschwanden nach neun Monaten, obgleich ich diese nie direkt analysiert hatte. Frau A. war ganz erstaunt und auch erschrocken, als sie merkte, wie Carrie sich verändert hatte. Die Teilobjektbeziehung zu mir hatte also ihr heilendes Werk schon getan.

Carrie war jetzt bereit, alle möglichen Spiele und Übungen mitzumachen, die das Körperbild verstärken. Wir sangen zusammen: »Leg die Hand auf die Schulter, auf die Knie« usw. Sie war bald imstande, alle Körperteile zu benennen und anzufassen. Nur wenn es um den Kopf und die Nase ging, setzte ihre Bereitwilligkeit aus. Sie schüttelte oft den Kopf, als ob ihr schwindlig sei. Sie versuchte auch, das Spiegelbild ihres Kopfes zu verprügeln; sie zeigte also deutlich, daß sie ihren Kopf zugleich fürchtete und verabscheute. Ihre Lieblingsbeschäftigung war immer noch das Küchenspiel, was für mich auch bedeutete, gefüttert zu werden. Sie interessierte sich gerade besonders für eine Milchflasche, als mir Frau A. mitteilte, daß sie wieder schwanger sei. Carrie lernte prompt noch mehr Worte: Baby, Windel, Flasche, schwanger, Milch. Als die Geburt des neuen Kindes kurz bevorstand, rief Frau A.s Therapeutin an und bat mich, Carrie auf die baldige Geburt vorzubereiten. Frau A. hatte beschlossen, ein Fläschchen mit saurer Milch zu füllen, um sicherzustellen, daß Carrie entwöhnt bliebe. Sie hatte gehört, daß Kinder manchmal nach der Geburt eines Geschwisterchens regredieren, und wollte dem nun bei Carrie vorbeugen. Frau A. wollte sich von ihrer Therapeutin nicht überzeugen lassen, daß eine solche Maßnahme schädlich sein könnte, sondern bestand darauf, daß Carrie entwöhnt bleiben müßte. Ich beschloß, Carrie zu helfen. Normalerweise hätte ich darauf gewartet, bis Carrie die Flasche von selbst nahm. Aber unter den gegebenen Umständen hielt ich es für besser, hier etwas forcierter vorzugehen. Ich hoffte, daß ich Carrie auf die Geburt des Geschwisterchens vorbereiten konnte und die von der Mutter erwartete Regression mildern oder abwenden konnte. Ich war der Überzeugung, daß Carrie Erinnerungsspuren von befriedigenden Erlebnissen in sich trug, die ich wiederfinden wollte. Ich füllte also die Flasche mit Wasser und erzählte Carrie, daß Babys gern aus Flaschen trinken. Sie hörte sich das bereitwillig an, nahm die Flasche in die Hand und behandelte sie wie eine Puppe. Sie trug sie auf dem Arm, legte sie schlafen, goß das Wasser aus und wieder neues hinein; kurz, sie machte alles, außer daraus trinken. Aber dann konnte sie der Versuchung doch nicht widerstehen. Sie drehte mir den Rücken zu und trank einen Schluck. Mit betont neutraler Stimme sagte ich: »Du hast aus der Flasche getrunken.« Carrie reagierte, als ob ich sie umbringen wollte. Sie warf die Flasche weg, sauste im Zimmer umher, wollte wegrennen und weinte. Während ich verwundert darüber nachdachte, wie traumatisch die Entwöhnung für sie gewesen sein mußte, hob ich die Flasche auf, füllte sie wieder und stellte sie auf den Tisch. Carrie beruhigte sich allmählich, schlich sich an mich heran und setzte einen neuen Einfall in die Tat um. Sie nahm meine Hand, ergriff damit die Flasche und steckte sich den Nippel in den Mund. Durch das Saugen schien sie sich an etwas zu erinnern. Sie griff mit der freien Hand nach mir, kuschelte sich an mich und saugte zufrieden, bis die Flasche leer war. Dann sagte sie: »Liebes Kind.« Ich erwiderte: »Ja, du bist ein liebes Kind.«

Carrie konnte sich also an etwas Befriedigendes erinnern, wie ich es erhofft hatte. Meine Hand als primitives Teilobjekt hatte ihr geholfen, sich vor der Überflutung angsterregender Triebimpulse zu schützen. Auch wenn Carrie noch über keinen ausreichend großen Wortschatz verfügte, um meine Annahme bestätigen zu können, daß sie sich vor Vergiftung fürchtete, zugleich aber den Rachewunsch hatte, *selbst* zu vergiften, so verwiesen doch die gerade beschriebenen Ereignisse meines Erachtens auf die Richtigkeit dieser Hypothese. Diese Wahnvorstellung kam nun in dem Flaschenspiel wieder zum Vorschein. Das Spiel mit der Flasche wurde nun so wichtig wie das Kochen. Manchmal füllte Carrie die Flasche, manchmal mußte ich es tun. Dann wollte sie die Flasche mit mir teilen, aber ich erklärte ihr: »Nein, Erwachsene und große Kinder trinken aus Tassen.« Daraufhin holte sie schnell die Spieltassen und goß mir eine Tasse Wasser ein. Ich mußte viele Tassen Wasser trinken, ehe Carrie sich dazu entschließen konnte, es auch zu versuchen. Das rituelle Wegwerfen eines Teils ihrer Nahrung verschwand, als Carrie ebenfalls aus der Tasse trank. Ich verstand das als ein Zeichen, daß sie sich mit der Entwöhnung abgefunden hatte, denn, getrieben von einem primitiven Wiederholungszwang, hatte sie durch diese Handlung ihren starken oralen Drang, ihre Furcht, verschlungen zu werden und selbst verschlingend zu wirken, und ihre Furcht vor Vergiftung ausgedrückt.

Frau A. war inzwischen hochschwanger. Carrie beschäftigte sich nun mit dicken Bäuchen, Blähungen, Stuhl und Urin. Frau A. war außer sich, aber konnte Carrie nicht davon abhalten. Sie schmierte Knet auf das Hinterteil einer Puppe und versuchte, die Puppe in der Toilette wegzuspülen. Sie brachte auch Wasser ins Behandlungszimmer und wischte den Boden auf. Wenn sie Wasser vergoß, schimpfte sie: »Scheiße!« Sie hatte inzwischen recht gut sprechen gelernt, aber Frau A. beschwerte sich darüber, daß Carrie sich lieber mit mir als mit ihr unterhielt.

Doch tauchten auch, trotz dieser Erfolge, zusätzliche Probleme auf. Carries Hyperkinese wurde schlimmer, und sie tat sich oft weh. Sie verstauchte sich den Knöchel, schlug sich die Lippe auf und mußte nach einem Sturz mit vier Stichen an der Stirn genäht werden. Frau A. beklagte sich, daß sie wieder überhaupt nichts mit Carrie anfangen könne. Carrie packte einfach alles Neue mit viel zuviel Elan an und ohne auf Gefahren achtzugeben, als ob ihr Ich die Aufgabe der Realitätsprüfung noch nicht richtig in den Griff bekommen hätte. Dennoch hatten ihre Spiele während der Sitzungen immer mehr Zusammenhang. Die verschmierte Puppe z. B. wurde gebadet und angezogen. Sie versuchte, das Puppenkind zu wickeln und schlafen zu legen und begann auch, Interesse an Puzzles zu entwickeln. Aber hier zeigte sich, daß sie immer noch Schwierigkeiten hatte, zwischen Belebtem und Unbelebtem zu unterscheiden. Sie schrie nämlich immer »Aua«, wenn sie ein Puzzleteilchen an die richtige Stelle legte. Sensorische Stimulanz wurde ihr wichtig. Sie wollte alles anfühlen und alles über die Eigenschaften von Pelzen, Satin, heißem und kaltem Wasser und kratzender Wolle in Erfahrung bringen. Carrie erforschte regelrecht ihre Umwelt durch den Gefühls- und Tastsinn. Als ihr Brüderchen geboren wurde, ignorierte sie ihn zu Hause. In den Sitzungen dagegen wollte sie nun nur noch mit den Puppen spielen. Doch erst als das Baby drei Monate alt war, wurde Carrie deprimiert. Sie weinte bitterlich, wenn ihr Vater zur Arbeit mußte. Auch mitten am Tag weinte sie und ließ sich nicht von ihrer Mutter trösten.

Der Einbruch der realen Welt in ihr bis dahin grenzenloses Reich, nämlich die Geburt des Bruders, stellte für sie einen unerträglichen Verlust dar. Aber auch die Erkenntnis, zumindest teilweise von der Mutter getrennt zu sein und über den Vater gar keine Kontrolle zu besitzen, war zuviel für sie.

Während einer Sitzung steckte sie ein Stück Papier zwischen ihre Beine und sagte in jämmerlichem Ton: »Das ist nämlich nicht für kleine Mädchen, sondern für Mutters Blut.« Wie erklärt man einer Viereinhalbjährigen die Menstruation? Ich erklärte, daß sich die Mutter nicht weh getan hätte und daß es auf gar keinen Fall Carries Schuld sei, aber sie schrie: »Ich hab's gemacht, ich hab's gemacht.«

Nach einigen ähnlich verlaufenden Sitzungen formte sie aus Knet männliche Gestalten mit riesigen Penissen. Sie verkündete, daß sie »Jungs machen« wolle. Ich betrachtete das als eine Identifikation mit ihrer Mutter. Wir unterhielten uns nun über den anatomischen Geschlechtsunterschied zwischen Mädchen und Jungen. Dabei beschränkte ich mich absichtlich auf das, was sich in der Realität abspielte, denn Carries labiles Ich hätte kaum Triebwünsche wie Penisneid eingliedern können. Carries Verhalten veränderte sich nun wieder ganz drastisch. Sie hatte wohl eine Form früher Kastrationsangst erlebt (Roiphe und Galenson 1981), denn sie wurde nun still und beherrscht, badete ihre Puppe besonders zartfühlend, und ihre Mimik verriet angespannte Aufmerksamkeit. Mir war so viel Ruhe und Passivität in dem sonst so lebhaften Kind unheimlich. Bei unserem monatlichen Treffen war Frau A. aber sehr begeistert von Carries Verwandlung und lobte sie. Carrie war weiterhin so artig, daß sich meine Unruhe noch steigerte, denn diese Veränderung konnte unmöglich allein von der Therapie ausgelöst worden sein. Ich beschloß, mich einzumischen. Ich rief die Therapeutin der Mutter an und fragte sie um Rat. Zunächst wollte sie mir nicht helfen, denn sie meinte, die Familiendynamik und ihre Behandlungsmethoden würden durch eine solche Befragung leiden. Aber endlich informierte sie mich doch. Sie hatte herausgefunden, daß Carrie den Rücken ihrer Mutter nach dem täglichen Bad mit einer Salbe gegen Psoriasis – Frau A.s neuestes Symptom – eincremte. Ich war über diesen Rollentausch nicht glücklich. Carrie brauchte eine Mutter, konnte noch nicht selbst Mutter spielen, ohne sich dabei seelisch zu verausgaben.

Als sie das nächste Mal während der Stunde so liebevoll eine Puppe badete, fragte ich sie, wen sie denn da bade. »Niemand«, antwortete sie. »Wie heißt sie?« wollte ich wissen. Dieses Mal schrie Carrie mich an: »Niemand!« und goß schnell mit einem Eimerchen Wasser auf den Boden. Sie spielte nicht mehr mit den Puppen oder den Puzzles, sondern sauste jedesmal ins Bad, holte Wasser und goß es auf den Boden. Ich sagte ihr, daß mir das gar nicht gefiele und daß sie das wieder aufwischen müsse. Sie kicherte nur und erwiderte: »Nicht naß.«

Das manische Kichern und erregte Rennen wurde nun zum Bestandteil eines neuen Rituals. Ich deutete, daß sie vielleicht auf meinen Fußboden urinieren wollte. Sie überlegte sich das, goß auch weniger Wasser aus, aber ihr Verhalten blieb, wie es war. Merkwürdigerweise beschwerte sich aber Frau A. nicht. Anscheinend beschränkte sich das wahnhafte Verhalten auf die therapeutische Situation. Ich beobachtete gleichzeitig, daß Carrie, während sie das Wasser verschüttete, eigenartige Handbewegungen machte, so als ob sie etwas glattstreichen wollte.

Als Carrie merkte, daß ich nicht ärgerlich war und nur immer wieder versuchte, sie zu verstehen, fing sie wieder an zu singen und zu spielen, aber sie bestand mindestens einmal jede Stunde darauf, Wasser auszugießen.

Inzwischen ging es in meiner Gegenübertragung hoch her. Ich wußte, daß Carrie etwas wollte, konnte aber nicht nachfühlen, was das sein könnte. Langsam wurde mir auch der ewig nasse Fußboden zuviel. Ich kam zu dem Entschluß, daß ich ihr die Wirklichkeit wieder näherbringen mußte. Ich wollte ihr zeigen, daß Wasser in der Tat naß und auch kein Urin, sondern eben Wasser sei. Ich erinnerte mich daran, daß Carries taktile Wahrnehmungsfähigkeit gut ausgeprägt war. Sie hatte durch Berühren viel gelernt, und ihr Wortschatz war mittlerweile dadurch so erweitert worden, daß sie Gefühle durch Worte ausdrücken konnte. Als sie also das nächste Mal mit ihrem Ritual anfing, hob ich sie auf und setzte sie mitten in die Pfütze hinein. Sie schaute verdutzt drein. »Das ist ja naß«, sagte sie. »Ja, du hast recht«, stimmte ich zu. »Dann kann ich auch nicht mehr an den Strand gehen«, sagte Carrie, was mir völlig unverständlich war, und machte sich zum ersten Mal daran, das Wasser aufzuwischen.

Ich hoffte, den Eindruck aggressiver Omnipotenz, den mein drastischer Eingriff mit sich bringen mußte, später einmal durch Deutung bearbeiten zu können. Aber inzwischen berichtete mir Frau A. von einem interessanten Vorfall. Im Sommer ging Carrie gern an den Strand und hatte überhaupt keine Angst vor dem Wasser. Einmal wäre sie aber fast ertrunken und wurde streng bestraft. Ihre Mutter hatte ihr angedroht, daß sie nie mehr an den Strand dürfe, wenn sie nicht endlich lernen würde, daß man nicht ins tiefe Wasser gehen darf.

War Carrie nun in der Behandlung dabei, mir zu zeigen, was sie erfahren hatte? Wollte sie mich ertränken? Wollte sie die Mutter und ihre Warnungen internalisieren? Ich habe es nie erfahren. Das gleiche Symptom trat nur noch einmal auf, als ich in die Ferien ging. Sie glaubte nicht, daß ich wiederkommen würde.

Nach meiner Rückkehr fand ich eine sehr artige Carrie vor, die allerdings davon überzeugt war, daß ihre »Gina« (Vagina) sehr schmutzig sei. Sie spielte nett mit den Puppen und den Puzzles, konnte nun richtig sprechen, war nicht mehr so hyperkinetisch, und ihre bizarre Gestik hatte sich verloren. Sie hatte aber noch

Schwierigkeiten, sich anzupassen, war außerordentlich scheu und brach oft in Wutanfälle aus.

In den Stunden wurde nun »getanzt«. Carrie hüpfte und hopste rhythmisch umher und wartete dann gespannt darauf, daß ich es ihr nachmachte oder sie bewunderte. Wir machten auch Geräusche, die das Hopsen und Hüpfen begleiteten. Wir komponierten komische Lieder und hatten viel Spaß zusammen.

Carrie liebte Musik, und wir sangen alle möglichen Kinderlieder. Ihre Eltern waren entzückt davon und wollten sie in den Kindergarten schicken. Ich fand, daß die Zeit dafür noch nicht reif sei. Carrie konnte sich meiner Meinung nach noch nicht so schnell von der Mutter und ihrer gewohnten Umgebung trennen. Aber Frau A. genoß Carries Lachen, ihre Umarmungen und ihren Gesang. Carrie benahm sich jetzt wie ein normales Kind und sollte daher wie andere Kinder auch in den Kindergarten gehen. Sie brachte Carrie in eine spezielle Gruppe für verhaltensgestörte Kinder. Meine Voraussagen bestätigten sich. Carrie weinte während der ganzen Zeit, als man sie dorthin schickte. Sie klammerte sich verzweifelt an mich und wollte gar nicht mehr nach Hause gehen. Frau A. wurde nun ärgerlich. Carrie mußte bald zur Schule gehen; die Kindergärtnerin fand das auch, und Carrie sollte sich damit abfinden. Das tat sie dann auch. Sie rollte sich zusammen, steckte den Daumen in den Mund und blieb so liegen, bis die Schulleitung diesen Zustand nicht länger tolerieren wollte. Zu Hause benahm sie sich freilich so normal wie vorher.

Frau A. hatte nun genug von Therapie. Sie hörte mit ihrer eigenen Therapie auf und wollte auch Carries abbrechen. Ich versuchte ihr immer wieder zu erklären, daß Carrie noch nicht soweit sei, daß sie noch unterstützt werden müßte und vielleicht ohne Hilfe wieder regredieren würde. Aber vier Jahre Psychotherapie und Tanztherapie für Mutter und Kind hatten das Elternpaar nicht überzeugt. Frau A. gab zwar zu, daß sich Carries Befinden sehr gebessert hatte. Sie konnte ja jetzt sprechen und an der Interaktion in der Familie teilnehmen, sie hatte keine Wahnzustände mehr, kurz, sie sah aus wie jedes andere kleine Mädchen auch. Aber Frau A. fand, daß ich Carrie verwöhnt hatte. Als Beweis führte sie Carries manipulatorischen Rückzug im Kindergarten an.

Schließlich wurde Carrie in einem »Day Treatment Center«* eingeschult. Dort schlug man wieder die Aufnahme einer psychotherapeutischen Behandlung vor, doch die Eltern wollten davon nichts wissen. Bei ihnen hatte sich die Meinung gefestigt, daß Carrie doch an neurologischen Störungen leide, weshalb sie auch einen Arzt suchten, der ihnen recht geben sollte.

Ich mußte mich damit begnügen, daß ich wenigstens einen Teilerfolg erzielt hatte. Carrie war zwar immer noch exzentrisch, aber sie war auch liebenswert. Zumindest hing nicht mehr das Damoklesschwert der Einweisung in eine psychiatrische Anstalt über ihr, wie das am Anfang der Behandlung der Fall gewesen war.

Symbole der mütterlichen Brust bei drei schizophrenen Jugendlichen

Rein vom Lebensalter her gesehen, waren Tom, Marty und Marcia zwar schon Jugendliche, aber in ihrer psychischen Entwicklung hatten sie dieses Alter nie erreicht. Sie waren alle drei in der oralen beziehungsweise symbiotischen Phase fixiert, wurden so häufig von äußeren und intrapsychischen Ereignissen überwältigt, daß sie keine innere Ruhe finden konnten. Es war ihnen auch nie gelungen, ihre Mütter als ganzheitliche, aus dem gestaltlosen Nebel der »Symbiose« hervortretende Objekte zu erfahren. Wichtige Bezugspersonen wurden nur als Nahrungsquellen empfunden, quasi als mütterliche Brust.

Alle drei hatten die gleichen Schwierigkeiten. Sie konnten sich nicht richtig verständlich machen, wußten nicht, wie man sich verbal und körperlich verteidigt, und waren immer verlegen. Sie beklagten sich bitterlich darüber und wollten unbedingt Rock and Roll tanzen lernen, um mit ihren Klassenkameraden mithalten zu können.

Die beiden Jungen hatten nie ganz den Kontakt mit der Wirklichkeit verloren. Sie waren schon in psychotherapeutischer Behandlung gewesen, und manche ihrer Ichfunktionen waren dort wieder aufgebaut worden. Marcia wurde zeitweise von Wahnzuständen und Halluzinationen verfolgt. Alle drei wiesen keinerlei

---

* Ein »Day Treatment Center« ist eine Kombination von Klinik und Schule, in der sich Erziehung und Therapie ergänzen.

körperliche Erkrankungen auf. Die Jungen waren dreizehn und neunzehn Jahre alt, Marcia siebzehn. Trotz des großen Altersunterschieds hatten sie die gleiche Körperhaltung und ähnliche Bewegungsmuster. Sie litten auch an den typischen Kennzeichen psychotischer Angstzustände: unregelmäßiger Atemrhythmus, innere Unruhe, nervöse Zuckungen der Hände und starke Schweißausbrüche. Diese Symptome zeigten sich meist am Anfang und Ende ihrer Therapiestunden.

Sie gingen alle leicht nach vorn gebeugt und hatten einen Rundrücken. Marcias Familie fand das so unangenehm, daß sie einen Spitznamen, nämlich »Witwenbuckel« (»widow's hump«), erfunden hatte. (Dieser Ausdruck weist darauf hin, daß man unbewußt zu einem guten Teil die Ursachen ihrer Krankheit kannte.) Die depressive Schulterhaltung und Rückgratverkrümmung verengten den Brustkorb so, daß nur flaches Atmen möglich war. Die drei waren keineswegs dick, doch hatte sich ein »Rettungsring« um ihre Hüften gelegt, und der Bauch wölbte sich deutlich nach vorne. Ihren Gang konnte man nur als Schlurfen bezeichnen.

Haltung und Gang verbesserten sich bald, nicht nur, weil sich mit wachsendem Selbstbewußtsein auch die Körperhaltung wieder aufrichtete, sondern auch, weil die Beseitigung der pathologischen Brustfixierung es ermöglichte, die Luft als Nahrungsäquivalent in sich aufzunehmen.

Die beiden Jungen standen meist mit überkreuzten Beinen da. Es sah aus, als ob sie unbedingt ihre Geschlechtsorgane schützen wollten, auch wenn sie fast dabei umkippten. Sie machten darüber zwar Witze, verharrten jedoch in dieser Haltung, bis wir in der Behandlung die verborgene Symbolik verstanden hatten.

Marcia starrte oft ganz gebannt auf meine Brüste, schüttelte dann traurig den Kopf und deutete auf ihren eigenen Brustkorb. Mir war nicht klar, ob sie meinte, sie habe keine Brüste, oder ob sie ihren ganzen Oberkörper als unvollkommen und schadhaft empfand. Als ihr später die Ambivalenz gegenüber der introjizierten mütterlichen Brust bewußt wurde, begann sie, über die damit zusammenhängenden Ängste zu sprechen.

Alle drei waren gleichermaßen unfähig, einen Rhythmus zu erkennen oder Musik in Bewegung umzusetzen. Es gelang ihnen nicht einmal, rhythmisch zu klatschen oder zu hüpfen. Anscheinend erlebten sie Rhythmen als bedrohlich, so wie sie auch aus

Gründen der Angstabwehr die Luft nicht tief einatmen durften. Die symbolische Gleichung Muttermilch = Luft = Rhythmus ergab sich deutlich während der Atem- und Entspannungsübungen.

Tom

Tom fand therapeutische Behandlung im allgemeinen und Tanztherapie im besonderen von vornherein widerlich. Die Aufforderung, mich anzuschauen und meine Bewegungen nachzuahmen, weckte in ihm eine Reihe angstbesetzter Vorstellungen, die er mit ausgesprochener Mühelosigkeit schilderte, mit einer solchen Mühelosigkeit freilich, daß einem deren Abwehrfunktion in die Augen springen mußte. Seine außerordentlich hohe Intelligenz und die erstaunliche Fähigkeit, sich auch an die unbedeutendsten Einzelheiten zu erinnern, benutzte er zur Tarnung. Insbesondere wandte er sie gegen mich an, da er nie einer Frau trauen könnte, »die weniger weiß als ein Psychiater«. Er beklagte sich über seine Schulkameraden, gegen deren Angriffe er sich nicht wehren konnte, und wünschte sich, älter zu sein und reif fürs Studium, wo man sicher sein »gutes Denkvermögen schätzen würde«. So redete er lange und monoton, bis er sich endlich genügend abreagiert hatte. Dann konnte er mir auch ins Gesicht schauen und eine Zeitlang geradestehen, ohne die Beine zu überkreuzen.

Tom hatte Musik hören wollen und deshalb die Platte »Love me, love me do« von den Beatles mitgebracht. Aber als wir sie auflegten, wurde er blaß vor Angst. Seine Muskeln verkrampften sich, und er konnte sich nicht mehr bewegen. Ich dachte, daß ich ihm seinen Wunsch zu früh erfüllt hatte. Wenn ich ihn tatsächlich »lieben« würde, wie der Titel aussagt, wäre das natürlich außerordentlich gefährlich für ihn gewesen und hätte seine undifferenzierten Körpergrenzen noch stärker verwischt. Um ihm ein bißchen Mut zu machen, legte ich den Walzer aus »Dornröschen« auf und tanzte dazu einen leichten wiegenden Schritt. Völlig versteinert starrte er mich mit toten Augen an, als ob er sich durch seine Bewegungslosigkeit zum Verschwinden bringen könnte. Er schwankte rückwärts, dann vorwärts und wäre beinahe hingefallen. Er ließ sich nicht beruhigen und schluchzte nur: »Ich bin ein Schwächling. Ich kann überhaupt nichts.« Dabei ballte er seine Fäuste.

Die Drohung von etwas entsetzlich Grauenvollem, das Tom auf mich projiziert hatte, hing noch in der Luft. Deshalb hielt ich es für ratsam, ihn einfach im Kreis herumgehen zu lassen. Indem ich ihm diese leicht zu bewältigende Aufgabe stellte, wollte ich ihn einerseits dazu bringen, die völlig verspannte Muskulatur zu lokkern, und ihm andererseits die Gewißheit verschaffen, daß ich seine Furcht verstehen und akzeptieren konnte. Ich wollte ihn nicht dazu zwingen, sein Verhalten aufzugeben, bevor er nicht selbst dazu bereit war. Er verstand meine nonverbale Botschaft sofort.»Soll ich nicht lieber irgendwas zusammenhauen?« fragte er.»Warum soll ich umherlaufen? Sie denken wohl, ich bin ein Baby!«

Laut schimpfend fing er aber doch an, im Kreis zu laufen. Langsam beruhigte er sich, bis sein Gang wieder elastisch und unverkrampft wurde. Er brachte es sogar fertig, seine Füße beim Gehen wieder abzurollen, obwohl er sie noch immer steif hielt.

Tom hatte den »toten Mann« gespielt und sich selbst zur Bewegungslosigkeit verdammt, als man ihm das geben wollte, worum er bat. Dies hat mich in einen Alarmzustand versetzt und mir drastisch vor Augen geführt, daß in diesem Jungen eine tiefsitzende Verärgerung und Furcht verborgen war, die ausgelöst wurde, wenn er etwas Befriedigendes in sich aufnehmen wollte. Anscheinend war ihm seine Wut und die Notwendigkeit, mit ihr fertig zu werden, wenigstens teilweise bewußt, da er ja die Frage gestellt hatte:»Soll ich nicht was zusammenhauen?« In ähnlicher Weise verriet sich im Modus der Verneinung sein starkes Abhängigkeitsbedürfnis:»Ich bin doch kein Baby!«

Ich mußte also vorsichtig vorgehen und ihm Entspannung verschaffen, ohne es zu Panikzuständen kommen zu lassen.

Auch wie Tom auf den Walzer reagiert hatte, war lehrreich, wenn auch nicht so dramatisch. Es gelang ihm ganz gut, meine Schrittfolge nachzuahmen, und bald tanzte er träumerisch und synchron mit mir. Er kopierte auch kleine Fehler meinerseits, die ich absichtlich einfließen ließ, um zu sehen, ob er sich an mir oder an der Musik orientierte. Er imitierte also mein Bewegungsmuster. Ich betrachtete diese erste Identifizierung als ein gutes Zeichen. Er hatte mir Vertrauen geschenkt, so daß ich auf eine Intensivierung der Übertragungsbeziehung hoffen konnte. Es war zwar nur eine Kleinigkeit, die er hierbei erlernt hatte, aber auch ein

Baby lernt ja etwas über Körper und Bewegung, während es in den Armen der Mutter liegt, bis es später die vielen Einzelwahrnehmungen zu einer Einheit integriert.

Unsere Arbeit machte nur langsam Fortschritte. Zunächst hatte Tom immer Angst, wenn ihm etwas gelang oder wenn ich versuchte, mich in seine Welt einzufühlen. Ich bot ihm viele körperbildfördernde Übungen an. Wir spielten »angel in the snow« (Engel im Schnee; wenn man seine Arme und Beine weit ausbreitet und sich in den Schnee legt, hinterläßt man einen engelähnlichen Umriß). Die *ports de bras* vom Ballett gefielen Tom besonders. Er konnte sie bald gut nachahmen. Aber gewisse Bedingungen mußten erfüllt werden, ehe Tom mich imitieren konnte. Die Musik mußte sanft und leise bleiben, und meine Bewegungen mußten flüssig und raumgreifend sein, sonst wurde Tom unruhig. Die Imitation symbolisierte eine Art Selbstaufgabe, die aber zugleich auch eine Vorstufe der Identifizierung war.

Wir benützten einen großen Ball, der Handgriffe hatte und auf dem man durch die Gegend hüpfen konnte. Tom klammerte sich ängstlich an die Handgriffe und wagte kaum, den Ball in Bewegung zu setzen. Ich mußte ihm erst beibringen, wie man seine Oberschenkel richtig einsetzt und die natürliche Elastizität des Balles ausnutzt, um ihn voranschnellen zu lassen. Als er das gelernt hatte, versuchte er, höher und höher zu springen. Einmal stieß er mich dabei um und war sofort außer sich: »Habe ich Ihnen weh getan? Haben Sie sich etwas gebrochen?« Ich zeigte ihm, daß mir nichts passiert war, vergaß aber nicht zu erwähnen, daß er inzwischen doch recht kräftig geworden sei.

»Kräftig? Ich? Das kann doch nicht wahr sein. Ich habe Sie nur umgeworfen, weil mir das Ungeheuer geholfen hat. Das Ungeheuer ist nämlich sehr stark.«

Der Ball hatte nun also einen Namen. Er hieß »Ungeheuer«. Toms Beziehung zu dem Ball veränderte sich nach dieser Taufe. Er streichelte den Ball, stützte sich auf ihn, umarmte ihn und leckte ihn sogar ab. Er benahm sich tatsächlich so, als ob der Ball ihm Kraft gebe. Schließlich kam ihm eine neue Idee. Er spielte Cowboy, benutzte den Ball als Pferd und schwang ein unsichtbares Lasso über seinen Kopf. Er führte vor mir ein Rodeo auf und hatte zum ersten Mal Freude an seinem Spiel. Am Ende der Stunde fragte er mich: »Sie haben mir doch nichts vorgemacht? Sind Sie wirklich gefallen, weil ich Sie angestoßen habe?« Ich bejahte seine Frage. Sein Überschwang verflüchtete sich augenblicklich. Er bückte sich, um seine Schnürsenkel zu binden, rieb sich die Hände und schnitt Grimassen. Er konnte sich offensichtlich nicht zum Gehen entschließen. Ich sagte ihm meine Vermutung: »Du willst nicht nach Hause gehen.« Er wurde noch geknickter. »Ich habe doch überhaupt keine Kraft da draußen«, murmelte er. Dann zog er mit gesenktem Kopf ab.

Kleinkinder balgen sich gern mit ihrer Mutter. Toms Spiel mit seinem Ungeheuer sah ähnlich aus. Ich hatte ihn vorher nie so spontan und fröhlich gesehen. Aber war seine Mutter für ihn tatsächlich ein »Ungeheuer«? Er hatte den Ball wie eine Brust geknetet, gestreichelt und abgeleckt. Also war für ihn die mütterliche Brust zum Ungeheuer geworden, das ihn nicht befriedigte, sondern bedrohte.

Mein stillschweigendes Einverständnis mit seiner Wild-West-Show hatte ihn beflügelt, und er konnte sich nun endlich erlauben, seinen phallischen und exhibitionistischen Trieben zu folgen. Er wurde ein »großer Junge«, der sich ruhig erlauben konnte, ein wenig aufzutrumpfen. Aber leider gelang ihm das vorläufig nur in der Behandlungsstunde, denn er erwartete immer noch eine magische Erfüllung seiner Wünsche.

In den darauffolgenden Stunden beschäftigte er sich am liebsten mit dem Ball. Tom stellte fest, daß der Gummi zwar weich, aber auch widerstandsfähig war. Das ließ ihm keine Ruhe, und er fragte oft: »Wie kommt denn das? Weich heißt doch schwach, aber das Ungeheuer ist weich und kann mich doch tragen.« Er kniff mir in den Arm, tastete seine eigenen mageren Oberarme ab und kam endlich zu dem Schluß, daß auch wir beide zwar weich, aber auch stark seien.

Während dieser Untersuchungen verfeinerte und verbesserte sich auch Toms Rhythmusgefühl. Er war imstande, Gehörtes rhythmisch genau in Bewegung umzusetzen. Er war zu Anfang einer Sitzung auch nicht mehr so nervös und ängstlich, wollte sich aber an deren Ende nicht von mir trennen. Ich konnte ihm das gut nachfühlen, denn nur während seiner Stunden fühlte er sich beschützt und magisch gestärkt.

Er wollte nun Kriegstänze lernen und suchte sich afrikanische Trommelmusik aus. Die Oberschenkel werden bei solchen Tänzen sehr beansprucht, und Tom machte auch prompt schlapp, aber er lernte, die versteifte untere Rückenpartie zu kräftigen und beweglicher zu machen, seinen Oberkörper leicht nach vorn zu neigen und von dieser Haltung ausgehend zu improvisieren. Tom machte es großen Spaß, Jagdtänze, Triumphtänze und Kriegstänze auszuführen, die alle mit weitgeöffneter, gebeugter Beinstellung getanzt wurden. Er imitierte auch Karatemeister, Diskuswerfer und Krieger, weigerte sich jedoch, seine Choreographie allein zu tanzen. Ich mußte jeden Schritt mitmachen. Er hörte oft mitten in der Bewegung auf und verlangte, korrigiert zu werden. Ich sagte dann immer wieder: »Das ist doch *dein* Tanz. Wir machen das so, wie *du* willst, ich zeige dir nur, wie man seine Muskeln besser gebrauchen kann.« Aber er wollte nicht Choreograph, also der Führer sein, er wollte nur, daß wir uns gleichzeitig und völlig synchron bewegten. Was er verlangte, war eine Bewegungssymbiose. Die positive Übertragung war nicht zu übersehen, doch enthielt sie auch unterschwellig einen negativen Aspekt, denn Tom wollte mich kontrollieren und nicht aus den Augen lassen. Ich durfte nichts aus eigener Initiative tun, sondern hatte nur als sein Spiegelbild, das seine neugewonnene Stärke bekräftigte, eine Daseinsberechtigung.

Der Ball wurde jetzt nicht mehr wie ein menschenähnliches Wesen behandelt. Er diente ihm als Pferd, Streitwagen oder manchmal als Geschoß. Der Ball machte beim Aufprall einen lauten Knall. Davor hatte Tom zunächst einmal Angst, die er aber bald überwand. Er fragte oft: »Geht der Fußboden davon kaputt? Zerbrechen die Wände?« Schließlich sagte er mir, daß er sich eigentlich vor körperlicher Zerstörung fürchtete. Er fragte mich, ob sein Körper eines Tages wohl auseinanderbrechen würde. Seine ganze Welt drohte zu zerbrechen. Er trommelte mit den Fäusten auf die Wände und stampfte mit den Füßen auf den Fußboden, um deren Stabilität zu testen. Er bat mich, seinen Eltern zu sagen, daß er einen Sandsack brauche, um sich abzuhärten. Zu Anfang jeder Stunde drehte er viele Male das Licht an und aus. Er wollte es »überprüfen«. Aber seine Maßnahmen halfen ihm nicht. Seine Scheinwelt, die Welt, die er sich bei mir aufgebaut hatte, war nun doch in Gefahr, denn sie war ja nichts anderes als eine Projektion seiner seelischen Kämpfe. Er bekam Weltzerstörungsphantasien, die er gegen seine eigene Person richtete. Als die überschäumende

Erregung ihren Höhepunkt erreicht hatte, mußte Tom sie ausagieren. Er legte einen abgenutzten, zerbeulten Hut auf den Boden und machte ihn kaputt, indem er mit dem Ball darauf herumritt. »Ich hab ihn umgebracht«, verkündete er. Ich antwortete: »Du denkst, daß du ihn umgebracht hast?«
»Was ist schon der Tod?« philosophierte Tom. »Wenn ich meinen Atem anhalte, werde ich ohnmächtig. Vielleicht sterbe ich sogar. Oder vielleicht bekomme ich einen Gehirnschaden vom Atemanhalten. Meine Mutter denkt sowieso, daß ich einen Gehirnschaden habe, weil ich mich so verrückt benehme.«

Danach wollte er mir vorführen, wie lange er seinen Atem anhalten konnte. Er hatte das »bei den Jungs« gelernt. »Die Jungs« waren eine Gruppe, die ihn manchmal bei ihren Spielen mitmachen ließen, ihn aber auch grausam beleidigten und ihn »verrückt« nannten.

Ich schlug statt dessen vor, daß wir zusammen Atemübungen vor dem geöffneten Fenster machen sollten, also genau das Gegenteil von dem, was er ursprünglich wollte. Während der Übung erzählte er mir, daß man beim Atemanhalten die Besinnung verliert, daß dann alles schwarz wird, auch wenn man dabei im Bett liegt und man in ein schwarzes Loch fällt, das wie der Tod sei.

Er beschrieb alle seine oralen Phantasien und regressiven Zwangsvorstellungen. War also der Hut, den er da »umgebracht« hatte, ein Symbol der mütterlichen Brust, die er als abstoßend und sich verweigernd empfunden hatte? Tatsächlich hatte Toms Mutter nie geglaubt, daß er unter Schizophrenie litt. Ihrer Meinung nach hatte er irgendeinen undefinierbaren Gehirnschaden, denn sie hatte beobachtet, daß er schon als Kleinkind sonderbar war.

Nachdem er sich mir nun offenbart hatte, wurde Tom allmählich ruhiger. Er sog tief die Luft am offenen Fenster ein und bemerkte: »Mein Gehirn sollte sich wirklich nicht immerzu mit meinem Körper streiten.«

Nach dieser kathartischen Sitzung sprach er nie mehr über Weltuntergangsphantasien oder über seine Befürchtungen, daß Wände und Fußboden zerbrechen könnten. Seine Ängste waren im Grunde genommen Widerstände gegen noch abgründigere Vorstellungen, die jedoch noch nicht vollständig zur Oberfläche gelangt waren.

Tom fing jetzt wieder an, spontan kleine Kriegstänze aufzuführen, wobei er glatte, weiche Plastikkissen miteinbezog. Wenn er sie bearbeitete, verschwand sein unbeholfenes Bewegungsmuster. Er war mit Leib und Seele dabei. Er suchte sich das größte Kissen aus und versuchte immer wieder, es zu durchbohren. Es gelang ihm aber nicht. Er hatte völlig vergessen, daß er in diesem Raum nicht allein war. Er sprang auf das Kissen, kratzte es und trommelte darauf herum. Endlich drehte er sich doch nach mir um, schien mich aber nicht zu sehen. Er sagte entsetzt: »Ich dachte, es würde platzen. Aber es geht nicht. Es weist mich einfach ab.« Dann fing er an zu zittern, und es sah so aus, als ob er gleich anfangen würde zu weinen. Aber es kamen keine Tränen. Statt dessen bat er um ein Glas Wasser. Ich gab ihm eins, das er gierig austrank. Ich legte Brahms *Wiegenlied* auf, um ihn zu beruhigen. Er stellte vorsichtig das leere Glas hin, kam zu mir und wiegte mich. Er zeigte mir dadurch, was für eine Mutter er haben wollte, als er noch ein kleines, hilfloses Baby war.

Die Sommerferien standen vor der Tür. In den letzten Wochen machte Tom noch viele Fortschritte. Eines Tages ging das Kissen, das er weiterhin traktierte, doch entzwei, was Tom keineswegs bedauerte. Er wandte sich mir zu und grinste: »Sie könnten glatt der Pillsbury Doughboy (Reklame, die ein beleibtes Männlein zeigt) sein, Ihre Brust ist so rund.« Ich antwortete: »Aber Jungen haben doch keine Brust wie ich.« – »Na, klar. Sie sind doch eine Frau«, sagte er und wurde rot. Ich war also kein Teilobjekt mehr für ihn, sondern eine Frau mit einer Brust. In der Behandlung gelang es Tom, seine präödipalen Fixierungen durchzuarbeiten. Er betrachtete die Mutterbrust als Feind, an der er seine Frustration und Wut austoben wollte. Muskelpanzerung statt psychischer Verdrängung war das Resultat seiner Störung. Die Panzerung versteinerte ihn sozusagen und hinderte ihn daran, Selbst- und Objektrepräsentanzen in ihrer Ganzheit zu erfahren. Nachdem seine starke Aggression durch die Übertragung zu mir als hilfreichem Teilobjekt durchgearbeitet worden war, wurde Toms Haltung entspannter und er konnte mit mir wie mit seiner Umwelt adäquater und gelöster umgehen.

Marty

Als Marty mit neunzehn zu mir in Behandlung kam, schien er auf den ersten Blick selbstbewußt und gelassen zu sein. Er gab sich wie ein Sportler, hatte stark ausgeprägte Bizepse und die Oberschenkel eines Fußballspielers, aber er zog die Schultern so hoch, daß sein ohnehin schon kurzer Hals noch kürzer erschien. Zur ersten Sitzung brachte er ein Heft mit seinen Gedichten mit, für die er von einem früheren Therapeuten und von seinem Englischlehrer gelobt worden war. Statt eines langgliedrigen, schlaksigen Jungen wie Tom hatte ich in Marty einen gedrungenen, stämmigen Burschen vor mir, doch mir fiel auf, daß er genauso dastand wie Tom. Das linke Bein war stark nach außen gedreht, und der Fuß ruhte in derselben verschraubten Haltung auf dem Boden. Das rechte Bein überkreuzte das andere in Kniehöhe, wodurch die Genitalien verborgen wurden. Bemerkenswerterweise war das Gewicht nicht verlagert worden, um eine solche Stellung in ein stabiles Gleichgewicht zu bringen. Er merkte sofort, daß ich seine Haltung beobachtete, und korrigierte sie. Er stellte sich nun normal hin und sagte: »Meine Hosen sind ein bißchen eng. Das nächste Mal ziehe ich mir weitere an.« Er ahnte also, daß seine Haltung etwas abzuwehren bezweckte.

Wir stürzten uns sofort in einfache Bewegungsübungen, aber mit wenig Erfolg. Obwohl der Muskelprotz ein passionierter Leichtathlet war und regelmäßig in einem Sportstudio trainierte, konnte er kaum die Arme über den Kopf strecken und fing vor Angst an zu schwitzen, wenn wir die Arme weit öffneten oder die Beine hochschwangen. Er konnte zwar Rhythmen nachtrommeln, aber er war unfähig, die gleichen Rhythmen in Tanzschritte umzusetzen. Sein Bewegungsmuster war ruckhaft. Es sah aus, als ob jede Bewegung nur mit Gewalt zustande kommen und durch seine kräftige Muskulatur eher verhindert als gefördert wurde. Er ging ohne Schwierigkeiten auf den Zehenspitzen und hielt ein *relevé* lange aus. Sein ganzer Körper war steif und erinnerte mich an die zeitweilige »Versteinerung«, die auch bei Tom zu zu beobachten gewesen war.

Schon in der ersten Stunde hatte Marty viele Wünsche. Er wollte auf gar keinen Fall »so 'n Ballettzeug« mitmachen, wollte aber doch an der Ballettstange *grands battements* üben. Er fand meine *grands battements* »messerscharf« und wollte das gern nachahmen. Er beklagte sich über seine Haltung und über seinen Gang und hätte das am liebsten sofort geändert. Das Wichtigste war aber, so schnell wie möglich Rock'n Roll tanzen zu lernen. Als er diese Wünsche hervorbrachte, wurde er immer aufgeregter und errötete. Er erwartete nichts anderes als eine scharfe Zurückweisung dieser so vehement vorgetragenen Wünsche. Ich bestätigte, daß ich seine Wünsche vernommen hatte, versprach ihm aber nicht, sie zu erfüllen. Seine aggressive Gier war so offensichtlich, daß ich sie nicht gleich in der ersten Stunde ansprechen wollte. Zuerst mußte seine Muskelpanzerung behandelt werden. Wie bei Tom auch, war das eine Abwehr gegen neue und eventuell beunruhigende Erfahrungen. Wir fingen daher jede Stunde mit autogenem Training und mit den Atemübungen von Schwimmern an. Marty fiel es leicht, sich dabei zu entspannen. Aber statt müde zu werden, sprang er immer auf und verkündete: »Jetzt ist's genug. Jetzt wollen wir tanzen.«

Er versäumte auch nie, seine Bitte um »Musik zum Kicken« zu wiederholen. Das hieß, er wollte *grands battements* üben. Sie wollten ihm jedoch nicht gelingen. Er starrte mich wie gebannt an, hielt sich krampfhaft an der Stange fest, brachte es aber nicht fertig, seinen Oberkörper aufrecht zu halten oder seine Knie zu strecken. Nur während dieser Übung konnte er mich direkt ansehen. Meistens guckte er nur in den Spiegel, wenn er mich beobachten wollte, um so eine neue Bewegungsform zu lernen. Wenn ich ihn darum bat, meine Übungen nachzumachen oder von sich aus etwas vorzuführen, drehte er mir den Rücken zu und hielt sich krampfhaft an der Stange fest. Alle Kombinationen, auch die, die man eigentlich in der Mitte des Raumes üben soll, wollte er unbedingt an der Stange ausführen.

Trotzdem lernte er viel. Theoretisch stellte ich mir während dieser Phase vor, daß Marty mich als Partialobjekt empfand, also als die zerstörende, gefährliche mütterliche Brust. Daß es ihm unmöglich war, die »messerscharfen«, aggressiven *grands battements* auszuführen, war ein weiterer Beleg dafür, daß er vorläufig noch nicht alle menschlichen Gefühle erkennen konnte und daß ihm darum die volle Bandbreite menschlicher Beziehungen entging. *Arabesques* zu machen oder auf mich zuzuschreiten gelang ihm genausowenig. Es war, als ob er mich verschlingen wollte oder Angst hätte, von mir verschlungen zu werden. Das Wort »verschlingen« war besonders angebracht, weil Marty während der Stunden den Mund immer ein bißchen öffnete und regelrecht sabberte, bis seine Angstgefühle so stark wurden, daß seine Muskeln anfingen zu zittern. Dann riß er sich förmlich zusammen, indem er seine Muskulatur versteifte.

Ein ermunterndes Wort von mir, zum Beispiel »Es ist doch okay«, oder auch nur ein leichter Klaps auf die Schulter halfen ihm. Aber mehr als das konnte er nicht vertragen. Wirkliche Sympathie erschien ihm gefährlich.

Einmal, nachdem wir mehrere Monate lang sehr intensiv gearbeitet hatten, war Marty völlig deprimiert, als er zur Stunde kam. Er hatte seinen besten Freund verloren. Warum? Zusammen waren sie in eine Bar gegangen, um 'ne Menge Bier zu trinken und um »ein paar Tussis anzumachen«. Marty hatte einige »schlimme« Worte fallenlassen und seinen Freund verärgert. Er war völlig verzweifelt und ließ sich nicht von dem Gedanken abbringen, daß er nun ganz allein sei. Er wollte mir auch weder erzählen, was denn wirklich vorgefallen war, noch schien er sich daran erinnern zu können, daß er nicht allein war, sondern eine große und im allgemeinen liebevolle Familie hatte.

Er schritt zerstreut im Raum umher. Sein Gesicht war aufgedunsen und verzerrt. Endlich hatte er eine Idee: Wie wär's mit der »Musik zum Kicken«? Könnte er vielleicht über seinen Freund und den Vorfall tanzen?

Marty legte eine Hand auf die Stange, zog sich hoch und stellte sich in der zweiten Position hin. Er war zweifelsohne angriffsbereit. Die Musik spielte laut, lud geradezu dazu ein, sich aggressiv auszutoben. Marty stand still wie ein Denkmal, nur eine leichte Röte zog sich langsam an seinem Hals hoch. Die Musik spielte ein Crescendo. Marty stand immer noch stocksteif. Ein krampfhaftes Zittern, wie Lowen (1967) es beschrieb, durchzuckte seine Waden, sonst geschah nichts. Die Musik kam zum letzten, bekannten Tremolo. Marty streckte seinen Arm aus, zeigte in die Ecke und sagte anklagend: »Schäm dich, schäm dich.« Er fing an zu weinen und schluchzte: »Ich kann es nicht. Mir ist alles egal. Ich brauch ihn überhaupt nicht.« Seine Schultern waren noch weiter hochgezogen als gewöhnlich, wodurch sein Hals so verkürzt wurde, daß er fast unter seinem aufgedunsenen Gesicht verschwand. Er sah tatsächlich wie eine Schildkröte aus, die sich in ihrem Panzer verstecken will. Eine Intervention war dringend erforderlich.

»Hier sind Sie sicher, Marty«, sagte ich und legte die gleiche Musik noch einmal auf. Marty verstand sofort. Er hämmerte voller

Wut gegen die Wand, als ob er die ganze Welt zusammenschlagen wollte. Er hörte gleichzeitig mit der Musik auf. »Noch einmal«, sagte er dann. »Ich will jetzt kicken.« Dieses Mal hatte er keine Schwierigkeiten mit den *grands battements*. Sie flogen förmlich in den Raum, waren »messerscharf« und rhythmisch.

Nach dieser Therapiestunde ging Marty mit aufrechter Körperhaltung und entspannt nach Hause.

Als Marty, diesmal eine Schildkröte ohne Panzer, wiederkam, waren Schultern und Rückgrat immer noch entspannt, aber er ließ den Kopf hängen. Er wollte meine Hand halten, als ob er demütig Abbitte leisten müßte.

»Sie haben mir nicht weh getan«, erwiderte ich auf seine wortlose Frage. »Ich war auch gar nicht böse auf Sie«, antwortete er. Ich wiederholte: »Mir geht's gut. Sie haben mir nicht weh getan.« Daraufhin war es Marty möglich, mir alles über seinen Freund zu erzählen. Er hatte seinen Freund beschimpft, hatte ihm gewünscht, daß die Vietcong ihn verstümmeln würden, weil er ihn einen »Drückeberger« genannt hatte. Außerdem wüßte ich doch sicher von seinen schrecklichen Träumen?

Hier stießen wir also wieder auf seine magischen Vorstellungen, auf seinen Glauben, daß seine tödlichen Wünsche sich verwirklichen würden.

Er war darüber erstaunt, daß ich nichts von seinen nächtlichen Träumen wußte. Er lief um mich herum und inspizierte mich nachdenklich. »Sie können das wirklich nicht in meinen Muskeln lesen?« Er lief darauf noch einmal um mich herum.

»Warum nicht?«

»Ich bin kein Zauberer«, erklärte ich.

»Aber Sie wissen doch, wenn ich wütend bin oder wenn ich mich schlecht fühle. Sie wissen, wann ich weinen soll und wann ich tiefer atmen muß.«

Als Antwort stellte ich ihn vor den Spiegel und führte ein paar seiner typischen Körperhaltungen vor. »Ich weiß, wie Sie sich fühlen, weil sich das bei mir genauso anfühlt wie bei Ihnen«, sagte ich ihm. »Kopf hoch«, ermunterte er nun sich selbst. »So sehe ich größer aus.«

Von da an brachte Marty seine eigenen Platten mit. Er liebte besonders B. B. King. Das innige Wehklagen über betrogene Männer und treulose Frauen ging Marty nahe. Er bemerkte: »B. B. King versteht so etwas genauso wie Sie.« »Verstehen« hieß für Marty, daß jemand ein Gefühl intuitiv erfassen konnte.

Unsere Stunden sahen nun mehr oder weniger wie Kurse für modernen Jazztanz aus. Wir stolzierten umher, zogen unsere Schultern hoch und ließen unsere Hüften kreisen. Marty hatte damit keine Schwierigkeiten. Er fing sogar an, ein wenig zu improvisieren. Nur fühlte er sich immer noch in der Hüftgegend gehemmt. Er gab an, daß die Mädchen, die er in Bars kennenlernte, seine Tanzkünste bewunderten, aber ihn nicht als »boyfriend« haben wollten. Als er mir das erzählte, himmelte er mich ganz offen an. Bald brachte er mir kleine Geschenke und schrieb mir Gedichte.

»Sie möchten eine Freundin haben, die so ist wie ich«, deutete ich endlich, als ich wieder einmal ein Geschenk sanft zurückweisen mußte. Dabei sah er wie ein kleiner, verlegener Schuljunge aus, gar nicht wie ein junger Mann, der sich auf das Leben vorbereitet.

Er nahm die Deutung genauso demütig auf, wie er mir seine Geschenke und Tänze entgegengebracht hatte. Allerdings konnte er nun in Worten artikulieren, daß er Angst vor der offenen Mitte des Raumes hatte und lieber an der Stange arbeiten wollte. Er machte weiterhin fleißig seine Übungen. Seine Muskulatur sah nun nicht mehr so verkrampft aus, er war gelöst und körperlich harmonisch. Auch sein Atemmuster vertiefte sich. Aber bald wirkte sich das fortgesetzte Wehklagen des Blues als Begleitmusik hemmend auf den Behandlungsfortschritt aus. Marty fühlte sich meiner Meinung nach viel zu wohl in dieser imaginären Welt voller Untreue und Machtlosigkeit. Er reagierte körperlich auf die Musik so, als ob es sich um seine eigenen Wunden handelte, aber es blieb alles leer und ohne Spontaneität.

In der nächsten Stunde legte ich »Schwanensee« auf. Marty hörte erstaunt zu und verbeugte sich dann im klassischen Stil vor mir. Wollte er der Prinz für mich als Schwanenkönigin sein? Er schien meine Gedanken zu lesen und fing an, seine Version dieses bekannten Balletts zu improvisieren. Dann hielt er mir seine Hand hin. Ich reagierte ernst und voller Würde. Wir tanzten miteinander in vollendeter Harmonie: *chassé, chassé, assemblé, assemblé* und dann den Walzer. Indem wir perfekt auf die Musik und aufeinander eingingen, verschmolzen wir für diese kurze Zeit zu einer Einheit.

Danach konnte Marty sich kaum von mir trennen. Als er dann schließlich doch nach Hause gegangen war, machte ich mir Gedanken darüber, ob er so viel Nähe und Symbiose vertragen würde. Ich mußte nicht lange warten, denn er rief noch am selben Tag an. Er wollte nicht mehr kommen, ihm war schwindlig, er fühlte sich schlecht und müßte sich gleich erbrechen. Das Verschmelzen während des harmonischen Tanzes war für ihn ein kannibalistisches Verschlingen gewesen, darum der Brechreiz.

Ich sagte ihm geradeheraus, daß man nicht am Telefon eine Therapie abbricht, daß man das persönlich tut. Das konnte er verstehen. Er kam mit aufgedunsenem Gesicht angeschlichen. Offensichtlich erwartete er Bestrafung, vielleicht sogar eine Hinrichtung für seine Kühnheit. Schließlich hatte er zweimal versucht, mich symbolisch zu töten, einmal in der Verschmelzung und einmal am Telefon. Er setzte sich auf die Erde; Tränen standen ihm in den Augen. Endlich erzählte er mir einen Traum: Er sei durch den leeren Raum gewirbelt, bis er auf einer Bergspitze zerschmettert worden sei. »Ungefähr so?« fragte ich und drehte mich um mich selbst wie ein Derwisch. Widerwillig versuchte Marty es auch, aber ohne Erfolg. Er konnte sich nicht ein einziges Mal um sich selbst drehen. Aber er fand, daß er das doch lernen sollte, und wir setzten die Therapie fort. Nach einigen Monaten konnte er sich dann auch drehen, und zwar in jeder Stellung, mit gebeugten Knien, mit steifen Armen, was man sich nur vorstellen kann. Eines Tages fiel er erschöpft zu Boden. Aber statt sich auszustrecken, rollte er sich zusammen wie ein Fötus. »Ich bin durstig«, wimmerte er. Ich brachte ihm Wasser, das er gierig trank. Dann legte er seinen Kopf in meinen Schoß.

Endlich hatte er den Fixierungspunkt erreicht und konnte nun erfahren, daß ihn keine feindliche Brust-Bergspitze zerstören wollte, sondern daß seine Umwelt ihn schätzte und ihn liebevoll unterstützte.

Marcia

Marcias Krankheitsbild war wesentlich augenfälliger als das der Jungen. Sie war seit einiger Zeit nicht mehr in der Lage, am Unterricht einer öffentlichen Schule teilzunehmen. Weil die Eltern sie nicht in einer Nervenheilanstalt unterbringen wollten, war ihre Ausbildung mit der achten Klasse abgebrochen worden. Sie wurde von einem psychoanalytisch orientierten Psychiater behandelt, der Tanztherapie empfahl. Ihre bizarre Körperhaltung und unharmonischen Bewegungen sollten dadurch behoben werden. Man hoffte auch, daß ihr gesamtes Körperbild sich festigen würde. Der Psychiater war der Meinung, daß er Marcia nicht mehr helfen könne. Marcia selbst schien sich gar keine Gedanken wegen ihrer enorm großen Brüste zu machen.

Marcias Familie konnte sich mit der Diagnose »Schizophrenie« nicht abfinden und zog es vor, sie als geistig behindert zu betrachten. Aber zu Beginn ihrer Psychose konnte der Psychologe in der Schule noch einen IQ von 97 feststellen. Marcia war damals in der fünften Klasse, und es war ihr war schon seit zwei Jahren unmöglich, dem Unterricht richtig zu folgen.

Die Eltern hatten sich einer örtlichen Vereinigung angeschlossen, die sich um geistig behinderte Kinder kümmerte. Marcia nahm regelmäßig an den unter der Schirmherrschaft dieser Organisation alle zwei Monate stattfindenden Tanzvergnügen teil. Sie hörte dort Rock-and-Roll-Musik und war begeistert davon. Trotz ihrer Schwerfälligkeit lernte sie alle neuen Schritte sofort. Die Beatles waren ihre Idole. Sie konnte sämtliche Beatles-Lieder singen und hörte zu Hause stundenlang deren Platten.

Bei den anderen Mitgliedern der Gruppe war sie gar nicht beliebt, da sie sich in zumeist zutreffenden und ätzenden Kommentaren über die Schwächen und Behinderungen der anderen lustig machte. Sie fand die anderen häßlich, gemein und zurückgeblieben, wodurch sie jedoch nur die Wut auf ihre Mutter an ihren bedauernswerten Gefährten ausließ. Ihre Frustration bekam jeder zu spüren, der ihr über den Weg lief. Der Gedanke, in mir eine beständige Tanzpartnerin zu bekommen, gefiel Marcia. Beim ersten Zusammentreffen umarmte sie mich gleich und fragte mich, ob sie mich mit meinem Vornamen ansprechen dürfe. Sie benahm sich im großen und ganzen wie ein kleines Kind zu Weihnachten, das sich über all die Geschenke freut, zugleich aber von der Befürchtung gepeinigt wird, sie könnten alle wieder verschwinden. Als sie auf ihre Lieblingsplatte »Shake it up, baby«, die sie mitgebracht hatte, tanzte, stellte ich fest, daß sie ihre Beine bewegte, als wären keine Kniegelenke vorhanden. Auch zeigte sich eine ähnlich geartete Versteifung ihrer Handgelenke, die aber durch gelegentliches Ausschütteln der Hände aufgelockert wurde. Wenn sie sich aufregte, kreuzte sie ihre Finger und legte sie so übereinander, daß sie ein Dreieck bildeten. Dann stieß sie diese merkwürdige Fingerstellung ein paar Mal rhythmisch in die Gegend von Brust und Vagina, ohne freilich dort den Körper wirklich zu berühren. Ihr schlurfender, die rechte Seite betonender Gang verstärkte noch den Eindruck, daß man eine alte Frau vor sich hatte, den ja schon ihr »Witwenbuckel« vermittelt hatte. Weil sie so schlecht laufen konnte, fingen wir unsere Arbeit auf dem Fußboden an. Im Sitzen lernte Marcia das *port de bras* und erarbeitete sich ein rudimentäres Raumgefühl. Sie lernte oben, unten und die Seiten kennen. Weil sie Musik so sehr schätzte, benutzte ich Walzermusik von Strauß. Im Stehen konnte Marcia nicht einen Tanzschritt ausführen, ohne über ihre Füße zu stolpern, aber wenn sie mir die Arme um den Hals legen und den Kopf an meine Schulter lehnen durfte, ging alles glatt. Sie lernte durch Körperkontakt – wie ein Baby. Zunächst blieb davon nichts haften. Sie war zwar nach solchen symbiotischen Tänzen entspannt, konnte sich aber nicht an die Schritte erinnern. Wenn sie so entspannt und ruhig dastand, sah sie wie ein sattes und zufriedenes Kind aus, das sich der Mutter zuliebe alles gefallen läßt. Die Behandlung schritt gut voran, aber Marcia hatte enorme Schwierigkeiten, wenn es ans Rennen oder Springen ging. Nachdem es ihr dann doch gelungen war, unbeholfen über ein Hindernis zu springen, sagte sie mir, warum das so schwer für sie war. Sie zeigte auf ihre Brüste und sagte: »Das ist mir viel zu persönlich. Das schwabbelt so. Man darf das nicht anfassen. Für so was gibt meine Mutter ihr Geld nicht aus.« »Alle Frauen haben Brüste«, versuchte ich sie zu beruhigen. Aber sie wurde rot und machte ihre merkwürdige dreieckige Handbewegung. »Man darf das nicht anfassen«, wiederholte sie. »Du meinst, du darfst nicht deine Vagina anfassen«, wagte ich vorsichtig zu bemerken. »Für so was gibt meine Mutter ihr Geld nicht aus«, sagte Marcia wieder und rannte zum ersten Mal zur Tür hinaus.

Ich nahm an, daß Marcia sich an ein Masturbationsverbot erinnerte, das sie aber gleichzeitig als ein Verbot, erwachsen zu werden, aufgefaßt hatte, denn jetzt war sie ja um ihre frauliche Figur besorgt. Die Verbindung zwischen der Tatsache, daß sie sich ihrer Brüste als Teil ihrer selbst bewußt wurde, und dem gleichzeitigen Hindeuten auf ihren Schoß, deutete darauf hin.

In der nächsten Stunde wollte Marcia auf gar keinen Fall tanzen oder sich mir nähern. Sie hatte sich offensichtlich dazu entschlossen, mir die Meinung zu sagen. »Du hast voriges Mal schlimme Worte gesagt«, klagte sie mich vorwurfsvoll an. Dann machte sie wieder ihre Handbewegung und starrte wie gebannt aus dem Fenster. »Man nennt diese Körperteile Brust und Vagina«, sagte ich ihr.

»Die Blätter bewegen sich«, bemerkte Marcia unvermittelt und fing zum ersten Mal an, rhythmisch im Walzertakt und -schritt zu tanzen. Aber mir war klar, daß sie durch diese Improvisation sich dagegen wehrte, noch mehr über ihren Körper sprechen zu müssen. Dann versuchte sie, sich nach hinten zu beugen, und wurde verlegen, weil ihre Brüste wieder »schwabbelten«.

»Die hat mir nämlich meine Großmutter geschenkt«, verkündete sie und hielt sie mit beiden Händen fest.

Ich dachte mir, daß Marcia zum ersten Mal allein getanzt hatte, weil sie ein verinnerlichtes bedrohliches Mutterbild besänftigen mußte, indem sie ihm zeigte, was sie schon alles gelernt hatte, und daß sie ihre Gefühle nur durch Metaphern ausdrücken konnte: nicht Gefühle, sondern Blätter waren in Bewegung geraten. Eines Tages teilte mir Marcia dann noch mehr in ihrer symbolisierenden Art mit. Ganz ungezwungen verkündete sie, daß ihre Brüste so schwer seien, weil sie nun schwanger sei. Sie müsse auch dick und schwanger sein, weil ihr immer schwindlig wurde, als sie noch schlank war.

»Schwindlig zum Hinfallen«, sagte sie. »Darum hatte ich auch so einen ulkigen Gang. Ich hätte hinfallen können, so schwindlig war mir.« Sie brachte die gleichen oralen Ängste zur Sprache, die Tom und Marty so dramatisch noch einmal durchlebt hatten. Abreaktion und Katharsis anzustreben war für sie aber kaum angebracht, denn es hatte ja keine Verdrängung stattgefunden. Sie durchlebte täglich die Angst, von der Brust verstoßen zu werden. Um sich vor dieser zerstörerischen Gefahr zu schützen, hatte sie das Vorhandensein ihrer Brüste verleugnet und sich krampfhaft um eine aufrechte Haltung bemüht. Jetzt, während eines Zeitraumes, der in etwa der von Mahler beschriebenen Separations-/Individuations-Phase gleicht, war sie in der Lage, das, was sie erlebt hatte, in Worte zu fassen. Darüber hinaus mußte sie auch verleugnen, daß ihre Mutter sie geboren hatte. Mit der Behauptung »Meine Großmutter hat sie (die Brüste) mir geschenkt« drückte sie ihre Furcht und Ablehnung aus, die sie ihrer Mutter gegenüber empfand, von der sie annehmen mußte, daß diese etwas gegen ihr Erwachsenwerden hatte. Später stellten wir dann fest, daß Marcia ganz genau wußte, worum es sich bei ihrem gekrümmten Rücken handelte. Sie hatte sich mit der Körperhaltung ihrer toten Großmutter identifiziert. Die Großmutter hatte wenigstens nichts dagegen, daß sie größer wurde. Sie hatte Marcia auch verwöhnt, ihr Süßigkeiten geschenkt und für sie Kekse gebacken. Sobald sie sich daran erinnerte, wollte sie auch von mir Kekse und Milch haben. Das hatte seine Nachteile. Solange sie in mir ihre Großmutter sah, wollte Marcia nicht mehr tanzen, sondern versuchte immer wieder, mich ganz in diese Rolle zu zwingen. Nachdem es uns gelungen war, das durchzuarbeiten, verschwand Marcias zwanghafte Beschäftigung mit ihren Brüsten. Leider mußte die Behandlung zu diesem Zeitpunkt abgebrochen werden, weil der Vater eine neue Stellung antrat und die Familie wegzog.

Alle drei Patienten, die ich hier vorgestellt habe, hatten Verkrampfungen in der Muskulatur und Hemmungen in ihrem Bewegungsmuster, die einerseits auf pathologische Fixierungen hinwiesen beziehungsweise deren körperlicher Ausdruck waren, andererseits der Kontrolle überwältigender aggressiver Impulse dienten. Das Symbol der sich verweigernden mütterlichen Brust überschattete die seelische Entwicklung bei allen dreien, was sich auch in der Behandlung zeigte. Tom benutzte einen alten Hut und einen Ball, um sich auszudrücken; Marty träumte von Bergspitzen, und Marcia hatte Schwierigkeiten mit ihren Brüsten. Obwohl ihre Ichfunktionen viel weiter entwickelt waren als etwa bei Carrie, konnten sie am Anfang der Behandlung ihre Umwelt ebensowenig realistisch wahrnehmen, sondern glaubten sich von einem feindlichen Teilobjekt, der mütterlichen Brust, verfolgt. Diese Phantasie entstammte offensichtlich dem präverbalen Lebensalter und mußte daher auch präverbal, durch eine körperbezogene Vorgehensweise, durchgearbeitet werden.

Der Versuch, die Spaltung zu heilen – Die Arbeit mit Borderline-Persönlichkeiten

Sowohl in Privatpraxen als auch in Kliniken haben wir es oft mit Menschen zu tun, die weder eindeutig psychotisch noch eindeutig neurotisch sind. Sie werden im allgemeinen als »Borderline-Persönlichkeiten« beschrieben, aber man ist sich keineswegs einig, was diese Bezeichnung bedeutet.

In der Fachliteratur und klinischen Fallbeschreibungen hat man versucht, mit Ausdrücken wie »Borderline-Zustände« (Knight 1953), »präschizophrene Persönlichkeitsstrukturen« (Rapaport, Gill und Schafer 1945), »psychotischer Charakter« (Frosch 1944), »ambulante Schizophrenie« (Hoch und Polatin 1949), »Als-ob-Persönlichkeit« (H. Deutsch 1942) eine bestimmte Gruppe von Patienten theoretisch zu erfassen, die zwar eine vergleichbare Symptomatik aufweisen, jedoch nicht in das herkömmliche nosologische Schema einzuordnen sind. Auch die Beobachtungen der Tanztherapeuten konnten kein klareres Bild verschaffen, denn im allgemeinen sind Haltung, Gang, Rhythmus, Bewegungsdrang und -trieb solcher Menschen völlig normal. Auch verfügen sie über scheinbar stabile persönliche Beziehungen. Aber völlig unerwartet treten Dekompensationen auf, und die Bewegungsmuster verändern sich schlagartig. Hinzu kommt noch, daß diese Dekompensationen sich letztlich nicht auf ein bestimmtes Entwicklungsniveau zurückführen lassen und auch nicht immer durch eine außergewöhnliche Belastung ausgelöst werden. Deshalb schien die Bezeichnung »kurzfristiger psychotischer Schub« zunächst nicht ganz abwegig zu sein, doch erwies sie sich in der therapeutischen Praxis als wenig hilfreich. Man konnte auch schlecht Prognosen aufstellen, weil die Genesung oft genauso plötzlich und unerwartet auftrat wie die Erkrankung. Es ist daher verständlich, daß auch erfahrene Therapeuten hier Schwierigkeiten hatten. Ganz gleich, von welchem theoretischen Hintergrund sie auch ausgingen, Therapeuten, die sich mit diesem Problem beschäftigten, waren oft zu optimistisch in bezug auf diese Patientengruppe.

In den USA hat man inzwischen weitgehend die Theorien von Kernberg übernommen. Seine Arbeit wurde zunächst von der Menninger Foundation (1966) unterstützt und später von einem Public Health Service Research Grant des National Institute of Mental Health gefördert.

Für Tanztherapeuten sind Kernbergs bahnbrechende Entdeckungen besonders wichtig, denn Borderline-Persönlichkeiten sind nach den Psychotikern die größte Gruppe, die zur tanztherapeutischen Behandlung überwiesen werden. Der Verlust der Körpergrenzen und das starke Entspannungsbedürfnis lassen sich besonders gut durch Bewegungsarbeit ansprechen. Dabei muß der Tanztherapeut wissen, daß es sich hier um ein festes und chronisch pathologisches Charakterbild handelt, das nichts mit den vorübergehenden, akuten Symptomen eines psychotischen Schubs zu tun hat. Die Patienten empfinden ihre raschen Gemüts- und Verhaltensschwankungen nicht als etwas Unangenehmes oder Fremdes.

Sie merken oft gar nicht, daß sie sich verändert haben, oder sie rationalisieren ihre Sprunghaftigkeit als »spontanes Handeln«. Aber diese sogenannte Spontaneität wird so gut wie gar nicht zu einer freudigen und kreativen Lebensweise sublimiert. Sie bleibt kindlich und impulsiv. Bezeichnenderweise erkennen diese Menschen nicht den Symptomcharakter ihrer persönlichen Schwierigkeiten und kommen erst zur Behandlung, wenn tatsächlich schon eine Dekompensation stattgefunden hat. Aber beim Erstinterview haben sich ihre Denkprozesse wieder normalisiert. Erst wenn projektive Tests angewendet werden, oder wenn die erste unstrukturierte Sitzung mit einem Psychotherapeuten als für die Patienten vielleicht wichtige Vertrauensperson stattfindet, enthüllt sich ihre eigentliche primärprozeßhafte Denkweise. Dadurch kann u. U. ein gewaltiges Arsenal an latenten, diffusen und freiflottierenden Ängsten deutlich werden, auf Körper und Körperlichkeit bezogene Phobien, die bei einer Borderline-Persönlichkeitsstruktur nie fehlen, kommen zu Bewußtsein. Angst vor Erröten, vor öffentlichen Auftritten, vor Beobachtetwerden oder vor Ansteckung, ebenso wie schwere Hemmungen im gesellschaftlichen Umgang sind in unterschiedlicher Kombination – aber wohlgemerkt *niemals* das Auftreten einer einzigen Phobie – ein sicheres diagnostisches Kennzeichen der Borderline-Persönlichkeit. Weil die Resomatisierung (Schur 1955) in derart vielfältigen Formen auftritt, ist die Tanztherapie oft die Therapie der Wahl.

Für die Privatpraxis befürwortet Kernberg (1975) bei solchen Patienten eine »modifizierte psychoanalytische Psychotherapie«. Therapeuten sollen in der Privatpraxis Grenzen setzen und die Behandlung deutlich strukturieren, dabei aber ihre Neutralität bewahren. In einer Klinik sollten Kernberg zufolge die Strukturen des Settings flexibler sein, denn eine zu starre Strukturierung fördert Anlehnungsbedürfnisse und Apathie, und/oder die eigentliche Pathologie wird durch Anpassungsvorgänge überdeckt (Kernberg 1976).

Ich stütze mich in meinen Fallbesprechungen auf Kernbergs Ansatz. Er beschreibt vor allem Patienten, deren Wut über einen frustrierenden Elternteil sie dazu zwang, sich vorzeitig innerlich von ihm zu lösen. Dadurch blieben sie isoliert und waren Anfeindungen schutzlos ausgeliefert. Weil sie nie ausreichende psychische Befriedigung erlebt haben, suchen sie nach Bewunderung und Liebe, ohne sie je zu finden. Daher ist ihre Pathologie durch Kontaktunfähigkeit und Objektarmut gekennzeichnet und kann nicht als klassischer psychischer Konflikt bezeichnet werden. Man findet auch Zwangsrituale, die rationalisiert werden, sowie hypochondrische Erscheinungen, die mit bizarren Konversionssymptomen verknüpft sind. Dazu gehören auch körperliche Halluzinationen und ähnliche Wahrnehmungsstörungen. Ich denke da an eine Patientin, die täglich meditierte und sich dadurch angeblich innerlich gestärkt und entspannt fühlte. Trotzdem kam sie irritiert und nervös zur Behandlung. Ich machte mit ihr sowohl Entspannungs- und Atemübungen als auch Dehnübungen auf dem Boden und an der Stange. Als sie ihre Körpergefühle wieder unterscheiden konnte, wurde es ihr klar, daß ihre Meditation in Wirklichkeit gar keine war. Es handelte sich um veränderte Wahrnehmungszustände, über die sie überhaupt keine Kontrolle hatte. Es dauerte noch wesentlich länger, ehe wir feststellen konnten, daß die sogenannten Meditationen etwas anderes bezweckten. Sie verhinderten Wutanfälle, die man in ihrer Muskulatur »lesen« konnte (Fenichel 1945). Verleugnung und Spaltung dienten als Abwehr dazu, einander widersprechende Gefühle gleichberechtigt nebeneinander bestehen zu lassen, ohne diesen Zustand in Frage stellen zu müssen. Meine klinische Erfahrung bestätigt Kernbergs Hypothese, daß Verleugnung eine Spaltung noch verstärkt. Die Patienten wissen zwar, daß sie zwiespältige Vorstellungen über sich selbst und andere Menschen haben, aber das hat für sie gefühlsmäßig keine Bedeutung.

Kernberg hat auch gezeigt, daß der Abwehrmechanismus der Spaltung sich in einer frühen Entwicklungsphase bildet, wo das Wahrnehmungsvermögen sich erst entwickeln muß und dieselbe Person nicht als zugleich gut *und* böse gesehen werden kann. Die Erinnerungsspuren frustrierender und befriedigender Erlebnisse werden normalerweise innerlich gespeichert und dienen dazu, die Reizquellen und ihre Eigenschaften zu unterscheiden. Die Mutter und andere wichtige Personen werden als die Quelle vieler Reaktionen auslösender Reize erkannt. Das reifende Ich lernt, daß positiv und auch negativ getönte Empfindungen und Gefühle den gleichen Ursprung haben können. Patienten mit der hier beschriebenen Persönlichkeitsstruktur haben es während der Entwicklung nicht geschafft, in der »nein«sagenden Mutter die gleiche Person zu sehen, die auch »ja« sagt. Eine einzige Person wird als aus verschiedenen Menschen bestehend empfunden, die jeweils mit einer individuellen Vorstellung von Gefühlen, Wahrnehmungen und Bewegungsmustern besetzt werden. Der Patient bleibt so lange angstfrei, wie die einander widersprechenden Vorstellungsbilder voneinander getrennt gehalten werden. Es kann also gut vorkommen, daß die Geliebte von heute am nächsten Tag als gehässig und unliebenswert empfunden wird.

Während der Behandlung sind die Übertragungen genauso labil. Die Therapeutin wird idealisiert oder völlig abgelehnt. Beispielsweise ärgert man sich über die Therapeutin, weil sie so großen Wert auf Bewegung legt. Der Patient ist der Meinung, daß er das alles schon kann. Aber wie in allen anderen Übertragungen spiegelt sich hier die lebensgeschichtlich verankerte Objektbeziehungsstruktur des Patienten wider. Er liebt seine wichtigen Bezugspersonen nicht wirklich, sondern versucht, die geliebte Person an sich zu binden und ihr jedes Selbstbestimmungsrecht zu nehmen, weil sie nur als Bestandteil des eigenen Selbst Geltung besitzt. Wenn das Liebesobjekt diese Art der Vereinnahmung nicht zuläßt, setzt sofort ein Umschwung ein, und die vorher so innig geliebte Person wird als unsensibel, kalt und ausbeutend empfunden.

Als Therapeutin tut man gut daran, sich neutral zu verhalten, wenn solche Übertragungsstürme ausbrechen. Man sollte sich vor Augen führen, daß der sowieso ziemlich »wetterwendische« Patient eventuell seine Meinung wieder ändern wird. Improvisationen sollten hier vermieden werden. Sie setzen unbewußte Triebtendenzen frei, zu deren Integration der Patient in seinem labilen Zustand keineswegs in der Lage ist. Empathisches Spiegeln und stark rhythmische Muskelbetätigung zu einer Musik, die dem Patienten gefällt, sind hier meist erfolgreich und festigen die in Auflösung geratenen Körpergrenzen. Das Zeitgefühl wird durch Taktschläge verankert, die man wiederholen oder mittrommeln und zählen kann.

Aus Erfahrung weiß man, daß die Patienten während der Phase ihrer regressiven Stimmungsumschwünge ihr Bewegungsmuster nicht regulieren, sondern es beschleunigen, bis es kaum noch zu erkennen ist. Sie scheinen das ganze menschliche Bewegungsrepertoire zu beherrschen, doch sie zerstückeln es. Sie lassen es auch nicht zu, daß die Zeit in der Therapiestunde kontinuierlich voranschreitet, weil sie sich gegen jeden Fortschritt und jede Besserung sträuben. Alles Harmonische wird zerstört, weil der Patient sich selbst unharmonisch fühlt und das nach außen projiziert. Alles mögliche wird versucht, aber diese Versuche werden sofort wieder abgebrochen, denn nichts bringt Befriedigung. In der Therapie muß man viel Geduld aufbringen, bis der Patient wieder über seine abgespaltenen Gefühle verfügt und ihm seine Unbeständigkeit endlich bewußt wird. Die ihnen wichtigen Personen werden genauso unter- und überschätzt, wie sie das bei sich selbst machen. Solche Patienten werden verlegen, wenn man sie anschaut. Sie erröten und erregen gerade dadurch besondere Aufmerksamkeit. Sie reden zwar über ihre Hilflosigkeit oder ihre Dummheit und andere schlechte Eigenschaften, verlangen aber gleichzeitig besondere Privilegien, weil sie doch mehr wert seien als andere. Das sind alles Merkmale einer frühen Entwicklungsstufe. Weder omnipotente, grandiose Phantasien noch reale Erfolge haben das hilflose und schwache innere Selbstbild zu beeinflussen vermocht. Das Körperbild wird nicht als etwas Ganzheitliches empfunden. Es schwankt zwischen einem Bereich eines libidinös geprägten, positiven Selbstbildes und selbstzerstörerischen, nihilistischen, autoaggressiven Gefühlen hin und her, die im manifesten Verhalten als Hypochondrie, Phobien in bezug auf Körper und Körperlichkeit und unzureichende Kontaktfähigkeit zum Ausdruck kommen. Die Schwankungen scheinen mit unverstandenen und mangelhaft verarbeiteten Körpergefühlen zu tun zu haben, die durch äußere Ereignisse oder die eigenen Gemütszustände hervorgerufen wurden. In der Behandlung kann die Therapeutin den Patienten beobachten und ihn auf sein Körpererleben aufmerksam machen. Dadurch lernt der Patient sich selbst realistisch einzuschätzen, und er bekommt ein Gespür für das Mißverhältnis zwischen seinen somatischen Reaktionen und dem wirklichen Geschehen. Die Fähigkeit zur Realitätsprüfung weist zumeist keine Beeinträchtigung auf. Daher ist es diesen Patienten, nachdem die zunächst aufgetretenen Übertragungsturbulenzen überstanden sind und sich ein Arbeitsbündnis gefestigt hat, auch möglich, sich mit der mühsamen Aufgabe der Selbstbeobachtung auseinanderzusetzen. Kernberg (1976) hat den Beweis dafür erbracht, daß eine angeborene Frustrationsintoleranz Aggression fördert. Darum ist es auch so wichtig, daß man den Patienten die möglichen Konsequenzen ihres Verhaltens vor Augen hält. Aber man kann mit solchen Methoden keine Erfolge erzielen, wenn man nicht gleichzeitig das Selbstbild und die Objektbeziehungen in die Therapie miteinbezieht. Natürlich läßt sich eine realistische Selbst- und Fremdwahrnehmung nicht einfach erzwingen. Durch diese Behandlungsmethoden schützt man die von ihren Triebimpulsen getriebenen Patienten vor destruktivem Verhalten, solange sie noch nicht in der Lage sind, auf Deutungen einzugehen.

Lisi zum Beispiel war eine Patientin, die sich für ihre Arbeit als Sekretärin wie eine Femme fatale in Schale warf. Sie verstand einfach nicht, daß ihre tief ausgeschnittenen, engen und ihre attraktive Figur betonenden Kleider die Männer sexuell stimulierten. Sie war freundlich und unterhielt sich mit jedem, aber war empört, wenn Männer sie verführen wollten. Als sie schon zwei Jahre in Behandlung war, wurden ihre Improvisationen immer leidenschaftlicher. Sie tanzte wie eine Odaliske, die ihrem Sultan gefallen will. Leider war ich es aber nur, die diese verführerischen Szenen bewundern durfte.

»Was nützen Sie mir schon«, tobte Lisi. »Sie sind doch kein Mann.«

Bald darauf rief sie mich zwischen ihren Stunden an und erzählte mir über Männer, die sich für sie interessierten und die sie auch zu sich eingeladen hatte. Sie wiederholte in ihrem Verhalten die für sie sehr enttäuschende Beziehung zu ihrer Mutter, die mit rasender Eifersucht auf Lisis Annäherungsversuche gegenüber ihrem Vater reagiert hatte. Lisi wollte nicht zur Kenntnis nehmen, was ich ihr über die schmerzlichen Erlebnisse ihrer Vergangenheit deutete, bis ich sie explizit warnte, daß ihr Verhalten eine Vergewaltigung geradezu herausforderte. »Sie machen sich ja wirklich Sorgen um mich«, sagte sie ganz erstaunt. Eine Phase fruchtbarer Arbeit schloß sich an, in der es Lisi möglich wurde zu erkennen, daß sich ihre Ängste in einem über den ganzen Körper verteilten »prickelnden Gefühl« verbargen, durch das sie zu dem merkwürdigen Verhalten Männern gegenüber getrieben wurde, in der vergeblichen Hoffnung, es dadurch loszuwerden. Sie dachte, sie sei »besonders sexy«, weil alle Männer in ihr dieses prickelnde Gefühl hervorrufen konnten.

Ihre Improvisationen hatten die Erinnerungen an das Verbot

ihrer Mutter zum Vorschein gebracht. Nun machten wir Entspannungsübungen und versuchten, die neuen Körpergefühle genauer zu beschreiben. Sie stellte fest, daß sie sich zu allen Männern hingezogen fühlte, weil ihr Vater ihr nur teilweise Aufmerksamkeit schenken konnte, um nicht den Zorn der eifersüchtigen Mutter heraufzubeschwören. Als Lisi sich nun bemühte, um jeden Preis mit Männern anzubandeln, erinnerte sie sich körperlich an das Verbot ihrer Mutter, dem Vater zu nahe zu kommen.

Lisi gehört zu der Gruppe Patienten, die ihre Körpergefühle nicht differenziert wahrnehmen können. Auch viele verhaltensgestörte Jugendliche lassen sich in diese Kategorie der Borderline-Persönlichkeitsstruktur einordnen. In der Fachliteratur liest man immer wieder, daß Strafmaßnahmen bei solchen Patienten nicht greifen und daß Rückfälle in asoziales Verhalten häufig sind. Das ist nicht verwunderlich, denn Borderline-Persönlichkeiten verfügen über keine innere kritische Instanz, die ihr asoziales Tun kontrollieren könnte. Vielleicht ist Tanztherapie hier die geeignete Behandlungsmethode.

Man trifft viele Patienten wie Lisi, die zuerst ihre vielen Symptome verleugnen. Alissas Fall illustriert diese typische Borderline-Verhaltensweise besonders anschaulich.

Alissa

Alissa war zwei Jahre lang bei einem Psychiater, der sie medikamentös und psychotherapeutisch behandelte. Das war nicht sehr erfolgreich, denn Alissa verweigerte immer noch den Schulbesuch und lungerte zu Hause herum. Ihr war vom Gericht zwangsweise eine psychiatrische Behandlung auferlegt worden, nachdem die Polizei sie als jugendliche Prostituierte verhaftet hatte. Ihre begüterten Eltern konnten ihr Verhalten nicht verstehen, sie waren darüber verzweifelt und versuchten immer wieder, sie zur Vernunft zu bringen, indem sie ihr den Schulbesuch nahelegen wollten oder ihr Jobs und Reisen anboten. Als ihr Vater von ihrem asozialen Verhalten erfuhr, wurde er rasend vor Wut und schlug sie. Später versprach er ihr alles mögliche, um sie aus ihrer Depression zu rütteln. Aber Alissa hielt ihm nun diese Schläge vor und ließ sich nicht umstimmen. Sie verhielt sich generell ablehnend, hatte aber nichts dagegen, es auf Anraten ihres Psychiaters einmal mit Tanztherapie zu versuchen. Ihre Mutter begleitete sie beim ersten Mal. Sie benahm sich, als ob sie die Patientin sei. Alissa sagte kein Wort, dafür redete die Mutter um so mehr. Sie weinte, rang die Hände, beschuldigte sich selbst und bat die Tochter, ihr doch zu verzeihen. Alissa ließ das über sich ergehen, nahm ihre Mutter in den Arm und beschwichtigte sie, blieb aber dabei kalt und gelassen. Die Szene mußte sich schon oft abgespielt haben, denn ihr Verhalten hatte etwas Eingeübtes und Unechtes. Ich hatte den Eindruck, daß sie mir imponieren wollte und mich gar nicht für voll nahm. Alissas Mutter war schon in Behandlung. Nach ihrem Bericht soll Alissa sich gut entwickelt haben, bis ihr jüngster, gehirngeschädigter Bruder in einem Heim untergebracht wurde. Die Eltern hatten Alissa nichts davon erzählt, sondern hatten sie wie jeden Sommer in die Ferien geschickt. Als sie nach Hause kam, war der Bruder weg. Die Mutter behauptete, sie hätte, solange der Kleine noch zu Hause war, keine Sorgen mit Alissa gehabt. Sie war zwar launisch, konnte aber charmant sein, wenn ihr das in den Kram paßte, reizte ihre Lehrer aber auch durch Sprunghaftigkeit und Unzuverlässigkeit. Sie hatte keine engen Freundinnen, sondern »verliebte« sich nach Aussagen der Mutter in Jungen und Mädchen, trieb sich mit ihnen herum und verlor dann plötzlich alles Interesse.

Ich fragte Alissa nach ihren Erlebnissen, aber die Mutter beantwortete mir jede Frage, ehe Alissa den Mund aufmachen konnte. Ich war besonders von der Entschlossenheit beeindruckt, mit der die Familie den kranken kleinen Sohn betreut hatte. Er war, ohne Erfolg, mit der Delacato-Methode (Delacato und Dolman 1962) behandelt worden. Man war mit ihm umhergereist, um alle möglichen Ärzte zu konsultieren. Das gesamte Familienleben drehte sich um den Kleinen, bis man sich nicht länger der Einsicht verschließen konnte, daß ihm nur in einem Heim geholfen werden könnte. Alissa, als die große Schwester, hatte auch einen Teil der Verantwortung tragen müssen, obgleich sie nur vier Jahre älter war als er. Als man aber schließlich die plötzliche Entscheidung traf, ihn in einem Heim unterzubringen, hat man Alissa nicht einmal gefragt.

Bei unserem ersten Treffen bestand Alissas einziger Beitrag darin, mir zu sagen, daß sie sich gern um andere kümmere und vielleicht eines Tages Sonderschullehrerin werden wolle. Die Mutter unterbrach sie sofort und sagte: »Gib doch nicht an. Das ist doch nur Gerede, du willst ja nicht einmal die Oberschule fertig machen.«

Alissa war ein besonders anziehendes junges Mädchen. Ihre Mutter fand, daß sie sich wie ein »Edelhippie« kleidete, denn ihre langen, leichten Kleider waren handbestickt und aus Seide. Ihr Bewegungsmuster wirkte inkongruent. Sie bewegte sich langsam und bewußt graziös, machte sich aber steif, wenn man sie ansah.

Sie sollte zweimal die Woche zu mir kommen. Ihre Mutter würde sie mit dem Auto herbringen. Ihre Eltern meinten, Alissa sollte sich »zusammenreißen« und ihren Führerschein machen, damit Mutter sie nicht mehr umherfahren müsse. Aber Alissa fand, daß Autos die Umwelt verschmutzen, und weigerte sich daher, fahren zu lernen. Sie hatte aber nichts dagegen, wenn ihre Familie sie umherchauffierte! Sie war stolz darauf, daß sie sich nicht »bestechen« ließ, als ihr Vater ihr ein Auto versprach. Die Eltern wußten, daß ihre Tochter sie manipulierte, aber auch Alissa hatte die Manipulation von seiten der Eltern, was die Autogeschichte betraf, verstanden. Alissas Diagnose als Borderline-Persönlichkeit war ohne Zweifel korrekt.

Alissa hatte sich angewöhnt, ihr zweideutiges Verhalten zu rationalisieren, und ließ sich selten von anderen beeinflussen. Sie wollte ihre Fehler nicht zugeben, sondern schob immer anderen Leuten die Verantwortung in die Schuhe. Sie besaß anscheinend die Fähigkeit, einfach alles zu verleugnen, was sie nicht wissen wollte. Sie schien durch den Raum zu schweben und unterstrich ihre wenigen Worte mit weiträumigen, fließenden Gesten, was wohl ihre besondere Art der motorischen Anpassung war. Aber als ich sie beobachtete, wurde sie plötzlich steif und starrte vor sich hin. Ihr Psychiater hatte sie »präschizophren« und »Als-ob-Persönlichkeit« genannt. Das Unechte und Theatralische in Alissas Natur trat in so offensichtlicher Weise zutage, daß es eine unbehagliche Gegenübertragung in mir auslöste. Sie hatte mir schon beim ersten Besuch gezeigt, wie wenig sie von mir hielt. Das war alles auf nonverbalem Wege geschehen, indem sie sich um ihre Mutter kümmerte und mir dadurch zeigte, daß ich in dieser engen Beziehung nur störend wirken könnte. Sie verstand es meisterhaft, Unbehagen zu erwecken. Menschen wie Alissa können das meistens. Solange sie die Macht haben, fühlen sie sich wohl und benehmen sich normal, denn sie spüren genau, was von ihnen verlangt wird (F. Deutsch 1952). Das Unechte, Gewollte in ihrem Verhalten ist das Resultat einer solchen manipulatorischen Form der Einfühlung. Sie interessieren sich nicht wirklich für die Bedürfnisse anderer, sondern tarnen sich mit Pseudosensibilität, hinter der sich eine Unfähigkeit zum abstrahierenden Denken verbirgt. Das konkretistische Denken kommt dann während der konfliktuösen und agitierenden Phasen wieder zum Vorschein.

Mein Unbehagen wurde noch stärker, als Alissa ihren Psychiater, der sie zwei Jahre lang behandelt hatte, einen »Schurken« nannte. Sie behauptete, er hätte sie mit Medikamenten betäubt und dadurch lebensuntauglich gemacht. Sie schien nur negative Phantasievorstellungen und negative Übertragungserscheinungen aufzubringen. Von Dankbarkeit oder positiver Übertragung war nicht einmal eine Spur zu finden.

Wir einigten uns darauf, daß Alissa keine Medikamente mehr einnehmen sollte. Ich übernahm die Aufgabe, dies ihrem Psychiater und ihren Eltern klarzumachen.

Ich bin der Überzeugung, daß man mit Tanztherapie nur sehr bescheidene Erfolge erzielen kann, wenn der Patient unter dem Einfluß von Medikamenten steht. Manche Drogen verursachen sogar Dyskinesie. Das heißt also, daß die Ichfunktion, an die sich die Behandlung wendet, nämlich die Motilität, herabgesetzt ist. Es ist, als ob man eine verbale Therapie mit einem Tauben durchführt (Cain und Cain 1975; Hall 1978).

Es bedurfte einiger Anstrengung, den Psychiater umzustimmen. Er war davon überzeugt, daß Alissa nicht ohne Beruhigungsmittel auskommen würde. Viele Telefongespräche waren notwendig, ehe es mir gelang, ihn umzustimmen. Alissa war darüber hoch erfreut. Als »Belohnung« versprach sie mir zu tanzen. Sie grinste nur höhnisch, als ich interpretierte, daß sie mir vielleicht nur deshalb eine Belohnung angeboten habe, weil sie von mir belohnt werden wollte. Sie hatte eine ganz andere Vorstellung. Sie glaubte, mich durch Telepathie gezwungen zu haben, sie von den Medikamenten zu befreien. Ihre Eltern und der Psychiater wurden von ihr als »altmodisch und verkalkt« abqualifiziert. Sie wollte nun auch drei Stunden pro Woche haben, statt zwei, wie wir das besprochen hatten. Ich ließ mich aber nicht auf diese

Art beeinflussen. Auf gar keinen Fall wollte ich mich mit Alissa auf eine Kabale einlassen, in der wir beide gegen die Umwelt intrigierten.

Endlich waren wir soweit, daß die Behandlung tatsächlich anfangen konnte. Alissa hielt sogar ihr Versprechen. Sie »tanzte«. In einem langen, bestickten indischen Kleid, eine Blume im Haar, schwebte sie in den Raum und umschritt ihn mit gemessener Haltung. Manchmal blieb sie stocksteif stehen, öffnete ihre Arme, warf den Kopf nach hinten, worauf sie ihre Schrittfolge fortsetzte. Andere Male summte sie vor sich hin und steigerte das Summen, bis es zu einem lautlosen Ruf wurde. Sie forderte mich zum Mittanzen auf, indem sie mich wortlos anlächelte und mich mit ihren großen Gesten einlud. Sie schien nicht davon berührt zu sein, daß ich nicht mitmachte, und weigerte sich, sich über die Bedeutung all dessen, was vorgefallen war, Gedanken zu machen. Die Tänze wurden zu einem Ritual, während langsam auf der Gefühlsebene eine Beziehung zwischen uns heranwuchs. Mein Unbehagen verschwand. In der Gegenübertragung kam mir Alissa wie eine Reinkarnation von Isadora Duncan vor. Introspektion und Selbstanalyse warnten mich aber, daß es sich hier um die Introjektion von Alissas Machtstreben handelte. Ich war also vorgewarnt, als Alissa nach ungefähr drei Monaten ihre Kehrseite zeigte. Als sie erschien, war sie »high« von Marihuana und trug statt ihrer wallenden Gewänder Jeans und hohe Stiefel. Triumphierend zeigte sie mir ihren Führerschein. Ich hatte keine Ahnung davon, daß sie sich darum bemüht hatte, denn bei mir hatte sie ja bis dahin die nymphenähnliche Isadora Duncan gespielt. Nun hatte sie eine neue Reggaeplatte mitgebracht und tanzte dazu einen Siegestanz voller ekstatischer Freude, Sexualität und Exhibitionismus. Sie brüstete sich prahlerisch und fragte: »Wann kann ich aus dieser Behandlung weg? Ich habe genug davon!« Sie machte geltend, daß sie sich ja nun zusammengerissen habe und wieder zur Schule gehe.

So sah also die Kehrseite von Alissas Machtstreben aus. Ich fragte, ob das Marihuana eine andere Wirkung habe als die Medikamente, die sie früher eingenommen hatte. «Genau die gleiche, du alte Kuh«, grinste die Ex-Isadora. »Ich möchte wetten, du hast schon seit zehn Jahren mit niemandem mehr gebumst!«

Sie schrie mich an, daß sie mich für unglaublich dumm halte. Ich hätte nicht mal erkannt, daß sie einen mittelalterlichen höfischen Tanz aufgeführt und dazu eine Troubadourmelodie gesungen hatte. Ich mußte ihr recht geben, fügte aber hinzu, daß ich keine magischen Augen hätte und ohne Erklärung kaum ihre Kompositionen erkennen könnte. Ich teilte ihr auch mit, daß Marihuanarauchen vor und während ihrer Stunden ihre Realitätswahrnehmung einschränken würde.

»Scheiße«, schrie Alissa, »du kümmerst dich einen Dreck um mich.« Sie wollte sofort abhauen, aber ich ließ das nicht zu. Murrend zog sie daraufhin ihre Stiefel aus und stieß mich sanft mit ihren nackten Füßen an — offenbar eine Einladung zum Tanz. Die zahlreichen symbolischen Aktionen Alissas in dieser Stunde machten deutlich, daß viele ihrer Schwierigkeiten allein dadurch an die Oberfläche getreten waren, daß ich nichts anderes getan hatte, als ihre Tänze zu akzeptieren. Aber wie sollte ich sie mit diesem so umfangreichen Material konfrontieren und es ihr deuten, wenn es Alissa vornehmlich darum ging, um jeden Preis der »Boß« zu bleiben? Sie wußte schon, daß sie mich nicht leicht manipulieren konnte und daß ich trotz aller Verleugnung einiges über sie erfahren hatte. Ich faßte ihr verändertes Erscheinungsbild als eine Art Probehandeln auf, das auch Anpassungsmöglichkeiten in sich barg. Auch hatte sie teilweise auf ihre sexuellen Probleme hingewiesen, indem sie diese allerdings auf mich projizierte. Wir kamen also langsam voran.

Die neue ungeschliffene Alissa entpuppte sich als eine gute Tänzerin. Sie war plötzlich so begeistert vom Tanz, daß sie alles nachmachen konnte. Sie wollte nun Tanz studieren und schrieb an verschiedene berühmte Hochschulen*, um sich dort zu immatrikulieren.

Unsere Stunden wurden nun zum Tanzunterricht. Alissa übte *pliés* und *relevés*, lernte ihre Mitte kennen und der Bewegung entsprechend zu atmen. Sie interessierte sich überhaupt nicht mehr fürs Improvisieren, sondern wollte künstlerische Kompetenz und körperliche Gewandtheit erwerben. Ich wertete ihren Drang nach einem neuen Körperbild zunächst als positiv und sagte ihr das auch. Aber ich erntete nur eisige Ablehnung. Alissa wollte gar

---

* In den USA gibt es eine akademische Ausbildung für Berufstänzer und Lehrer an Hochschulen.

kein neues Körperich oder Körperbild. Sie wollte die Technik des Tanzens lernen – Schluß, aus! Sie verhöhnte mich und sagte zynisch: »Sie können in meinen Bewegungen lesen soviel Sie wollen. Das ändert nichts.«

Inzwischen freuten sich die Eltern über Alissas »Fortschritte«, sie selber empfand die Schularbeit als ein »Kinderspiel«, und ich war die einzige, die wieder Unbehagen spürte. Mein Unbehagen gründete sich auf Alissas Widerstände. Sie fing jede Stunde mit Aufwärmübungen an und übte dann sämtliche Schritte und Körperbewegungen, die Berufstänzer täglich machen. Sie gab an, daß sie dabei außer der Muskelbetätigung überhaupt nichts spüre. Alles spielte sich bei ihr auf der Ebene des Konkreten ab – ohne symbolische Bedeutung. Dabei schien ihr das aber gar keinen Spaß zu machen. Sie arbeitete verbissen und unter Stöhnen, übte schwierige Kombinationen und Körperhaltungen, ohne sich über deren Bedeutung klarzuwerden. Sie war völlig unfähig, Rhythmus und Atmung zu koordinieren, und verließ sich auf ihre anscheinend unerschöpflichen Energiequellen.

Sie interessierte sich auch für Fachzeitschriften über Tanz und Tanzpädagogik und stellte sich in ihren Phantasien vor, Tanztherapeutin zu werden. Aber diese Identifizierung mit mir war nur oberflächlich, denn jedes Nachdenken über ihren Ausbruch, der diese Phase eingeleitet hatte, wies sie zornig von sich. Sie imitierte mein Bewegungsmuster rein mechanisch, fühlte sich dabei gar nicht wohl und wurde immer unfreundlicher.

Ich konnte nichts über ihre Vergangenheit in Erfahrung bringen. Sie beantwortete meine Fragen einfach nicht. Trotzdem versuchte ich, den Einfluß der Vergangenheit auf Alissa zu verstehen. Ich wußte zum Beispiel, daß Alissas Mutter sich ganz der Pflege ihres kleinen kranken Sohnes gewidmet hatte. Depression, Unruhe und Schuldgefühle machten der ganzen Familie das Leben schwer. Auf Alissa wirkte sich das so aus, daß sie nicht lernen konnte, gegensätzliche Gefühle zu integrieren. Für die kleine Alissa bestand die Welt aus zwei Teilen, die sich nicht miteinander vereinigen ließen. Auf der einen Seite standen liebevolle Eltern, die sich um sie kümmerten; auf der anderen Seite gab es unpersönliche Riesen, die nur für den Bruder sorgten. Für Alissa waren Mutter und Vater nicht nur Menschen mit vielen Aspekten, sondern sie wurden auch als zwei Fremde empfunden, was noch durch die Neigung des Vaters, in Wutanfälle auszubrechen, verstärkt wurde. Alissa, mittlerweile im letzten Semester der Oberschule, hatte eine geradezu vorbildliche Lebensweise angenommen. Sie arbeitete freiwillig nachmittags in einer Sonderschule, nahm abends Tanzstunden und erschien pünktlich zur Behandlung bei mir. Aber von Behandlung konnte kaum die Rede sein. Sie bemühte sich, noch dehnfähiger zu werden, die Hüften noch weiter nach außen zu drehen, den Oberkörper noch tiefer abzubeugen, usw. Außerdem ging sie nun auch zu Tanztherapie-Workshops, eignete sich die Fachsprache an und benahm sich wie eine junge Kollegin. Sie bewarb sich auf einer bekannten Hochschule, die für ihre progressiven Lehrmethoden berühmt war. Sie immatrikulierte sich dort, obgleich ich sie davor gewarnt hatte. Ich wußte, daß Alissa in ihrer gegenwärtigen psychischen Verfassung noch nicht allein und ohne Schutz zurechtkommen konnte. Aber die Eltern befürworteten das Studium und waren sehr stolz auf Alissa. Weil ihr Machtstreben so unterstützt worden war, war Alissa zufrieden und gab sich wieder freundlich. Aber das nützte ihr nicht viel. Zu Weihnachten kam sie zurück, deprimiert, verängstigt und mit neuen Symptomen. Auf der Universität sang sie Hymnen in einem Chor. Während einer Probe fühlte sich Alissa plötzlich durchsichtig. Sie glaubte, sehen zu können, wie das Blut in ihren Adern und im Herzen pulsierte. Ihr Fleisch kam ihr »wächsern, plastisch und illuminiert« vor. Gleichzeitig hatte sie eine Vision, in der ihr die Heilige Jungfrau erschien. Sie fühlte sofort, wie Frieden in ihr einkehrte, und sie beschloß, katholisch zu werden. Ihre Eltern holten sie sofort nach Hause, als die Schulleitung sie benachrichtigte. Die Eltern waren zwar nicht religiös, aber stolz auf ihre jüdische Abstammung. Zunächst war ihnen die religiöse Bekehrung wesentlich unangenehmer als Alissas Psychopathologie. Für sie war das genauso schlimm wie die Verhaftung vor vier Jahren.

Man rief mich an und forderte mich zur »Krisenintervention« auf. Ich sollte Alissa täglich behandeln und sie bis zum Ende der Semesterferien wieder »in Schuß« kriegen.

Alissa benahm sich nun wieder wie Isadora Duncan. Irgendwo hatte sie eine Platte mit indischer Sitarmusik gefunden, die ihr zur Inspiration diente. Sie versetzte sich durch diese Musik in einen hypnotischen Zustand, der ihr sehr gut gefiel. Wenn sie sich in diesem Dämmerzustand befand, hatte sie keine Angst mehr, sich beobachten zu lassen. Darüber hatten wir vorher nie sprechen dürfen. Jetzt war das zwar möglich, aber Alissa war tief regrediert. Ihre antierotischen Bedürfnisse befriedigte sie zum Beispiel dadurch, daß sie ein paar Tropfen Urin in die Hosen machte, kicherte und dann schnell auf die Toilette rannte.

Sie kam mir vor wie ein Kind, das gelobt werden will und nur dadurch Befriedigung finden kann. »Ich bin aber froh, daß du es noch bis zur Toilette geschafft hast«, sagte ich ihr.

Danach wurde Alissas Verhalten im großen und ganzen noch primitiver. Sie wollte zu Polkamusik hüpfen, sich im Walzerrhythmus wiegen, »Himmel und Hölle« spielen oder einfach nur im Kreis herumrennen. Manchmal blieb sie stehen, lächelte mich an und wartete auf eine Bemerkung von mir. Endlich waren wir in der Regression am Fixierungspunkt angelangt. Alissa benahm sich wie ein unartiges Kleinkind, das die Geduld der Mutter auf die Probe stellen will. Ich habe diese Entwicklungsstufe mit allen meinen Borderline-Patienten erlebt, deren Behandlung erfolgreich war.

Alissa wollte Verstecken spielen. Ich freute mich auf ihre täglichen Besuche, denn sie benahm sich zwar jetzt in ihrer tiefen Regression oft befremdend, aber sie war liebevoll, warm und offenherzig. Körperkontakt war noch unmöglich, denn Alissa hatte die Vorstellung, daß eine Umarmung Druckspuren auf ihrer »illuminierten« Haut hinterlassen würde. Sie las die »Bekenntnisse« Augustins und identifizierte sich mit dem Heiligen. Sie wollte nicht wahrhaben, daß man nicht unbedingt für alle früheren Sünden büßen muß. Trotz dieser Zwangsvorstellungen fing sie an, Gedichte zu schreiben. Sie schrieb sie, kalligraphisch schön gestaltet, in Minuskeln. Dann illuminierte sie den ersten Buchstaben auf der ersten Seite, wie in mittelalterlichen Texten. Ich interpretierte, daß es ihr nun möglich sei, Buchstaben statt ihrer Haut zu illuminieren. Die Interpretation wurde dieses Mal nicht abgewehrt.

Aber als die Ferien zu Ende waren, wollte Alissa nicht auf die Hochschule zurück. Die Eltern waren so enttäuscht, daß sie die Behandlung abbrachen. Alissa war innerlich noch nicht genügend gefestigt, um sich dagegen zu wehren. Sie schickte mir ihre wunderschönen Gedichte per Post. Nach ungefähr einem Jahr rief sie mich an, um mir zu erzählen, daß sie endlich eine »Seelenheimat« gefunden habe. Sie wollte sich einer Kommune anschließen, bei der man durch Kräuter und Handauflegen Kranke heilte. Nachdem ein weiteres Jahr verstrichen war, tauchte sie, von ihrer Mutter begleitet, wieder bei mir auf. In der Kommune hatte sie etwas erlebt, was man nicht hatte voraussehen können. Dort war ein junger Mann, dem die »Offenbarung« zuteil wurde, er sei der wiedererschienene Christus. Er suchte nun nach zwölf weiblichen Aposteln, von denen Alissa die dritte war. Die Einweihung erfolgte durch Geschlechtsverkehr mit dem »Sohn Gottes« in Gegenwart der anderen Apostel. Nach ihrer »Einweihung« wurde Alissa wieder von ihren Visionen der Heiligen Jungfrau verfolgt, und sie fühlte sich durchsichtig und illuminiert. Ihre Realitätswahrnehmung war aber noch so weit erhalten, daß sie ihre Eltern anrufen konnte, die sie sofort nach Hause holten.

Nun waren wir zum dritten Mal zusammen. Alissa brachte jetzt der Behandlung nicht mehr soviel Widerstand entgegen. Sie gab mir einen Spitznamen: »Frau Felsen«, weil ich ihrer Meinung nach »wie ein Fels in der Brandung stand«. Ein echtes Arbeitsbündnis wurde möglich (Friedman 1969). Es gelang Alissa, ihre Körpergrenzen zu festigen und ein neues Körperich zu erarbeiten. Ihr Ich wurde wieder so kohärent, daß sie ein neues Studium beginnen konnte. Dieses Mal ging sie auf eine Akademie zur Ausbildung von Hebräischlehrern. Sie vertiefte sich auch in das Studium von Talmud und Thora. Diese neue Richtung verstärkte zwar das Mystische und Magische in ihrer Psyche, aber das wurde als Bestandteil einer religiösen Weltauffassung von ihrer Umwelt akzeptiert.

Sie kam noch einmal zur Behandlung, als sie sich verheiraten wollte. Ihre Angst vor Druckspuren auf der Haut und den Visionen kam wieder zum Vorschein, als sie an den Geschlechtsverkehr mit ihrem Verlobten dachte. Er war ein ernster und sehr religiöser junger Mann, der viel Geduld mit ihr hatte. Ihre Ängste verschwanden schon nach der Hochzeitsnacht.

Soviel ich weiß, ist Alissa jetzt eine junge Mutter, die sich darum bemüht, die Erfordernisse ihres religiösen Lebens mit den Einsichten, die sie in der Therapie gewonnen hat, in Einklang zu bringen. Obgleich sie immer noch labil ist, gelingt es ihr immer besser zu sublimieren. Die Befriedigung ihres starken Motilitätstriebs hat sich auf die Leitung einer Gruppe für israelischen Volkstanz verlagert. Ihre Gedichte sind veröffentlicht worden. Auch ihre Suche nach einem Familien- und Gemeinschaftsleben ist erfüllt worden, denn sie ist aktives Mitglied einer orthodoxen Gemeinde. Am wichtigsten ist aber die Tatsache, daß sie gelernt hat, wie sie mit ihren Körpersignalen umgehen muß. Seit sie das kann, bleiben ihr Regression und pathologische Spaltung erspart. Alissas Realitätsprüfung blieb auch während ihrer tiefsten Regressionen erhalten, ihre Realitätswahrnehmung hingegen war oft entstellt. Ihre gespaltenen Körpergefühle führten zu einem labilen Selbst, dessen Einheit nur mühsam gewahrt werden konnte. Objektbeziehungen waren kaum möglich, bis sie in der Übertragung sozusagen übte, wie man sich einem anderen nähert.

Tanztherapie war hier der beste therapeutische Ansatz, weil er Alissa den Aufbau der Körpergrenzen, körperliche Entspannung und nonverbale Unterstützung ermöglichte. Besonders wichtig war die Tatsache, daß Alissa durch Improvisationen ihre bizarren Wahnvorstellungen auf nonverbalem Wege loswerden konnte, da deren Verbalisierung zu große Ängste hervorgerufen hätte. Sie konnte auch in der Übertragung die Phantasie entwickeln, sie wäre ein Kind, das geliebt wird. Während der Therapie durchlebte sie die Entwicklungsstufen, die ihr vorher entgangen waren, insbesondere die Separations- und Individuationsstufe, die bei ihr durch die elterliche Pflege des gestörten Bruders auf so dramatische Weise unterbrochen worden war. Alissas Aggressionen wurden durch die Arbeit an der Körperhaltung und dem Körperich neutralisiert; dadurch, daß sie mir Vertrauen schenkte, wurden ihre narzißtischen Wunden geheilt.

Zwangsvorstellungen, Bewegung und Tanztherapie

Die meisten Patienten, über die ich bisher berichtet habe, konnten nicht durch eine klassische Psychoanalyse behandelt werden. Raymond, Cassie und viele andere dagegen waren entsprechend der psychoanalytischen Theorie durchaus analysierbar. Sie litten an einer Zwangsneurose..

Trotzdem fand ich für sie den tanztherapeutischen Ansatz geeigneter. Denn gerade jene Ichfunktionen, an die sich die Psychoanalyse wendet, nämlich Denkvermögen und Sprache, werden ja durch die Zwangsneurose beeinträchtigt. In dem Versuch, ihren

Gefühlen zu entfliehen, regredieren die Zwangsneurotiker auf ein Lebensalter, in dem Gedanken noch magische Eigenschaften besaßen. Sie glauben, alles mit Worten erreichen zu können. Sie haben schon als kleine Kinder gelernt, daß die Umwelt, und insbesondere die Mutter, sehr stark auf Worte reagiert. Kleinkindern mag es so vorkommen, als ob sie »zaubern«, wenn ein »Bittebitte« den gewünschten Kuchen oder ein neues Spielzeug erscheinen läßt. Die Worte eröffnen dem heranwachsenden Kind einen neuen Zugang zur Welt. Im Laufe des Lebens verlieren sie selbst und ihre Verwendung beim Sprechen viel von ihrer alten magischen Qualität. Dem Sprechen mißt man keinen besonderen gefühlsmäßigen Wert mehr bei. Man überlegt sich vorher, was man sagt, und versucht abzuschätzen, wann ein Wortschwall angebracht ist und wann man besser schweigt. Man spricht eben, ohne sich darüber den Kopf zu zerbrechen. Aber den Zwangsneurotikern ist dieser selbstverständliche Umgang mit der Sprache verlorengegangen. Da sie ängstlich jegliche gefühlsmäßige Beziehung zu ihrer Umwelt vermeiden, statten sie Worte und Sprache mit den magischen Kräften aus, die sie einst in der Kindheit besaßen. Der Analytiker hat also mit einem Patienten zu tun, den er nur auf dem Wege sprachlicher Kommunikation erreichen kann, obwohl gerade dieser Aspekt gestört ist. Dagegen kann sich die Tanztherapie direkt an die Motilität und solche Ichfunktionen wenden, die frei von Zwangsvorstellungen sind. Zwangsneurotiker können ihre Gedankengänge nicht kontrollieren oder zur Seite schieben. Sie grübeln in einem fort über Dinge nach, die schon längst vorbei und abgetan sind. Ein wirklicher Abschluß steht kaum je zur Debatte.

Meine kleine Patientin Cassie zum Beispiel erledigte ihre Schularbeiten mit großer Sorgfalt. Aber abends, wenn sie eigentlich schlafen sollte, begann sie an ihrer Arbeit zu zweifeln. Sie stand immer wieder auf, um nachzuprüfen, ob sie tatsächlich dieses und jenes richtig gemacht hatte. Sie kam kaum noch zum Schlafen. Endlich bestand ihre Mutter darauf, daß sie im Bett blieb. Aber dann konnte Cassie überhaupt nicht mehr schlafen, und sie grübelte noch mehr. Eines Nachts wurde sie von einem fürchterlichen Gedanken überfallen: »Ich will meine Mutter umbringen. Es ist ihre Schuld, daß ich nicht schlafen kann.« Aber Cassie machte sich weiter keine Sorgen wegen dieser mörderischen Gedanken. Ihre Gefühle waren abgespalten und hatten nichts mit ihren Gedanken zu tun. Sie bestätigte mir und auch sich selbst: »Ich würde meine Mutter doch nicht umbringen. Das hätte gar keinen Zweck, denn wenn sie erst nicht mehr da wäre, würde mich mein Vater um meinen Schlaf bringen.« Die überhebliche Gefühllosigkeit, die sich hier zeigte, ist typisch für Patienten wie Cassie. Aber weil sie die Gefühle nicht zulassen können, die in Verbindung mit solchen Phantasien auftreten, zeigen sich oft eher physiologische Symptome als die eigentlich zu erwartende Angst. Cassie hatte oft Kopfschmerzen und litt an Verstopfung. Sie war klug und verstand bald die Zusammenhänge zwischen ihren Phantasien und ihren Symptomen, aber dieses Verständnis war rein intellektuell und hatte nichts mit echter Einsicht zu tun, denn die Symptome und Cassies Verhalten blieben unverändert. »Zwangsvorstellungen sind anhaltende, intellektualisierte Gedankengänge, während Zwangshandlungen anhaltende, ritualisierte Verhaltensmuster sind« (Salzman 1972).

Als Cassie ihrer Mutter gehorchte und im Bett blieb, statt ihre Schularbeiten hundertmal nachzuprüfen, wurde sie immer unruhiger und mußte nun denken: »Ich will meine Mutter umbringen.« Sie konnte nicht zugeben und sich nicht vorstellen, daß sie tatsächlich alles richtig gemacht hatte. Natürlich waren solche Zwangsvorstellungen für ein artiges Kind unerträglich. Cassie hatte eine hohe Meinung von sich. Sie hielt sich für gehorsam, klug und geradezu fehlerlos. Sie mußte sich also durch Kopfschmerzen und Verstopfung für ihre grausamen Gedanken selbst bestrafen. Als die Mutter sie deswegen zum Arzt brachte, wurden ihre Mordgedanken noch stärker. Daher wehrte sie sich umso erfolgreicher gegen die Wirkung der Medikamente, denn für sie war ja »normaler« Stuhlgang gleichzusetzen mit dem Verlust der Kontrolle über ihre Mordgedanken, die sie gerade über die Verstopfung »bei sich behalten« konnte. Dieser gewaltige innere Kampf verwandelte Cassie in ein blasses, geisterhaftes Kind, den sprichwörtlichen altklugen Stubenhocker, das viel las und viel allein spielte; ihre Isolation aber rationalisierte sie als Überlegenheit über die anderen, robusten Kinder, mit denen sie zur Schule gehen mußte. Cassie stellte sich in ihren Phantasien vor, einmal eine großartige Tänzerin oder Turnerin zu werden, doch sie wurde von ihrem »Körperpanzer«, den Reich so anschaulich beschrieben hat, so behindert, daß sie ihre Pläne nicht in die Tat umsetzen konnte. Ihren Gefühlen war schon so lange der motorische Ausdruck versagt, daß sie steif geworden war und auch manchmal Krämpfe in den Waden bekam. Ganz unbewußt hatte sie aus ihrem Körper ein Bollwerk gegen das gewaltsame Eindringen von Zwangsvorstellungen gemacht.

In Cassies Krankheitsbild sieht man, was geschieht, wenn sich die Verdrängung als unzureichend erwiesen hat. Zu viel war nämlich noch im Bereich des Bewußtseins verblieben. Daher mußte sie ihre Gefühle abspalten, denn sonst wäre sie unter dem Einfluß ihrer morbiden Phantasie zusammengebrochen. Aber Cassie war ein Kind, dessen Neurose noch keine lange Vorgeschichte hatte. Sobald wir ihre Motilität als Medium des Ausdrucks erschließen konnten, ging es ihr besser. Sie wurde viel schneller gesund als Patienten, deren Zwangsneurose sich schon länger in ihrer Psyche eingenistet hatte. In dieser Hinsicht ist Raymonds Fall ein besonders eindrucksvolles Beispiel.

Raymond

Raymond war von seinem Psychoanalytiker zur Tanztherapie überwiesen worden. Nach einem Jahr in psychoanalytischer Behandlung war er so verstimmt und von Zweifeln geplagt, daß er nicht mehr frei assoziieren konnte. Seine Frau hatte ihn verlassen, angeblich weil seine Zwangsvorstellungen und -rituale ihn arbeitsunfähig gemacht hatten. Er konnte nur noch zu Hause arbeiten und verbrachte fast den ganzen Tag mit seinen »Sicherungsmaßnahmen«. Raymond hatte eine Ausbildung als Buchhalter abgeschlossen. Er war das dritte von fünf Kindern einer sehr puritanischen Familie, die stolz auf ihre lange Tradition war. Raymond hatte, wie seine Mutter sagte, eine »vorzügliche Erziehung genossen«, denn man hatte ihn auf ein berühmtes Internat und eine noch berühmtere Universität geschickt. Raymond war auch ein guter Sportler, und bis zu seiner Heirat deutete alles darauf hin, daß er den von seinen Vorfahren vorgezeichneten Weg fortsetzen würde. Als er sich bei mir vorstellte, war von seiner guten Erziehung allerdings kaum noch etwas zu merken. Sein schütteres blondes Haar hing wirr über seine hohe, in Falten gelegte Stirn. Seine Kleidung sah aus, als hätte er sie aus dem Leihhaus geborgt. Man hörte deutlich, wie er atmete, während er, noch ehe er mich begrüßte, seine Hosentaschen untersuchte, um nachzuforschen, »ob er auch alles hatte«. Er vollzog dieses Ritual jedesmal, wenn er ankam. Es verschwand, ohne daß es eigens gedeutet worden war, als Raymonds Körperbild sich festigte.

Als erstes ließ er mich wissen, daß er zu mir gekommen sei, weil ich mich mit dem Körper beschäftige. Er hätte allmählich genug von diesem psychoanalytischen Gequassel, das ihn sicher schlecht beeinflußt hatte, weswegen er auch seine Frau verloren hätte. Es war augenscheinlich schwierig für ihn, mir gleich so viel auf einmal zu sagen. Er atmete tief durch, lehnte sich wie erschöpft zurück und starrte mich an. Dann verhörte er mich in schulmeisterlicher Manier: Konnte ich mich wirklich flüssig bewegen? Wo war ich ausgebildet worden? Und wie war es mir möglich gewesen, seinem orthodoxen Analytiker mit meinen unorthodoxen Methoden zu imponieren? Seiner recht diffusen Auffassung nach sei sein Analytiker nicht besonders gut, aber ich müßte sicherlich noch schlechter sein.

Ich hatte inzwischen die Gelegenheit genutzt, mir Raymond gründlich anzusehen. Er sah nicht besonders sauber aus, und seine Fingernägel waren zerbissen. Dennoch gab er sich würdevoll wie ein in Ehren ergrauter Staatsmann. Er hielt sich kerzengerade, verbeugte sich bei seinen Fragen leicht und legte ein Bein lässig über das andere.

Ich sagte Raymond, daß ich seine Zweifel über mich verstehen könne, aber auch, daß ja meine Diplome im Wartezimmer hingen. Er verlor sofort die Courage und fragte mich, was er tun solle. Aber ehe ich ihm antworten konnte, waren seine Gedanken schon weitergeeilt. Er erzählte mir, daß er ein guter Gesellschaftstänzer sei und auch Gymnastik getrieben habe. Ich lud ihn ein, mir doch ein paar von den Leibesübungen, die Bestandteil seines Trainings waren, vorzuführen. Nein, er war völlig dagegen, mein Studio sah »falsch« aus, es erinnerte ihn nicht an die Turnhalle, in der er als Student trainiert hatte. Aber er wollte sich meine Schallplattensammlung ansehen, meine Bälle und Reifen überprüfen und den Raum genauer inspizieren. Er zog seinen langen Mantel aus. Darunter trug er abgewetzte schwarze Hosen und einen grünen Pullover mit durchlöcherten Ellbogen. Sein Hemd war verwaschen und hatte einen ausgefransten Kragen, aber seine Manschettenknöpfe waren aus schwerem alten Gold, und seine Krawattennadel war sicherlich ein Erbstück. Er kam mir wie eine prachtvolle Vogelscheuche vor.

Er wählte eine Jazzplatte aus, legte sie auf, hörte kurz zu und öffnete seine Arme wie ein linkischer Bär. Dann wiegte er sich ungeschickt hin und her, als ob er die synkopierte und komplizierte Musik überhaupt nicht wahrnehmen würde. Mir war nicht klar, wie er sich auf diese Weise überhaupt bewegen konnte, denn sein Körper blieb steif. Nicht einmal seine Gelenke schienen sich zu bewegen, vielmehr rissen ihn scharfe kleine Stöße hin und her. Als er fertig war, wollte er meine Deutung hören, denn »jemand« habe ihm gesagt, daß alle Bewegungen ihre Bedeutung hätten. Ich antwortete ihm wahrheitsgemäß, daß ich vorläufig noch nicht wisse, was seine kleine Improvisation zu bedeuten habe, daß wir eine Bedeutung erst durch gemeinsame Arbeit herausfinden müßten. Allerdings war mir aufgefallen, daß Raymond sich beim Tanzen gar nicht wohl fühlte. Ich machte ihn darauf aufmerksam: »Vielleicht hat das damit zu tun, daß Sie zum ersten Mal hier sind und mich gar nicht kennen«, sagte ich. »Kaum«, antwortete Raymond hochnäsig. »Mir kommt es so vor, als ob auch Sie nicht allzuviel wissen.« Ich verstand, daß er sich distanzieren und wehren mußte, denn seine Angst steigerte sich, gleich nachdem er dies gesagt hatte. Er bat mich um meine Visitenkarte und wollte dann sofort seine nächste Stunde absagen. Angeblich hatte er an dem Tag »etwas zu tun«. Ich beschloß, nicht deutend auf seine Unsicherheit einzugehen, sondern mich an sein Realitäts-Ich zu wenden. Ich hatte nämlich den Eindruck, daß seine Realitätsprüfung nicht ganz so sehr aus der Bahn geraten war, wie er das vorgab. Ich erklärte ihm also, daß meine Patienten mir gegenüber gewisse Pflichten haben, zwar nicht sehr große und überwältigende, aber immerhin doch Pflichten. Unter anderem erwarte ich, daß abgesagte Stunden nachgeholt und bezahlt werden, auch wenn der Patient entscheidet, sie nicht nachzuholen. Daraufhin entschloß sich Raymond, dann doch zu kommen, und bat mich noch um eine zweite Visitenkarte für seine andere Tasche, damit »es im Gleichgewicht bleibt«.

Raymonds Redeweise blieb lange so kryptisch. Trotzdem gelang es mir, Aufschluß über sein unberechenbares Verhalten zu gewinnen. Ein wichtiger Wendepunkt in seinem Leben war seine Ehe. Er war als junger Mensch ein Eigenbrötler gewesen, der sich nach Ruhm sehnte und voll Angst sado-masochistischen Phantasien nachhing. Als er seine zukünftige Frau kennenlernte, war er zunächst verschüchtert, aber auch sehr befriedigt, daß ihn endlich jemand für voll nahm. Seine Frau soll charmant gewesen sein und viele Verehrer gehabt haben. Raymond hatte es ihr besonders angetan, weil niemand außer ihr »ihn herumkriegen konnte«. Sie gingen beide auf die gleiche Universität, wo sie einander auch begegnet waren. Er war als ein ehrgeiziger Student bekannt und hatte sich im Gymnastikteam seiner Universität hervorgetan. Nach eigenem Bekunden hatte er »viele Bekannte, aber keine Freunde«. Das war ihm aber ganz recht, denn sein Vater war vor kurzem gestorben und hatte ihm auf dem Sterbebett das Versprechen abgenommen, daß »er für seine Mutter sorgen würde«. Raymond nahm sein Versprechen ernst. Er wollte gleich zu seiner Mutter ziehen, obgleich er schon seit dem zwölften Lebensjahr nicht mehr zu Hause gewohnt hatte, sondern im Internat und dann auf der Universität gewesen war. Seine Mutter legte darauf allerdings keinen Wert. Sie schickte ihn schleunigst auf die Universität zurück und verwies ihn auf sein Studium. »Du mußt ein Mann werden«, sagte sie ihm, »benimm dich nicht wie ein Kind.« Raymond gehorchte, aber er fühlte sich unverstanden und abgewiesen. Er schrieb täglich an seine Mutter und geriet immer tiefer in die geheime Welt seiner Phantasien. Und dann traf er Bette. Es dauerte nicht lange, bis sie ihn verführt hatte. Sie fand, »daß er seinen wunderbaren Penis hatte brachliegen lassen«. Raymond fand das auch, denn er war der Meinung, daß sein Penis ungewöhnlich groß sei, und er hatte sich schon immer gewundert und darüber geärgert, daß »die Weiber ihn übersehen hatten«. Schon als Primaner fühlte er sich zurückgesetzt, denn die jungen Mädchen, die er kannte, wollten sich nicht mit ihm abgeben. Er wußte, daß er »anders« war. »Anders, aber weitaus besser«, wie er das ausdrückte.

Sein Selbstbild war deutlich von Ambivalenz geprägt. In seiner Überheblichkeit hielt er sich für besser als die meisten anderen, und er erwartete, daß die anderen seine Besonderheit akzeptieren müßten, ohne daß er sie an seinen Vorzügen teilhaben lassen müßte. Als aber niemand seinen Wünschen entsprach, spornte ihn das nicht dazu an, sich zu verändern. Er entschied sich vielmehr dafür, die anderen als minderwertig abzuqualifizieren. Aber hinter der Maske des blasierten Weltmanns steckten Passivität und Kontaktunfähigkeit, und hinter den hochnäsigen Forderungen lag eine enorme Unsicherheit verborgen. Wie alle Zwangsneurotiker mußte Raymond alles kontrollieren und rationalisieren. Er war sehr stolz auf seine Mutter und Schwester und gab vor, sie innig zu lieben. Aber im gleichen Atemzug tat er sie mit der Bemerkung ab: »Das sind ja auch nur Frauen.« Seine Frau fand er »großartig«, doch als sie ihn verließ, war sie für ihn nur noch »eine Hure«. Sein Analytiker war »ein großer Mensch«, aber nicht groß genug für Raymond. Ich war sowieso kaum der Rede wert, denn er konnte sich nicht vorstellen, wie sich eine ehemalige Tänzerin in den Beruf einer Therapeutin einschleichen konnte. Ambivalenz beeinflußte und bestimmte also sein gesamtes Verhalten.

Sein Bewegungsmuster war genauso zwanghaft und starr. Er konnte sich nicht entspannen. Es war ihm nicht einmal möglich, seinen Kopf einfach hängen zu lassen. Seine Nackenmuskulatur blieb krampfhaft angespannt, wenn er versuchte, sich ein bißchen zu lockern. Manchmal gelang es ihm, den Kopf wenigstens zu senken. Dann drehte er sofort die Augen nach oben und wollte wissen, ob das nun weit genug sei.

Endlich fanden wir Aufwärmübungen, die ihm zusagten. Zu Anfang jeder Stunde kam er in den Raum hineinmarschiert, nachdem er in der Tür seine Taschen untersucht hatte. (Dadurch konnte er lange Zeit seine Kastrationsangst binden und abwehren.) Dann widmete er sich voller Inbrunst seinen Bauchaufzügen und Liegestützen, bis er kaum noch atmen konnte. Triefend vor Schweiß, fing er dann regelmäßig an zu zittern, was er aber ignorierte. Er lebte nach soviel Körperarbeit förmlich auf. Gleich danach wollte er meist Ballettmusik hören. Er wollte jetzt nämlich lernen, die hohe Kunst des Balletts zu beherrschen, um »nicht mehr so ein Klotz zu sein«. Aber hier stießen wir wieder auf Schwierigkeiten. Raymond konnte lange im *relevé* stehen und auch so etwas wie ein *plié* nachmachen, aber es war ihm unmöglich, sich formgerecht zu verbeugen oder sich nach hinten zu beugen. Statt dessen schlenkerte er mit den Armen in der Gegend umher. Seine Arme waren wie Tentakel, die eine Verbindung zu seinem steifen Körper herstellten. Ich schlug Atemübungen vor, um ihn zu entspannen. Er war sehr dafür und atmete tief, so tief, daß er ohnmächtig wurde. Natürlich rationalisierte er diesen Vorfall. Er erklärte mir allen Ernstes, daß er sehr gut tief atmen könne, weil er früher einmal Yogastunden genommen hatte. Aber leider sei er nun außer Übung – daher die Ohnmacht. Er wollte darüber auch nicht weiter sprechen oder die Bedeutung des Ohnmachtsanfalles untersuchen. »Das viele Gerede hat mir die Analyse verdorben. Ich werde das auf gar keinen Fall hier zulassen«, sagte er. Unter all seinem Negativismus schien also doch eine positive Übertragung zu wachsen. Ich sagte ihm das auch. Statt mir direkt zu antworten, erzählte mir Raymond erstmals einen Traum. Er träumte, daß er mit einer Frau in einem großen, vollbesetzten Amphitheater stand. Er hielt die Frau an der Hand, und alle Leute blickten auf das Paar. Plötzlich gab es eine Explosion.

Raymond wollte nicht weiter über den Traum reden, war aber bereit, ihn in Bewegung umzusetzen. Erst machte er mir klar, daß er mich eigentlich nicht anfassen wollte, packte mich aber dann doch fest an der Hand und führte mich im Raum umher. Manchmal blieb er stocksteif stehen und zeigte in die Ferne. Dann gab er mir einen Stoß und warf sich selbst auf den Boden, um die Explosion darzustellen. Dabei benahm er sich so distanziert und blasiert wie möglich. Natürlich weigerte er sich wieder, darüber zu sprechen. Ich sollte ohne jegliche Unterstützung seinerseits interpretieren, aber ich sagte nur: »Ich kann Ihr Mißtrauen gegen Worte verstehen.« Das machte Raymond nachdenklich. Wie üblich wollte er mir dann zeigen, daß ich ihn völlig falsch verstanden hatte. Er bestand darauf, mir mein Unwissen zu bezeugen. Für ihn bestand die Bedeutung des Traumes – und davon ließ er sich nicht abbringen – darin, daß in der Beziehung zu mir das gleiche passieren würde, was in der Beziehung zu seiner Frau passiert war, wenn er sich mit vollem Einsatz in der Therapie engagieren würde, nämlich, ich würde ihn wie eine Hure ausnützen und dann verlassen – genau das sollte die Explosion zum Ausdruck bringen. Dabei fiel ihm auch ein, daß alle Therapeuten, aus allen theoretischen Richtungen, Huren seien, denn ihre Behandlung muß ja mit Geld bezahlt werden.

In seiner Aussage schienen sich die Wiederkehr der Geschwisterrivalität und der unglückliche Verlauf seiner Ehe abzuzeichnen, vielleicht sogar etwas, das sich in der Vergangenheit in der Beziehung zu seiner Mutter abgespielt hatte. Die Explosion, nachdem er mit einer Frau in Verbindung getreten war, schien mir ein weiterer Beweis für Raymonds Kastrations- und Vernichtungsängste, für seine überwältigende Furcht vor intimem Kontakt zu Frauen und für Weltuntergangsphantasien zu sein, die wahrscheinlich mit einer Körperfragmentierung zusammenhingen. Ich fragte mich: Ist Raymond latent homosexuell oder eine Borderline-Persönlichkeit? Er hatte mich zur Seite gestoßen, hatte mich also vor der Explosion schützen wollen, als er den Traum szenisch darstellte. Suchte er nach einer Bestätigung, daß ich ihn nicht verlassen würde wie seine Frau? Er hatte alle Therapeutinnen Huren genannt. War ich im Rahmen seiner inneren Objektkonstellation zu einer Hure geworden, da ich ja Geld für meine Dienste annahm? Hieß das nun, daß ich in der Übertragung zu seiner Frau wurde, die ihn ja verlassen hatte? Oder ging das noch tiefer und drehte sich das alles um seine ersten Erfahrungen mit seiner Mutter? Wenn auch nur ein Bruchteil meiner Gedanken zutrafen, war es kein Wunder, daß Raymond in mir keine Therapeutin, sondern ein gefährliches Wesen sehen mußte. Aber wir kannten uns noch nicht lange genug. Raymond vertraute mir noch nicht in ausreichendem Maße, und die positive Übertragung war vorläufig noch kein Schutz gegen seine starken negativen Gefühle, als daß ich es wagen konnte, unsere Beziehung durch die Aufdeckung all dieser verborgenen Konflikte aufs Spiel zu setzen. Ich sagte ihm daher lediglich, ich hätte den Eindruck, unsere Beziehung sei ihm mittlerweile so wichtig geworden, daß er zumindest anfinge, sich Gedanken darüber zu machen, ob er mir vertrauen können. Statt zu antworten, fing Raymond an zu schwitzen. Wie immer wollte er das nicht zugeben. Die Spaltung zwischen der Körpersprache und seinen Gedanken vermittelte ihm Machtgefühle. Er verließ diese Stunde mit einem Hohnlächeln.

Als er zur nächsten Sitzung kam, hatte er sich eine neue Strategie ausgedacht, die er dann auch monatelang beibehielt. Statt seinen Widerstand durch Gesichtsausdruck und Bewegung zu zeigen, machte er nun am laufenden Band sarkastische Bemerkungen. Als er wieder einmal sein Ankunftsritual vollzog, redete er gleichzeitig auf mich ein und verglich mich mit einem Gefängniswächter, der die Habseligkeiten der Gefangenen registriert; als er sein Aufwärmprogramm absolvierte, erinnerte ich ihn an einen Trainer, der ihn wie einen Sklaven schikaniert hatte; an der Ballettstange kam ich ihm wie eine unglaublich hochmütige Primaballerina vor;

als ich nicht zu seinen geliebten Jazzplatten mittanzte, wurde ich zu einer der Frauen, die seine Annäherungsversuche zurückgewiesen hatten. Inzwischen hatte er Gefallen an den Übungen und Improvisationen gefunden. Dennoch blieb er sarkastisch und unfreundlich. Insbesondere beklagte er sich über die herzlose Art, in der seine Mutter und angeblich auch ich ihn behandelten. Er geriet außer sich, als er erzählte, daß seine Mutter ihn mit zweieinhalb Jahren in den Kindergarten geschickt hatte, damit sie sich um ihr Geschäft kümmern konnte. Die Mutter verdiente nämlich durch einen Modehandel den größten Teil des Familieneinkommens, während der Vater als Privatgelehrter nur sehr wenig dazu beitragen konnte. Raymond konnte das nicht verstehen, sondern beklagte sich immer wieder über Mutters »Betrug«, der darin bestand, daß sie die Erziehung der Kinder Gouvernanten und später den Schulen überließ. Es war zwar ein Fortschritt, daß er mir das erzählen konnte, aber dennoch war keine affektive und sich in der Körpersprache niederschlagende Beteiligung mit diesen Berichten verknüpft. Er blieb sarkastisch und distanziert. Auffällig war, daß er bei seinen Erzählungen nie stillsaß. Er tanzte oder machte Übungen, während er mir seine Lebensgeschichte schilderte. Sein Motilitätstrieb ließ ihn nicht zur Ruhe kommen, doch die Art, wie er sich bewegte, hatte nichts mit dem zu tun, was er gerade erzählte. Er konnte sich nicht selbst beobachten, sondern lenkte sich von seinen Gefühlen, wenn auch nicht von seinen Gedanken, durch Körperbewegung und Muskelaktivität ab. Er machte Fortschritte bei seinen Ballettübungen und konnte nun auch tief atmen, ohne ohnmächtig zu werden. Dabei erinnerte er sich an die Erzieherinnen und Gouvernanten, die ihn betreut hatten. Seine Stimme wurde dabei leise, und er konnte mich nicht ansehen, wenn er über diese Frauen sprach. Er zupfte dann auch an seinen Hosen herum. Ich deutete sein Unbehagen als Furcht vor dem Verlassenwerden. Raymond war von dieser Deutung überwältigt. Er kreuzte seine Arme vor der Brust, wiegte sich rhythmisch hin und her und weinte leise vor sich hin. Er erinnerte sich, wie er als kleiner Junge den Morgenrock seiner Mutter angezogen hatte, weil an ihm noch ihr Geruch haftete. Er erinnerte sich an eine kindliche Phantasie, in der schimmernde Ballons vom Himmel kamen, um ihn einzuhüllen und ihn zu seiner Mutter zu bringen. Manchmal versteckte er sich auch hinter den Vorhängen im Eßzimmer, wenn die Eltern Besuch hatten, und hörte zu. Aber er mußte von dem Staub in dem schweren Stoff niesen. Unter dem Gelächter der Anwesenden wurde er hervorgezogen. In solchen Situationen hatte er gelernt, wie man sarkastisch und distanziert ist – sarkastisch wie die Gäste, die sagten: »Warum ist denn dieser ungezogene kleine Bengel noch nicht im Bett?«, und distanziert wie seine Mutter, die einfach das Kindermädchen rief und ihr befahl, den lästigen Störenfried ins Bett zu stecken. Er hatte ein paarmal versucht, sich so einzuschleichen, und jedesmal war es danebengegangen. Schließlich wurde er Fremden gegenüber schüchtern und schweigsam. Als Erwachsenem ging es ihm immer noch so, wenn er »jungen Damen und potentiellen Arbeitgebern« begegnete.

Nun fingen wir an, über seine ihm ausgesprochen peinliche Arbeitslosigkeit zu reden. Er konnte sich nicht dazu durchringen, sich durch die Beziehungen seiner Familie bei der Stellungsuche unterstützen zu lassen. Er hatte inzwischen ein Reparaturgeschäft im Stall des Familienguts aufgemacht und war in die Wohnung des Stallknechts gezogen. Aber leider fanden sich keine Kunden. Die Wohnung hatte keine Heizung, und als er einen Ofen aufstellte, brach das Heizungsrohr und verbreitete den Ruß im ganzen Zimmer. Raymond nahm das mit stoischer Gelassenheit hin. Merkwürdigerweise brachte er es immer fertig, seine Rechnung bei mir rechtzeitig zu bezahlen, allerdings versäumte er nicht, mir anklagend mitzuteilen, durch welche unstandesgemäßen Arbeiten er das Geld verdient habe. Manchmal verdingte er sich als Chauffeur bei den Freundinnen seiner Mutter, ein anderes Mal mähte er Rasen usw. Neuerdings träumte er davon, Gigolo zu werden, vorzugsweise bei einer reichen, alten Dame.

Ihm machten jetzt die Therapiestunden Spaß, und er fand, daß er sich doch entspannen konnte. Er machte Dehn- und Lockerungsübungen an der Stange und auf dem Boden und fühlte sich dadurch enorm erleichtert. Er nannte das »die Muskeln dazu bringen, daß sie endlich aufhören, mich zu erwürgen«.

Wenn ich ihm an der Stange etwas Neues zeigte, legte er oft seine Hand ganz dicht neben meine, zog sie aber schnell weg, wenn ich das merkte. Seine Improvisationen und sein musikalischer Geschmack änderten sich. Er zog jetzt Countrymusik vor, insbesondere Balladen, in denen arme Cowboys ihre inniggeliebte Dorfschöne verloren hatten oder sie von hartherzigen Frauen verlassen wurden. Er sang nasal und sehr laut mit. Ich sollte auch mitsingen. Als ich das nicht tat, stellte er sich vor mich hin und sang mir buchstäblich ins Gesicht. Ich war also zweifellos zum Objekt seiner ödipalen Regungen geworden. Aber ehe die Zeit reif war, dies ihm in einer Deutung mitzuteilen, trat noch eine weitere Veränderung ein: Ein alter Studienfreund, der auch von seiner Frau geschieden war, bot Raymond eine Stelle an. Er sollte Finanzberater für die Klienten einer bekannten Rechtsanwaltskanzlei werden. Raymond wurde sofort von Bedenken und Unsicherheit überflutet. Er schien seine Berufserfahrungen vergessen zu haben und wurde von Angstgefühlen gepeinigt. Der ungeschickte, aber verführerische Dorfjunge war gänzlich von der Bildfläche verschwunden. Statt dessen erschien ein blasser junger Mann, der rettungslos in seine Zwangshandlungen verstrickt war. Er mußte alle paar Minuten nachsehen, ob er »alles hatte«, und roch nach Angstschweiß, ohne sich dazu durchringen zu können, ein Bad zu nehmen. Plötzlich konnte er seinen eigenen Körper nicht ausstehen, wollte ihn nicht mehr sehen, und vermied daher, sich auszuziehen, was sich ja aber, wenn man baden will, nicht umgehen läßt. Dehn- und Lockerungsübungen halfen nicht mehr. Statt dessen wollte er erst mit den Fäusten, dann mit dem Kopf auf den Boden hämmern. Er sah so bußfertig aus, daß ich ihn fragte, was er denn so bereue. Er sah mich voller Verachtung an. Kann man denn noch dümmer sein als ich, wollte er wissen. Wie kann man jemanden einstellen, der gestern noch ein Gigolo sein wollte? Es stimmte schon, daß nur ich davon wußte, aber wenn nun sein neuer Chef davon erfahren würde? Ich versicherte ihm, daß niemand seine Gedanken lesen könne. Raymond hörte kaum hin. Schließlich erinnerte er sich an etwas, das er gelesen hatte. Er fragte: »Ist es möglich, daß ich tatsächlich mit meiner Mutter schlafen wollte? Hatte die Gigolophantasie vielleicht mit einem Inzestwunsch zu tun? Muß ich darum immer aufpassen, ob mir was verlorengegangen ist?«

Er blickte kurz auf, wurde rot und merkte, daß er einige seiner inzestuösen Empfindungen auf mich übertragen hatte. Aber er fing sich schnell. »Na, dafür werden Sie ja bezahlt«, meinte er trocken und genauso arrogant wie früher. Dann ließ er das ganze Thema fallen und wollte besprechen, welches seiner alten, aber gut geschnittenen Jacketts er zu seinem Einstellungsgespräch anziehen sollte.

Sein introspektives Verständnis ermutigte mich, wenn es auch nur vorübergehender Natur gewesen war. Raymond war nämlich immer noch einsam und von seinen magischen Zwangsvorstellungen und Zwangsritualen beherrscht, so daß ich gar nicht sicher war, ob er schon eine verantwortungsvolle Stellung übernehmen konnte. Er hatte immer noch weder Kontakt zu seiner Familie noch irgendwelche Freunde und tauchte nur jedes Wochenende in irgendwelchen Bars auf, wo ihn »junge Damen« regelmäßig wegen seiner Annäherungsversuche auslachten. Gleichzeitig dachte ich aber auch daran, daß Raymond doch Fortschritte gemacht hatte. Die körperliche Bewegung, seine motorischen Aktivitäten, die mit mir als »hinreichend gutem Objekt« verbunden waren, gewährten Raymond ein gewisses Maß an Befriedigung. Am wichtigsten war wohl die Tatsache, daß er mich jetzt als Hilfs-Ich ansah und mir in der Übertragung Vertrauen schenkte. Daß er Fortschritte gemacht hatte, sollte sich bald zeigen.

Ehe er es fertigbrachte, sich bei seinem Arbeitgeber vorzustellen, rief er mich mehrfach an. Zu seiner nächsten Stunde erschien er mit einem merkwürdigen Haarschnitt, strahlend, da er die Stellung tatsächlich bekommen hatte. Glücklicherweise hatte er seinen Bruder kurz vor dem Einstellungsgespräch besucht. Dieser hatte ihn kurzerhand in die Badewanne gesetzt und ihm einen Topfschnitt verpaßt. Raymond war beglückt, aber auch beschämt. Er hatte nur kaltes Wasser in seiner Wohnung über dem Stall, und er gab vor, daß kaltes Wasser seinen Körpergeruch einfach nicht beseitigen könnte. Seine Ambivalenz hatte also noch nicht nachgelassen. Es stimmte schon, daß er jetzt ein realistischeres Verhältnis zu seiner Umwelt hatte und sich ein wenig Befriedigung gönnte, aber er war immer noch gezwungen, das, was er getan hatte, rückgängig zu machen und durch wenig glaubhafte Rationalisierungen und Zwangshandlungen zu verleugnen. Es gelang ihm nur zeitweilig, sich über seine Zwangsvorstellungen hinwegzusetzen, indem er sich an das Gefühl der Befriedigung und Befreiung nach seiner körperlichen Betätigung während der Therapie erinnerte.

Durch seine Stellung wurde nun Raymonds ganzes Leben verändert. Er stellte fest, daß seine Kollegen ihn mochten und ihm auch helfen wollten. Er war sehr mißtrauisch, fast paranoid, denn er wußte, daß einige von ihnen zum Bekanntenkreis seiner geschiedenen Frau gehörten. Er hatte den Verdacht, daß diese Leute ihr über ihn berichten würden, daß sie ihn wieder haben wollte, obgleich er inzwischen der Meinung war, daß alle Frauen nichts taugten. Er verstieg sich oft zu dieser Behauptung, verbeugte sich aber danach sofort und sagte: »Damit sind Sie natürlich nicht gemeint.« Trotz seines Mißtrauens bereitete sich Raymond auf ein Treffen mit seiner Frau vor, indem er die neuesten Modetänze lernte. Er wollte ihr zeigen, wie weltmännisch und erfahren er sei, damit sie ja nicht auf den Gedanken käme, er habe sie vermißt. Aber die neuen Tänze raubten ihm den Atem. Wir mußten wieder Atemübungen machen, um die Angst zu bewältigen.

Während solcher Atemübungen entspannte sich Raymond und wurde sich neuer Gefühle bewußt. Er nahm die *Assanah des schlafenden Kindes* ein, in der man sich kniend wie ein Fötus zusammenkrümmt. Er wiegte sich ganz sanft und fing an zu jammern und zu wehklagen. Langsam formte er Worte. »Alleine, alleine«, sang er. »Ich spiele ganz alleine – nur mit mir selbst.« Dann setzte er sich hin und zeigte mir, wie er als Kind mit Autos gespielt hatte und für sie Autobahnen angelegt hatte. »Die Mutter ist weg, der Bruder ist weg, ich spiele alleine«, sang er weiter. Plötzlich verwandelte sich sein leiser Gesang. Er lachte laut auf. In seiner Phantasie hatte ein Verkehrsunfall stattgefunden. »Jetzt sind sie alle verschwunden«, triumphierte er. »Ich habe sie mit dem Autounfall alle umgebracht, meine Mutter, meinen Vater, alle, weil sie mich immer so allein lassen. Und vielleicht bringe ich Sie auch um ... nein, keine Sorge, Leute wie ich bringen Leute wie Sie nicht um.«

Ich war froh, daß er mich auf diese Weise trösten wollte, denn die Atmosphäre war spannungs- und aggressionsgeladen, was sich keineswegs nur auf die »Spielebene« beschränkte. Ich interpretierte, daß das Geschehen in dieser Phantasie vielleicht mit dem Explosionstraum zu tun hätte. Zuerst setzte Raymond vor lauter Verblüffung darüber, daß ich das erahnen konnte, ein Schafsgesicht auf, war aber erleichtert und bedankte sich dafür, »daß Sie das alles so gut einordnen können«.

Wenn Raymond sich so an seine frühe Kindheit erinnerte, wurden seine Bewegungen fließender. Statt der bisherigen Entfremdung von seinem Körper konnte er ihn jetzt als Ganzes und ohne Widerstand erleben. Während dieser paar Minuten war die Spaltung aufgehoben; Körper und Seele drückten aus, was sich schon so lange aufgestaut hatte. Trotzdem war er immer noch weder bereit, über seine Gefühle nachzudenken, noch versuchte er, frei zu assoziieren. Erinnerungen, schnappschußartige Einsichten und Improvisationen überfielen ihn, wenn er sie nicht erwartete, meist nach Atem- und Dehnübungen. Aber er war selten zum Durcharbeiten bereit. Das Spiel mit den imaginären Autos und dem Unfall faszinierte ihn. Er fühlte sich immer wieder dazu hingezogen. Er schien nach verlorengegangenen Erinnerungen zu suchen. Aber er erlebte diese Kindheitsphantasie nie wieder in dieser Intensität, obgleich er sich darum bemühte. Eines Tages erinnerte er sich aber auch an das Spielzimmer und an das Kindermädchen, das ihn damals betreute.

Ich war der Meinung, daß es sich hier um eine »Deckerinnerung« handelte, denn die ganze Episode war irgendwie zu sehr verdichtet und paßte zu gut in die ödipale Phase hinein, die Raymond meiner Meinung nach noch nicht erreicht hatte. Ich fragte mich, ob die Wut auf seine Frau den Anstoß zu seinem Mordgedanken gegeben hatte. Greenson (1958) hat festgestellt, daß es für die Analyse eines Patienten, der Deckphänomene aufweist (zu denen natürlich auch die Deckerinnerungen gehören), charakteristisch ist, daß das Erinnern durch Ausagieren ersetzt wird. Bekanntlich ist man in der Psychoanalyse der Meinung, daß die therapeutische Arbeit mit dem Erinnerungsmaterial durch die Erfüllung unbewußter Wünsche erschwert wird. Greenson und andere Psychoanalytiker betrachten jegliches Agieren als Widerstand gegen verbale Kommunikation. Tanztherapeuten hingegen sind überzeugt, daß alle Lebenserfahrungen im Körper gespeichert werden und, wenn sich die Gelegenheit ergibt, wieder ans Licht gebracht werden können. Ich habe schon ausgeführt, wie wichtig es ist, Konflikte aus der Vergangenheit in der Gegenwart aufzuarbeiten und für sie eine Lösung zu finden. Ich fragte mich daher, warum Raymond die anscheinend lückenlose Erinnerung an eine kindliche Phantasie nicht hinter sich lassen konnte, sondern immer wieder zu ihr zurückging. Freud stellte fest, daß in der Wiederholungsstruktur der Übertragung die Tendenz besteht, zu agieren statt zu berichten (vgl. 1938, GW 17 S. 101). Wer hatte nun recht, was Raymond anging: die Analytiker oder die Tanztherapeuten? Es stellte sich heraus, daß beide theoretischen Ansätze zur Lösung beitrugen. Raymonds Erinnerung war nicht so vollständig, wie das zunächst aussah. Man konnte sie als Deckerinnerung verstehen; sie war aber zugleich der Schlüssel zu der Erinnerung an ein Trauma – einer Erinnerung, die für Raymond zu schrecklich gewesen wäre und deshalb zunächst verdrängt werden mußte.

Er war wieder einmal dabei, sich mit dem imaginären Autounfall zu beschäftigen, zupfte an seinen Hosen herum und fing an zu schwitzen. Er wurde immer unruhiger, lief auf und ab und bat mich endlich, eine Platte mit seiner geliebten Countrymusik aufzulegen. Er wollte tanzen, nicht reden. In einer weiträumigen Geste öffnete er seine Arme, warf den Kopf nach hinten und stellte einen Fuß vor den anderen. Er sah aus wie ein Gekreuzigter. Dann fing er an, sein Becken in krampfartigen Zuckungen nach vorne zu stoßen. Er blieb ein paar Sekunden in dieser Pose stehen und ließ sich dann auf den Boden fallen. Die Erinnerungen überwältigten ihn nun. Das Kindermädchen, das ihn jeden Abend badete, hatte ihm auch gezeigt, wie man masturbiert. Als er etwas älter war, nahm sie ihn zu sich ins Bett und schaute ihm beim Onanieren zu. Der kleine Junge wußte vor lauter Reizüberflutung nicht, was ihm am besten gefiel: das Gefühl in seinem Geschlechtsteil, die Wärme im Bett oder die Erlaubnis seines Kindermädchens, sich so ausleben zu dürfen. Als sie ihre Stellung aufgab, war er der festen Meinung, daß er schuld daran sei, weil er nicht genügend masturbiert hätte und sie sich daher so gelangweilt habe, daß sie lieber weggegangen ist. Er legte sich selbst eine strenge Buße auf: Er nahm sich selbst das Versprechen ab, nie wieder zu onanieren, und wäre am liebsten ein Heiliger geworden. Er hielt sein Versprechen, bis er heiratete. Seine Frau sah es auch gern, wenn er seinen Penis anfaßte, um ihn dadurch zur Erektion zu bringen. Er tat das ihr zuliebe oft, aber das hieß, daß er sein geheimes Gelübde gebrochen hatte. Bald litt er so stark unter Schuldgefühlen, daß er Potenzstörungen bekam, die er dann durch Zwangsvorstellungen und Zwangshandlungen einzudämmen suchte.

Sein Überich verlor nach diesem Wendepunkt der Therapie viel von der ursprünglichen Strenge. Seine Kommunikationsschwierigkeiten legten sich fast ganz, und er fing an, frei zu assoziieren, denn seine Verkrampfungen, Muskelhemmungen und Spannungen ließen sich nun interpretieren. Seine Vermeidungsstrategien lösten sich auf, als seine Verbalisationsfähigkeit sich vergrößerte. Zur gleichen Zeit lernte er auch, sich durch Bewegung und Tanz auszudrücken. Er schuf einen Tanz, in dem er die Trauer um seinen Vater ausdrückte, und wehrte sich nicht mehr vor der Rückkehr des Verdrängten. Er blieb jedoch bei einer sehr hochtrabenden Gebärdensprache und suchte sich bezeichnenderweise den pathetischen Trauermarsch aus *Aida* zur Begleitung seiner Improvisationen aus. Er mußte nun auch nicht mehr nachsehen, »ob er alles bei sich hatte«, und konnte über die Bedeutung dieser Zwangshandlung sprechen. Schließlich sah er ein, daß ihm niemand etwas weggenommen hatte, d. h. weder seine Mutter noch seine Frau, noch sein Kindermädchen hatten ihm seinen Penis gestohlen.

Bald darauf lernte Raymond eine »junge Dame« kennen, die ihn nicht auslachte. Die beiden verlobten sich. Raymond war stolz auf seine Braut, aber er wollte noch mehr Kontakt, ja er entwickelte geradezu einen Drang, sich die Umwelt zu erobern. Er fing an, in einem Erholungszentrum Yogastunden zu geben.

Raymonds Bedürfnis nach menschlichem Kontakt und sein starker Motilitätstrieb waren endlich der Verdrängung entrissen worden. Desomatisierung und bis zum gewissen Grade Sublimierung ermöglichten eine Verminderung seiner narzißtischen Größenphantasien und vertieften seine Introspektionsfähigkeit. Von nun an war Raymonds Therapie fast ausschließlich eine verbale Psychotherapie.

Es zeigt sich erfahrungsgemäß immer das gleiche Resultat: Wenn der Motilitätstrieb neutralisiert wird, kann die Spaltung zwischen Körper und Seele geheilt werden.

Alle Patienten, von denen ich hier geschrieben habe, mußten erst einen Zugang zu ihrem Motilitätstrieb finden. Natürlich gab es dafür viele verschiedene Gründe. Für diejenigen, die in der oralen Phase fixiert waren, wurde es entscheidend, die Hindernisse, die zu einem Entwicklungsstillstand geführt hatten, zu beseitigen. Das Bewußtsein für den eigenen Körper und eine realistischere Selbstwahrnehmung wurden durch objektbezogenen Bewegungsausdruck entwickelt. Die durch die Übertragung strukturierten Improvisationen gewährleisteten den Ausdruck des in den Phantasien enthaltenen unbewußten Materials, wodurch sich ein Weg eröffnete, bislang verdrängte Affektzustände zum Bewußtsein zuzulassen und gestörte Objektbeziehungen neu aufzubauen.

Epilog

Tanz, Choreographie und Tanztherapie

In diesem Buch ging es darum, aufzuzeigen, daß durch die Beobachtung und Handhabung der tänzerischen Bewegung ein konsistenter und kohärenter Behandlungsansatz zur Verfügung gestellt wird. Wesentliche theoretische Einsichten der Psychoanalyse haben mir dazu gedient, den Behandlungsmethoden der Tanztherapie eine wissenschaftliche Grundlage zu geben. Dennoch ist Tanztherapie nicht nur ein Nebenzweig der Psychoanalyse. Der Ursprung der Methode liegt im Tanz selbst. Die Wirksamkeit des ganzen tanztherapeutischen Behandlungsansatzes ist gefährdet, wenn man sich von diesem Ursprung abwendet oder ihn verleugnet. Die Theorien und Behandlungsmethoden, die ich entwickelt habe, verlieren ihren Sinn, wenn ihre Wurzeln, die im Tanz und in der Choreographie liegen, nicht erkannt werden. Leider werden aber oft gerade diese wichtigen Aspekte ignoriert. Es ist durchaus möglich, Tanztherapie zu erlernen, ohne sich mit klassischem Tanz und Choreographie zu beschäftigen. Aber die Tanztherapie entstammt dem klassischen Tanz und ist davon bis heute geprägt. Das wird oft vergessen oder verleugnet. Ich möchte dieses Buch nicht abschließen, ohne mich mit diesen Fragen auseinanderzusetzen.

Marianne Chace, die Schöpferin der Tanztherapie in den USA, war ein Mitglied der Dennishawn-Schule. Modifizierte Ballettübungen und alle nur denkbaren Formen des Tanzes wurden dort gepflegt, so daß jeder der Künstler seinen individuellen Stil finden konnte. Frau Chace war also eine Berufstänzerin, die sich später vor allem für die Gruppendynamik im Tanz interessierte und erst von dort aus ihre Methoden entwickelte. Aber heutzutage werden viele Leute Tanztherapeuten, die zwar die Freude am Tanz erlebt haben, aber nicht im Tanz ausgebildet sind. Sie wissen nicht aus eigener Erfahrung, wie man den rohen Bewegungsdrang in bewußten Bewegungsausdruck umsetzt. Unter »bewußtem Bewegungsausdruck« verstehe ich Motilität, die vom Ich beherrscht ist.

Dabei kann es sich um einfache, alltägliche Bewegungen handeln oder um komplizierte künstlerische Tänze. Als Tanztherapeut sollte man viele Möglichkeiten selbst erfahren und erforscht haben, damit das tanztherapeutische Bewegungsrepertoire flexibel und umfassend wird.

Tanz und Choreographie folgen ihren eigenen inneren Strukturen und haben ihre in der Natur der Sache begründeten Prinzipien, genauso wie die Psychoanalyse. Wenn diese Grundlagen nicht im Bewegungsrepertoire des Therapeuten vorhanden sind, werden die Patienten mit unklarer, zweideutiger und unbewußter Motilität des Therapeuten konfrontiert. Es ist einfach nicht möglich, einem anderen zu vermitteln, wie die anatomisch korrekt ausgeführte Bewegung Freude und Selbstsicherheit verschafft und strukturbildend wirkt, wenn man das nicht selber in gründlichem Tanztraining kennengelernt hat. Heute werden viele zu Tanztherapeuten ausgebildet, die die kulturelle Herkunft ihrer Bewegungsmuster verleugnen. Die linearen Bewegungsmuster der westlichen Kulturen kommen ihnen unecht vor. Sie verleugnen, oft unbewußt, in welcher Kultur sie verwurzelt sind, und geben sich den ihnen authentischer erscheinenden Mustern im afro-haitischen oder indischen Stil hin, weil die linearen Bewegungsmuster ihrer eigenen Kultur sie an das Ballett erinnern. Sie sind Schwärmer, die sich von ihrer kulturellen Vergangenheit nicht beeinflussen lassen wollen. Aber klassischer Tanz und Choreographie repräsentieren die Herrschaft des disziplinierten Bewußtseins über den Motilitätstrieb und dessen verschiedene Ausdrucksformen, was auch in der Tanztherapie angestrebt wird. Man kann ohne weiteres behaupten, daß man in einem anatomisch korrekt ausgeführten klassischen Tanz eine Parallele zu den Zielvorstellungen der Psychoanalyse erkennen kann. In der Psychoanalyse wie in der Tanztherapie ist man bestrebt, die Triebe zu kanalisieren und sie der bewußten Ich-Kontrolle zuzuführen, um dadurch die Voraussetzung zur vollen Entfaltung der schöpferischen Begabungen zu schaffen.

Der Moderne Tanz hingegen verlangt trotz seiner großen Ausdruckskraft nicht jene Art von Bewußtheit, die im klassischen Tanz vorausgesetzt wird. Der direkte Ausdruck von Gefühlen steht hier in viel stärkerem Maße im Vordergrund. Auch läßt sich in einigen Tanztechniken, die sich bewußt vom Ballett abgesetzt haben, eine Abstrahierung vom Gefühlsleben beobachten, die bis zur Gefühllosigkeit reicht. Es gibt da ein ganzes Spektrum verschiedener Ausdrucksformen, von libidinösen, fließenden Gefühlsausbrüchen bis zu eisigen Überichkonstruktionen. Grahams *Lamentations* gehört in die erste Kategorie, Nikolais Repertoire in die zweite, denn seine Arbeit richtet sich gegen das Preisgeben des individuellen Gefühlslebens. Alle gemäßigten Richtungen im Modernen Tanz setzen Ballett als Grundlage voraus, woraus sie dann ihren eigenen Stil entwickeln. Beispiele wären Limons *Moore's Pavane* und Butlers *Carmina Burana*.

Die Einbeziehung des Modernen Tanzes erweitert also die Ausdrucksmöglichkeiten der Tanztherapie, aber er enthält nicht das Ichideal, welches das Ballett repräsentiert.

Ballett, korrekt ausgeführt, fördert harmonische und kraftvolle Bewegung. Das Muskelsystem kann durch Ballettechnik so beeinflußt werden, daß die Anspannung ohne Gefühlsüberflutung durch Abreaktion beseitigt wird. Auch das Körperbild wird dadurch gefestigt.

Tanztherapeuten, die mit Patienten während eines manischen Schubs arbeiten, sollten sich besonders intensiv mit Ballettechnik beschäftigen. Solche Patienten beruhigen sich sofort, wenn sie durch einfache, aber genau festgelegte Übungen an der Stange einen festen, sicheren Halt finden. Regredierte Patienten halten sich sowieso am liebsten an der Stange fest. Wenn die Therapie einem Tanzunterricht gleicht, haben sie weniger Angst und wagen es eher, ihre Knie zu beugen oder durch *port de bras* den Raum über dem Kopf zu erforschen. Das ABC der klassischen Ballettstunde liefert den äußeren Rahmen, den man durch eigene Experimente kreativ auffüllen kann. Auch Neurotiker brauchen eine derartige Ausgangsbasis, von der sie sich distanzieren und individuell weiterentwickeln können.

Klinische Erfahrungen belegen, daß am Anfang der Behandlung Ballett sehr nützlich ist. Aber viele Tanztherapeuten wenden sich gegen einen solchen Ansatz. Manche Therapeuten, die bei mir in Supervision waren, sahen die Improvisationen ihrer Patienten als »gewollt und unauthentisch« an, weil ihre linearen Bewegungen denen des Balletts glichen. Die Patienten freilich fühlten sich wohl dabei und erarbeiteten sich einen Zusammenhang, der aber den Therapeuten nicht gefiel. Die abfälligen Bemerkungen der

Therapeuten müssen hier als negative Gegenübertragung betrachtet werden. Die Patienten wollten Schönheit und Harmonie empfinden, andere konnten dadurch ihre narzißtischen Größenphantasien ausdrücken. Andere wiederum, die gerade eine manische Phase durchmachten, fühlten sich einfach sicherer, wenn sie auf bekannte Bewegungen zurückgreifen konnten.

Aber ich möchte jetzt generell ausführen, welch zentrale Rolle das Ballett in den Bereichen spielt, die für Tanztherapeuten von entscheidender Bedeutung sind.

Jeder Ballettschüler muß sein Körperbild völlig umbauen, wenn er einmal zum Künstler werden will. Die Jungen und Mädchen müssen jeden Widerstand gegen die Technik aufgeben, sich selbst kritisch beurteilen und sich buchstäblich in eine körperlich andere Person verwandeln, um erfolgreich zu werden. Die Parallele zur Vorgehensweise in der Tanztherapie ist frappierend, was aber nicht weiter erstaunlich ist, wenn man bedenkt, daß die linearen, raumgreifenden Bewegungen und die aufrechte Körperhaltung, die die Gebärdensprache des Balletts charakterisieren, zentraler Bestandteil des Bewegungsrepertoires unserer westlichen Kultur sind. Allenfalls unter dem Eindruck großer Freude oder tiefen Schmerzes sind wir zu Bewegungsformen fähig, die uns weitgehend abhanden gekommen sind, nämlich den Oberkörper zu krümmen oder mit dem Becken zu kreisen. Für gewöhnlich gestikulieren wir bloß und halten an unseren linearen Bewegungsmustern fest.

Darüber hinaus nehmen wir aber auch alle möglichen Haltungen ein, um uns davor zu schützen, uns vor anderen eine Blöße zu geben oder »fallengelassen« zu werden. Man kann Selbständigkeit durch eine lässige Haltung ausdrücken und einem Partner bewußtmachen, daß man ihn gar nicht braucht, oder ihn durch runde Bewegungen an sich ziehen. Unsere Körper sprechen häufig für uns, ehe wir das wahrnehmen. Aber wir müssen uns dessen bewußt sein, sonst ändert sich nichts. Das gilt für Tänzer, Tanztherapeuten und für Patienten. Besonders Ballettänzer müssen ihre gewohnte Bewegungsweise ablegen und die Balletttechnik so verinnerlichen, daß die *arabesque* ein individuelles und wirklichkeitsgetreues Abbild des In-die-Ferne-Zeigens wird und aus einem *grand jeté* oder Sprung eine ganz persönliche Ausdrucksform wird, um Raum und Schwerkraft zu überwinden. Das Ausdrehen ist vielleicht das schwierigste Problem, denn hier muß man sich damit abfinden, daß durch das Ausdrehen die Genitalien »bloßgelegt« werden. Diese offene Haltung gehört zur klassischen Linie, ist aber gleichzeitig ein Beweis, daß der Tänzer trotz seiner körperlichen Überlegenheit keinen Angriff plant. Außer Berufstänzern zeigen nur Neugeborene dieselbe unschuldige Unbekümmertheit in der Zurschaustellung ihrer Genitalien. Kinder bleiben so »offen«, bis die aufrechte Haltung im Gehen und die Sphinkterkontrolle sie dazu zwingen, die Füße einwärts zu drehen.

Ballettänzer scheinen manchmal das puritanische Ideal vollständiger Triebkontrolle zu verkörpern. Daher wird Ballett oft in den Teilen der Gesellschaft, die die Befreiung des Sexualtriebs auf ihre Fahnen geschrieben haben, verpönt. Tatsächlich kann man jedoch das Ausdrehen als Ausdruck großen sexuellen Selbstvertrauens auffassen. Es kommt eben darauf an, wer ausdreht und wie dies geschieht.

Mit der Sexualität muß man sich stets auch in besonderem Maße in jeder tanztherapeutischen Behandlung auseinandersetzen. Tanztherapeuten und ihre Patienten müssen genauso mit ihrer Sexualität in Einklang kommen und an dem Ausdrehen arbeiten wie Ballettänzer. Man wird sich zunächst bewußt, daß man tatsächlich ein Geschlechtsteil besitzt und in sein Körperbild einbauen muß. Während der Entwicklung ist das ein sehr komplizierter Vorgang, ohne den man sein Selbstbild nicht vervollständigen kann. Die Fähigkeit zum Ausdrehen ist deshalb ein Indikator, der anzeigt, daß man seiner Sexualität unbefangen und selbstsicher gegenübersteht. Andererseits kann das Ausdrehen aber auch dazu mißbraucht werden, sich narzißtisch und exhibitionistisch zu produzieren.

Es gibt schizophrene Patienten, die so weit ausdrehen, daß Ballettänzer sie beneiden würden. Aber das sind Menschen, die ihren Körper nicht beherrschen können. Sie sind überhaupt unfähig, eine andersgeartete Beinhaltung einzunehmen.

Korrektes Ausdrehen beginnt im Hüftgelenk, wodurch es möglich wird, daß Oberschenkel, Knie und Füße sich in einer horizontalen Linie anordnen und in entgegengesetzte Richtungen zeigen. Der Körper muß dann genau in der Mitte zwischen Fersen und Fußballen zentriert sein, das Becken wird nach vorne geschoben, die Gesäßmuskeln werden angespannt, der Oberkörper soll aufrecht, aber flexibel sein, während sich der Kopf genau in der Mitte über all diesen sorgfältig aufeinander abgestimmten Körperpartien befindet.

Es gibt natürlich oft Tänzer, die es nicht geschafft haben, die richtige Technik vollständig zu erlernen. Manche haben ein Hohlkreuz oder drehen sich mit so viel Brillanz, daß das Publikum nicht merkt, welch schlechte Körperhaltung sie eigentlich haben. Noch andere kompensieren ihre Schwächen durch wildes Springen oder übertriebenes Tempo. Statt eines harmonischen Bewegungsflusses sieht man dann eine krampfhafte, aber theaterwirksame Künstelei. Meist können solche Tänzer nicht ausdrehen – eine körperliche Folge der Unausgeglichenheit ihrer Triebpotentiale. Für Tanztherapeuten ist das eine gute Lehre. Bei Patienten, denen es nicht gelungen ist, ihre Aggression durch libidinöse Objektbeziehungen zu neutralisieren, verstärkt sich der Motilitätsdrang derart, daß sie oft schwerfällig und unbeholfen werden oder sogar zu selbstzerstörerischen Reaktionen neigen.

Man sieht also, wie wichtig Ballettechnik für Tanztherapeuten ist. Ein weiterer Eckpfeiler des Behandlungskonzepts, die Choreographie, wird ebenfalls nur allzu oft vernachlässigt.

Choreographie

Man kann kaum den Beruf des Tanztherapeuten ausüben, ohne zu choreographieren. Man begegnet seinen Patienten durch nonverbale, in der Bewegung dargestellte Antworten, also durch Choreographie. Die Übungen müssen den Patienten erst vorgestellt werden, man choreographiert für sie. Allerdings können manche Patienten ihre Lebensgeschichte selbst choreographieren. Zuerst sind das nur Improvisationen, die dann durch wiederholtes Durcharbeiten die Struktur einer Choreographie annehmen. Andere Patienten brauchen für ihre Improvisationen eine Hilfestellung, die ihnen in der Form einer Choreographie angeboten wird, welche ihrem seelischen Zustand entspricht. In jeder Phase der Tanztherapie ist man dabei, tänzerische Bewegungen zu erfinden, also zu choreographieren. Trotzdem wird das häufig abgestritten.

Wo lernt man aber choreographieren? Bücher darüber zu lesen ist nutzlos. Man muß es in der Tanzstunde und im Studio selbst erfahren, erarbeitet und erlebt haben. Man lernt alles, was mit

Raum, Rhythmus, Wiederholung, Struktur, Tempo und Ausdruck zu tun hat, nur durch eigene Erfahrung. Ich werde auf den folgenden Seiten die Arbeit eines Theaterchoreographen untersuchen und mit der Arbeit von Tanztherapeuten vergleichen, um meine Hypothese zu veranschaulichen.

Ghiselin (1955) postulierte vier Grundvoraussetzungen für Kreativität: erhöhte Sensibilität gegenüber sensorischen Reizen, außergewöhnliche Fähigkeit, den Zusammenhang zwischen den verschiedenen Reizen zu erfassen, tiefes Einfühlungsvermögen und nicht zuletzt ein gut funktionierendes sensomotorisches System. Das letzte Merkmal ist notwendig, damit die nach außen gerichtete motorische Entladung dem Ausdruck dienen kann.

Diese Hypothese schließt auch diejenigen Komponenten mit ein, die für verbales und nonverbales Interpretieren in der Tanztherapie notwendig sind; d. h. der Vorgang ist dem künstlerischen ähnlich. Aber zunächst wollen wir einmal einen Blick in die Praxis des Choreographierens werfen.

Ich hatte Gelegenheit, mich mit einem »typischen« Choreographen, Bruce Marks, zu unterhalten. Er erlaubte mir einen Einblick in sein Selbstbild, das er während seiner kreativen Phasen hat. Er ist »typisch«, weil er die gleichen Sorgen, Freuden und Ängste wie seine Kollegen hat.

Bruce Marks sagt, zunächst habe er Angst oder fühle er sich innerlich zerrissen. Er war zur Zeit unserer Interviews der künstlerische Leiter von *Ballet West*. Er hat für diese Kompanie Ballette geschaffen, die durch konkretes und lyrisches Erzählen bei einem Publikum Anklang gefunden haben, das verzaubert werden wollte, jedoch an den technischen Feinheiten der hohen Kunst des Balletts kein Interesse zeigte. Der kulturelle Anspruch schien schon durch den bloßen Ballettbesuch gedeckt zu sein.

Ehe Bruce Marks die Leitung übernahm, war *Ballet West* eine Kompanie, die zwar schwungvoll tanzte, aber erst unter ihm zu einem dramatischen Ensemble mit klassischer Linie wurde. Die Ballette, die er für seine Truppe schuf, erzählen meist eine Geschichte, aber er denkt zuerst nicht an den Inhalt, den er darstellen will, vielmehr wird er von der Musik inspiriert. Er fühlt sich von Tönen durchdrungen, emporgetragen und regelrecht gefangengenommen. Gleichzeitig wird es ihm zu einer inneren Notwendigkeit, im Theater den Zeitgeist auszudrücken und aktuelle Themen aufzugreifen. Ich fragte ihn, wie es dann zur Choreographie käme, wie diese Wahrnehmungen und Gedanken zu Tanzschritten transformiert würden. Er antwortete, daß »sich die Musik mit Schritten anfüllt. Dann werfe ich sie alle wieder weg, bis ich endlich die Substanz, das eigentliche Wesen der Musik, vor mir sehe.« Um dies zu veranschaulichen, weist er auf seine Fassung von *Don Juan* hin, denn er sieht in Donna Annas, Elviras und Zerlinas Schicksalen ein Spiegelbild der Frauenemanzipation. Er sagt, das sei ihm klargeworden, als er beim Choreographieren bemerkte, daß seine Heldinnen durch ihre patriarchalische Umwelt dazu gezwungen wurden, Don Juans Verlockungen als Katalysator für ihre eigenen geheimen Sehnsüchte zu gebrauchen. Sie waren für ihre Männer fast Leibeigene, die als Pfand bei den männlichen Machtspielen eingesetzt wurden. Marks stellt die Frauen als völlig machtlos dar. Sie werden brutal umhergestoßen und sprechen deshalb die Sympathie des Publikums an.

Marks' Don Juan ist das klassische Beispiel eines Verführers. Seine Körperwahrnehmungen sind derart abgestumpft, daß er der Aufreizung durch die ständige Jagd auf Frauen bedarf, um überhaupt das Gefühl zu haben, lebendig zu sein. Er ist narzißtisch und liebt nur sich selbst. Marks stellt das geschickt durch einen Doppelgänger dar, den Don Juan liebt, weil das ja sein eigenes Selbst ist. Der *pas de deux* zwischen den beiden Männern ist ein getreues Abbild von Don Juans Narzißmus und wirkt weitaus erotischer als die leidenschaftlichen, schönen *pas de deux*, die von den Frauen mit dem Don getanzt werden. Don Juan sieht sein alter ego, sein abgespaltenes und verleugnetes Selbst, und liebt es glühend. Das ist für ihn die einzige mögliche Objektwahl.

Die drei Frauen sind ergreifend in ihrer Verwundbarkeit, ihrem Streben nach Selbstfindung und Selbstverwirklichung. Sie sind in der Tat das Symbol für den Kampf der modernen Frau, die sich von dem Joch der unerträglichen patriarchalischen Herrschaft befreien will. Aber plötzlich tritt ein möglicherweise gar nicht beabsichtigter Umschwung ein. Don Juan hat seine innere Spaltung gesehen und bejaht. Er vereinigt sich mit seinem Doppelgänger und findet dadurch die Kraft, sich selbst zu gestehen, was er schon immer wußte: daß er nichts fühlen kann. Aber die Frauen sind genauso unfähig zu lieben wie er. Er ist durchaus nicht der einzige Narziß. Anna, Zerlina und Elvira mißbrauchen ihn, um ihrem

Schicksal zu entgehen, genauso wie er sie ausnutzt, um dem seinen zu entrinnen. Marks läßt jede der Frauen einen kurzen, aber leidenschaftlichen Augenblick lang mit Don Juan einen *pas de deux* ausführen, in dem sie ihre Weiblichkeit erleben können. Die Akteure strecken die Arme einander entgegen, die Frauen werden oft emporgehoben. Das Publikum ahnt in diesen Szenen, daß ein tragisches Ende unausweichlich ist. Der heimtückische Betrüger wird bald seine Maske fallen lassen. Aber dennoch sind es die Frauen, die hier verführen, verführen müssen, weil es keinen anderen Ausweg für sie gibt. Sie bieten sich einem Mann als Beute an, der sich nicht gegen sie wehren kann. Doch fast unbemerkt verwandeln sich die Opfer in Bestrafende. Genau das vermittelt Marks, vielleicht ohne es zu wollen, durch seine Choreographie. Denn als die Männer sich und ihre Frauen rächen, verlängern die Frauen durch hohe *ponches* die Degen ihrer Männer, die ihren Geliebten durchbohren. Männer und Frauen verschmelzen in ihrer Rachelust und haben das gleiche Ziel: Sie wollen den Verführer töten, der doch nicht mehr verbrochen hat, als geheime Sehnsüchte aufzudecken, die schon immer unterschwellig gebrodelt haben.

Die Spaltung zwischen dem inhaltlichen Bereich, der Marks bewußt ist, und dem, den er letztlich dem Publikum vermittelt, wird erkennbar, wenn man berücksichtigt, daß Gebärdensprache und Tanztechnik in solch einem Zusammenhang eine besondere Bedeutung haben. In diesem Fall ist das Nebeneinanderstellen von verborgenem, unbewußtem und manifestem, sichtbarem Inhalt besonders wirksam. Von der Bühne her breitet sich eine Spannung aus, die das Publikum begeistert, denn Marks hat, ohne es zu wollen, eine Frage beantwortet, die alle angeht. Der betrügerische Don Juan kann so gut betrügen, weil er einst selbst betrogen worden ist. Daß er mit seinem Doppelgänger wieder eins geworden ist, hilft ihm nicht. Sein Schicksal ist besiegelt.

Meine Ausführungen über dieses Ballett sind deshalb so wichtig, weil sie das Problem veranschaulichen, mit dem sich Marks anscheinend auseinandersetzt. Es dreht sich nämlich darum, wie man abgespaltene Ichanteile wieder integrieren kann. Das ist sowohl ein individuelles als auch ein allgemeines Problem.

Das Thema der Spaltung kommt immer wieder in Marks' Balletten vor. In *Don Quixote* stehen sich ein alter und ein junger Don gegenüber. Sie verschmelzen miteinander, spalten sich wieder voneinander ab und erfahren so ihre Umwelt.

In einem kleineren Ballett stürzt sich Marks wieder in den gleichen Kampf. Die Musik von Vaughn Williams gibt den lyrischen, manchmal absurden Bemühungen, die Schwerkraft zu verleugnen, die entsprechende Atmosphäre. Marks verwendet Vaughn Williams' »Lark Ascending«, um zu zeigen, wie eine Ballerina versucht, sich dem Einfluß der Schwerkraft zu entziehen. Die Spaltung wird deutlich, wenn sie – als Lerche – mühsam zum Licht emporstrebt. Die Flügel wurden ihr beschnitten, sie kann nicht fliegen, obgleich heroische Jünglinge sie tragen und in die Luft emporwerfen.

Dichterliebe wurde zunächst für das Königliche Dänische Ballett konzipiert. Hier veranschaulicht Marks die Entstehung und Auswirkungen der Spaltung anhand der Lebensgeschichte von Heinrich Heine und Robert Schumann. Die schmerzlichen, schicksalhaften Beziehungen zu ihren Frauen werden im Geist der damaligen Zeit realisiert. Alle leiden zutiefst; Freude wird als unanständig empfunden, Jugend und Alter ergänzen sich nicht, sondern stehen einander unversöhnlich gegenüber. Diese Abspaltung von Teilen der eigenen Lebensgeschichte wird durch den allgegenwärtigen »Weltschmerz« noch gefördert.

Ich könnte noch mehr Beispiele anführen. Sogar in abstrakten Balletten bringt Marks es fertig, durch Gegenüberstellung von unterschiedlichen Bewegungsformen Spannung und den Eindruck der Spaltung zu erzeugen, wodurch dem Publikum ein schillerndes Kaleidoskop unzähliger motorischer Ereignisse präsentiert wird. Marks interpretiert, was er sieht, und hat dafür auch ein Gespür, aber er weiß das anscheinend nicht. Wie andere Choreographen auch, kümmert er sich bewußt nur darum, wie seine Bewegungssequenzen aussehen und wie sie »funktionieren«. Er leidet unter Angstzuständen, kommt sich plötzlich leer vor, ist dann aber wieder freudig erregt und will so schnell wie möglich fertig werden. Aber wenn ihm ein Abschluß gelungen ist, fühlt er sich »verlassen«. Ihm ist nicht wohl in seiner Haut, und er fängt sofort an, ein neues Thema zu suchen. Wenn er eines gefunden hat, ist er wieder »erfüllt«, und der Zyklus Wahrnehmen-Fühlen-Schaffen kann von neuem beginnen. Wie Marks berichtet, verstärkt sich vor und während der Arbeit seine künstlerische Sensibilität. Er hört jede

Nuance der Musik und sieht Ausdrucksmöglichkeiten in den Bewegungen seiner Tänzer, die er vorher gar nicht bemerkt hatte. Deren expressives Potential ist eine weitere wichtige Quelle seiner Inspiration.

Ghiselins vier Vorbedingungen kreativen Handelns sind also bei Marks vorhanden. Außerdem reduziert sich beim Choreographieren seine innere Spannung, bis der Zyklus wieder von vorne beginnt. Mit jeder Szene interpretiert er gesellschaftliche Themen und Probleme linearer Bewegungsformen durch Schrittkombinationen und Bewegungssequenzen. Mit einigem Zögern gibt er das auch zu, aber daß er gleichzeitig seine persönlichen Konflikte dadurch zu heilen sucht, ist ihm nicht bewußt. Dennoch ist sein Werk von der Suche nach Vereinigung der abgespaltenen Ichanteile geprägt. Das zeigt sich immer wieder in seinem unbewußt choreographierten Zwiespalt zwischen Aggression und Sexualität, libidinöser Eingebung und aggressiver Ausführung. Daß Marks' Ballette soviel Erfolg haben, hat also genausoviel mit deren bewußt intendiertem Thema zu tun wie mit den unbewußt bleibenden Komponenten. Seine Kreativität drückt eine inbrünstige, manchmal schwülstig vorgetragene Bitte aus, die tiefe Einsamkeit zu verstehen, die er als Folge seiner Entfremdung vom Rest der Menschheit erlebt. Genau diese Entfremdung ist es aber letztlich, die ihn zwar »abspaltet«, ihn jedoch auch in seiner Tätigkeit bestätigt.

Für Künstler wie Marks stellt die kreative Nach-außen-Verlagerung seiner Lebenserfahrungen einen Katalysator dar, der ihm innere Harmonie ermöglicht. Gleichzeitig reagiert er aber auf seine kollektive Umwelt, nämlich seine Tänzer und seine Ideen, viel empathischer als auf seine Bezugspersonen. Dieser Widerspruch läßt sich durch Greenacres (1958) Beschreibung »kollektiver Stellvertreter« auflösen. Die erweiterte und vertiefte Sensibilität des Künstlers während seiner kreativen Phase bringt ihn auch dazu, stärker auf die Reize seines eigenen Körpers und der Außenwelt zu achten, was aber gelegentlich auf Kosten der Beziehungen in der Privatsphäre geht. Daß der Künstler die ganze Welt liebt, wird im allgemeinen als der »typische Narzißmus des Künstlers« mißverstanden, vor allem da er sich anscheinend lieber mit technisch-formalen Problemen beschäftigt als mit seiner Familie oder seinen Freunden. Er verliebt sich in Menschen, Dinge und Projekte und gibt sich diesen mit Begeisterung und starker Triebbesetzung hin. Dabei findet gleichzeitig eine Verminderung der individuellen Objektbeziehungen statt, weil so viele alternative, in der Tat kollektive Objektbesetzungen vorhanden sind. Greenacre illustriert ihre These durch folgendes Beispiel: Wenn ein kreativ begabtes Kind sauber wird, wendet es sich häufig dem Sandkastenspiel, Kneten und anderen symbolischen Spielformen zu, die ihm genauso wichtig sind wie die Eltern. Ein weniger begabtes Kind wird aber allein den Eltern zuliebe sauber. Die Umwelt hat für es weniger Bedeutung als die reine Objektbeziehung. Für spätere Künstler werden das Spiel und bedeutsame Andere libidinös in gleicher Weise besetzt. Hinzu kommt für Choreographen die Tatsache, daß man beim Tanz ganz direkt mit dem Körper zu tun hat, so daß der Einfluß der körperlichen Empfindungen noch größer ist.

Marks und seine Kollegen geben Interpretationen, werfen aber auch immer wieder neue Fragen auf, in denen sich ihre ganz persönliche Faszination an der Bewegung, gleichgültig welchen Stil sie vertreten, fortsetzt. Sie haben kein Bedürfnis nach innerer Ruhe, solange sie noch den Wunsch verspüren, weiterhin schöpferisch tätig zu sein. Die projektiven und erklärenden Aspekte ihrer Arbeit weisen die Merkmale einer Interpretation auf, denn sie untersuchen Teile ihrer Wirklichkeit und ordnen sie in neuer Weise an, wodurch sich schließlich ein sinnvolles Ganzes ergibt.

Tanztherapeuten gehen bei ihren Interpretationen genauso vor. Aber therapeutischen Interpretationen gelingt es, Konfliktlösungen zu finden, die von Dauer sind, was bei Künstlern und Choreographen nicht der Fall ist. Der Künstler ist zwar in gewisser Weise sein eigener Therapeut, trotzdem übersieht er oft seine individuellen, persönlichen Konflikte. Das heißt jedoch nicht, daß man nur als Neurotiker kreativ sein kann. Es bedeutet nur, daß zuerst ein Konflikt da sein muß, der nach einer Lösung drängt. Konflikt darf nicht mit Neurose gleichgesetzt werden.

Menschen wie Marks erleben also folgenden Gefühlsablauf, wenn sie schöpferisch tätig sind: Sie empfinden zunächst das Gefühl, innerlich gespalten zu sein, dann wird nach einem Medium gesucht, das etwa ein Musikstück oder ein Thema sein kann. Das wird dann in Bewegung umgesetzt, die der Eingliederung abgespaltener Ichanteile dient. Das Endergebnis ist schließlich der Tanz.

Interpretation während der Choreographie und während der

Tanztherapie haben also viel Gemeinsames. Ehe sie interpretieren können, müssen auch Tanztherapeuten die innere Unruhe und die Steigerung ihrer Sensibilität erleben. Sie müssen sozusagen aus sich selbst heraustreten, um ihre Therapie und ihre Tänze ausführen zu können. Man kann einen Patienten in der Tanztherapie nur dann verstehen und adäquat auf ihn eingehen, wenn man eine Spaltung in einen handelnden und einen beobachtenden Teil bewußt herbeiführt, denn nur so können die Bedürfnisse des Patienten ohne Entstellung erkannt werden. Der Unterschied besteht darin, daß eine solche Vorgehensweise einem anderen, nämlich dem Patienten, dient und nicht einem selbst, nicht einem Publikum und nicht der Allgemeinheit.

Ich habe bereits ausführlich über das Gegenübertragungsproblem gesprochen. Das Eindringen fremder Spannungen und Konflikte muß ein Echo im Innenleben des Therapeuten auslösen. Aber gleichzeitig sind es gerade diese Reize, die das einmalige empathische Bewegungsphänomen, das wir Tanztherapie nennen, charakterisieren. Dieser Vorgang gleicht dem, was ein Choreograph in seinem Innern erlebt. Der Unterschied liegt in der Tatsache, daß der Spaltungsprozeß in der Tanztherapie einem anderen Menschen dient und nicht nur einem ungelösten Bewegungsthema.

Natürlich darf sich ein Tanztherapeut nicht erlauben, seine Patienten zu »lieben«, genausowenig wie ein Choreograph seine Tänzer. Tanztherapeuten müssen sich dem anderen öffnen und doch sie selber bleiben. Choreographen müssen allen Tänzern in ihrer Choreographie etwas »geben«; die »kollektiven Stellvertreter« sind für die Tanztherapeuten all ihre Patienten, deren innere Konflikte sich ihrer kreativen Rezeptivität widersetzen. Während die Tanztherapeutin mit ihren und für ihre Patienten tanzt, erlebt sie in jeder solchen Begegnung eine Erweiterung und Neuschöpfung ihres eigenen Bewegungsrepertoires. Die inneren Spaltungen während der Arbeit sind also notwendig, sie beziehen sich aber, um es nochmals zu betonen, auf den Patienten und nicht auf den eigenen Konflikt, wie das bei Theaterchoreographen der Fall ist. Aber weil es sich um individuelle menschliche Schicksale handelt, kann die tanztherapeutische Choreographie keinen Anspruch auf Beständigkeit und Unvergänglichkeit erheben. Sie ist an das jeweilige therapeutische Geschehen gebunden und kann nicht auf andere Fälle übertragen werden, denn sie ist nur im Kontext des Lebens des einzelnen Patienten sinnvoll.

Für Choreographen wie Marks führt die innere Spaltung zur kreativen Entfaltung in einem Theatertanz. Aber in der Tanztherapie führt der gleiche innere Vorgang zu einem Umbau innerer und äußerer Wirklichkeit.

Ich habe mich hier nur mit zwei der für eine theoretische Fundierung der Tanztherapie wichtigsten Aspekte auseinandergesetzt. Viele andere wichtige Fragen, die das Berufsleben der Tanztherapeuten betreffen, konnten in diesem Buch nicht einmal ansatzweise zur Sprache gebracht werden. Aber ich hoffe, daß ich zumindest einige im allgemeinen als problematisch erachtete Punkte angesprochen habe. Meine Gedanken sollen ein wissenschaftlicher Wegweiser sein, dem andere folgen können, bis sich bessere Antworten finden. Ein größeres Bewegungsbewußtsein, dem unsere gemeinsame Suche gilt, wäre ein befreiendes Ideal – nicht nur für Tanztherapeuten, sondern für jeden Menschen.

Bibliographie

Balint, M. (1968): *The basic fault – Therapeutic aspects of regression.* London (Tavistock Publications). Deutsch: Therapeutische Aspekte der Regression. Die Theorie der Grundstörung. Stuttgart (Klett-Cotta) 1970.
Beres, O. (1969): Review of psychic trauma. *Psychoanalytic Quarterly,* XXXVIII.
Bernstein, P. (1972): *Theory and methods in dance movement therapy.* Dubuque, Iowa (Kendall/Hunt).
— (1979): *Eight theoretical approaches to dance therapy.* Dubuque, Iowa (Kendall/Hunt).
Bibring, E. (1953): The mechanism of depression. In *Affective Disorders.* New York (International Universities Press). Deutsch: Das Problem der Depression. Psyche VI, 1952, S. 81–101.
— (1954): Psychoanalysis and the dynamic psychotherapies. *Journal of the American Psychoanalytic Association,* II.
Blanck, R. u. G. Blanck (1968): *Marriage and personal development.* New York (Columbia University Press). Deutsch: Ehe und seelische Entwicklung. Stuttgart (Klett-Cotta) 1978.
— (1974): *Ego psychology I. Theory and practice.* New York (Columbia University Press). Deutsch: Angewandte Ich-Psychologie. Stuttgart (Klett-Cotta), 3. Aufl. 1985.
— (1979): *Ego psychology II. Psychoanalytic developmental psychology.* New York (Columbia University Press). Deutsch: Ich-Psychologie II. Stuttgart (Klett-Cotta) 1980.
Blos, P. (1962): *On adolescence.* New York (Macmillan). Deutsch: Adoleszenz: eine psychoanalytische Interpretation. Stuttgart (Klett-Cotta), 3. Aufl. 1983.
Brill, A. (1944): *Freud's contribution to psychiatry.* New York (Norton).
Brody, S. (1961): Some aspects of transference resistance in prepuberty. *The Psychoanalytic Study of the Child,* XVI. New York (International Universities Press).
Brody, S., S. Axelrad, u. M. Moroh (1976): Early phases in the development of object relations. *The International Review of Psychoanalysis,* III.
Brody, W. M. (1965): On the dynamics of narcissim. *The Psychoanalytic Study of the Child,* XX. New York (International Universities Press).
Brown u. Menninger (1949): *The psychodynamics of abnormal behavior.* New York (McGraw-Hill).
Cain, R. M., u. N. N. Cain (1975): A Compendium of Psychiatric Drugs. *Drug Therapy.* Januar 1975.
Chace, M. (1968): Movement communication with children. In: *American Dance Therapy Proceedings,* 3rd Annual Conference, Madison, Wisc.
Chaiklin, H. (1975): *Marian Chace, her papers.* Columbia, Maryland (American Dance Therapy Association).
Delacato, C. H., u. G. Dolman (1962): *The Dolman-Delacato developmental profile.* Philadelphia, PA (The Rehabilitation Center) 1962.

Deutsch, F. (1933): Studies in pathogenesis: Biological and psychological aspects. *Psychoanalytic Quarterly*, II.
— (1939): The Choice of Organ in Organ Neurosis. *International Journal of Psychoanalysis*, XX.
— (1952): Analytic posturology. *Psychoanalytic Quarterly*, XXI.
— (1954): Analytic synesthesiology. *International Journal of Psychoanalysis*, XXXV.
— (1959): Symbolization as a formative stage of the conversion process. In: *On the Mysterious leap from the mind to the body*. New York (International Universities Press).
Deutsch, H. (1942): Some forms of emotional disturbance and their relationship to schizophrenia. *Psychoanalytic Quarterly*, XI.
Dickman, M. L., C. D. Schmidt, u. R. M. Gardner (1971): Spirometric standards for normal children and adolescents (ages five to fifteen years). *American Review of Respiratory Diseases*, 104.
Dosamantes-Alperson, E. (1973/74): Movement Therapy – a theoretical framework. In: *Writings On Body Movement and Communication*. Columbia, MD (ADTA Monograph) 3.
— (1977): Experiential Movement Psychotherapy. *American Journal of Dance Therapy*, I.
— (1978): The internal-external movement dimension. *American Journal of Dance Therapy*, II.
— (1979): The intrapsychic and interpersonal in movement psychotherapy. *Journal of Dance Therapy*, III.
Dratman, M., u. B. Kalish (1967): Reorganization of psychic structure in autism. A study using body movement therapy. *American Journal of Dance Therapy*.
Epstein, L., u. H. Feiner (1979): *Countertransference*. New York (Jason Aronson).
Esman, A. H. (1973): The Primal Scene. *The Psychoanalytic Study of the Child*. New Haven (Yale University Press), XXVIII.
Espenak, L. (1972): Body dynamics and dance in individual psychotherapy. In: *Writings on Body Movement and Communication*. Washington, D. C. (ADTA Monograph), II.
Feldenkrais, M. (1966): *Body and mature behavior*. New York (International Universities Press).
Feldman, S. (1957): Blanket interpretations. *Psychoanalytic Quarterly*, XXVII.
Fenichel, O. (1933): Outline of clinical psychoanalysis. *Psychoanalytic Quarterly*, II.
— (1941): The Ego and the Affects. *Psychoanalytic Quarterly*, XX.
— (1945): Nature and classification of so-called psychosomatic phenomena. *Psychoanalytic Quarterly*, XIV. Deutsch: Die Klassifizierung der sogenannten psychosomatischen Krankheitserscheinungen. In: Aufsätze, Bd. II. Olten (Walter) 1981.
— (1945): *The psychoanalytic therapy of neuroses*. New York (W. W. Norton & Co.). Deutsch: Psychoanalytische Neurosenlehre. Olten, Freiburg (Walter) 1974.
Fischer, S. (1964): Body image and psychopathology. *Archives of General Psychiatry*, X.

Fliess, R. (1948): An ontogenic table. In: *The Psychoanalytic Reader*. New York (International Universities Press).
Freud, A. (1936): Das Ich und die Abwehrmechanismen. Wien (Internationaler Psychoanalytischer Verlag). Wieder abgedruckt in: Die Schriften der Anna Freud. Bd. I B. München (Kindler) 1980.
—, H. Nagera, u. W. E. Freud (1965): Metapsychological Assessment of the Adult Personality: The Adult Profile. In: *The Psychoanalytic Study of the Child*, XX. New York (International Universities Press).
— (1967): Comments on trauma. In: S. Furst (Hrsg.): *Psychic Trauma*. New York (Basic Books). Deutsch: Anmerkungen zum psychischen Trauma. In: Die Schriften der Anna Freud, Bd. VI. München (Kindler) 1980.
Freud, S.: *Gesammelte Werke*. Frankfurt a. M. (Fischer) 1960 ff.
— (1901): Zur Psychopathologie des Alltagslebens. GW 4.
— (1905 a): Bruchstück einer Hysterie-Analyse [1901]. GW 5.
— (1905 b): Drei Abhandlungen zur Sexualtheorie. GW 5.
— (1908): Über infantile Sexualtheorien. GW 7.
— (1911): Psychoanalytische Bemerkungen über einen autobiographisch beschriebenen Fall von Paranoia (Dementia paranoides [1910]). GW 8.
— (1912): Zur Dynamik der Übertragung. GW 8.
— (1914 a): Zur Einführung des Narzißmus GW 10.
— (1914 b): Zur Geschichte der psychoanalytischen Bewegung. GW 10.
— (1914 c): Weitere Ratschläge zur Technik der Psychoanalyse: II. Erinnern, Wiederholen und Durcharbeiten. GW 10.
— (1915 a): Weitere Ratschläge zur Technik der Psychoanalyse: III. Bemerkungen über die Übertragungsliebe [1914]. GW 10.
— (1915 b): Triebe und Triebschicksale. GW 10.
— (1915 c): Die Verdrängung. GW 10.
— (1916/17): Vorlesungen zur Einführung in die Psychoanalyse. GW 11.
— (1917): Trauer und Melancholie [1915]. GW 10.
— (1920): Jenseits des Lustprinzips. GW 13.
— (1923): Das Ich und das Es. GW 13.
— (1926): Hemmung, Symptom und Angst. GW 14.
— (1940): Die Ichspaltung im Abwehrgang [1938]. GW 17.
Friedman, L. (1969): The therapeutic alliance. *International Journal of Psychoanalysis*, L, 139.
Frosch, J. (1944): The psychotic character: Clinical and psychiatric consideration. *Psychiatric Quarterly*.
Gelabert, R. (1968): *Anatomy for the dancer*. New York (Danad Publishers).
Geller, J. (1978): The body, expressive movement and physical contact in psychotherapy. In: *The power of human imagination*. J. Singer u. K. Pape (Hrsg.). New York (Plenum Press).
Gesell, A. Y., u. Amatruda, C. S. (1973): *Gesell and Amatruda's developmental diagnosis*. H. Knoblock u. B. Pasamanik (Hrsg.). New York (Harper & Row).
Ghiselin, B. (1955): *The creative process*. Berkeley (University of California Press).
Giovacchini, P. L. (1972): *Tactics and techniques in psychoanalytic psychotherapy*. New York (Science House).
Glover, E. (1955): *The technique of psychoanalysis*. New York (Intern. Univ. Press).

Greenacre, Ph. (1945): The predisposition to anxiety. *Psychoanalytic Quarterly*, X.
— (1945): The biological economy of birth. *The Psychoanalytic Study of the Child*, I. New York (International Universities Press).
— (1951): Respiratory incorporation and the phallic phase. *The Psychoanalytic Study of the Child*, VI.
— (1953): Certain relationships between fetishism and faulty development of body image. *The Psychoanalytic Study of the Child*, VIII.
— (1954): The Role of Transference. *Journal of the American Psychoanalytic Association*, II.
— (1957): The childhood of the artist: Libidinal phase development and giftedness. *The Psychoanalytic Study of the Child*, XXII.
— (1958 a): Early physical determinants in the development of a sense of identity. *Journal of the American Psychoanalytic Association*, XVI.
— (1958 b): The family romance of the artist. *The Psychoanalytic Study of the Child*, XIII.
— (1959): Certain technical problems in the transference relationship. *Journal of the American Psychoanalytic Association*, VII.
— (1960 a): Further considerations regarding fetishism. *The Psychoanalytic Study of the Child*, XV.
— (1960 b): Woman as artist. Psychoanalytic Quarterly, XXIX.
— (1971 a): A study on the nature of inspiration: Some special considerations regarding the phallic phase. In: *Emotional Growth*, I. New York (International Universities Press).
— (1971 b): The influence of infantile trauma on genetic patterns. In: *Emotional Growth*. New York (International Universities Press).
Greenberg, J. (1973): Me and Miss Chace. In: *American Dance Therapy Proceedings*, 8th Annual Conference, Overland Park, Kansas.
Greenson, R. (1958): On screen defenses, screen hunger and screen identity. *Journal of the American Psychoanalytic Association* (Vol. VI). Deutsch: Über Deckabwehr, Deckhunger und Deckidentität. In: Psychoanalytische Erkundungen. Stuttgart (Klett-Cotta) 1982.
— (1967): The Technique and Practice of Psychoanalysis Volume I. New York. Deutsch: Technik und Praxis der Psychoanalyse. Stuttgart (Klett-Cotta), 3. Aufl. 1981.
Grinker, R. R. (1973): *Psychosomatic concepts*. New York (Jason Aronson).
Guntrip, H. (1969): *Schizoid phenomena, Object Relations and the Self*. New York (International Universities Press).
Hall, R. C. W. (1978): The Benzodiazephines. *Journal of the American Psychiatric Association*, XVII, 5.
Hartmann, H. (1939): *Ich-Psychologie und Anpassungsproblem*. In: Internationale Zeitschrift für Psychoanalyse, 24. Neuausgabe: Stuttgart (Klett-Cotta), 3. Aufl. 1975.
Hartmann, H., u. E. Kris (1945): The genetic approach in psychoanalysis. *The Psychoanalytic Study of the Child*, I. New York (International Universities Press).
Hartmann, H., E. Kris, u. R. M. Loewenstein (1946): Comments on the formation of psychic structure. *The Psychoanalytic Study of the Child*, II. New York (International Universities Press).

Hoch, P. H., u. P. Polatin (1949): Pseudoneurotic forms of schizophrenia. *Psychiatric Quarterly*.

Hoffer, W. (1949): Mouth, hand and ego integration. *The Psychoanalytic Study of the Child*, III/IV. New York (International Universities Press). Deutsch: Mund, Hand und Ich-Integration. *Psyche*, XVIII, 1964/65.

— (1950): Development of the body ego. *The Psychoanalytic Study of the Child*, V. New York (International Universities Press).

Jacobs, T. (1973): Posture, gesture and movement in the analyst: Clues to interpretation and countertransference. *Journal of the American Psychoanalytic Association*, XXI.

Jacobson, E. (1953 a): Contribution to the metapsychology of cyclothymic depression. In: Ph. Greenacre (Hrsg.): *Affective disorders*. New York (International Universities Press). Deutsch (gekürzte Fassung): Zur psychoanalytischen Theorie der zyklothymen Depression. In: Depression. Vergleichende Untersuchung normaler, neurotischer und psychotisch-depressiver Zustände. Frankfurt a. M. (Suhrkamp) 1983.

— (1953 b): The affects and their pleasure – unpleasure qualities in relation to the psychic discharge process. In: R. M. Loewenstein (Hrsg.): *Drives, affects, behavior*. New York (International Universities Press). Deutsch (erweiterte Fassung): Zur psychoanalytischen Theorie der Affekte. In: Depression. Vergleichende Untersuchung normaler, neurotischer und psychotisch-depressiver Zustände. Frankfurt a. M. (Suhrkamp) 1983.

— (1964): *The self and the object world*. New York (International Universities Press). Deutsch: Das Selbst und die Welt der Objekte. Frankfurt a. M. (Suhrkamp) 1973.

Kalish, B. (1974): Working with an autistic child. *Focus on Dance* VII, American Association for Health, Physical Education, and Recreation. Washington, D. C.

Kernberg, O. (1967): Borderline personality organization. *Journal of the American Psychoanalytic Association*, XIX.

— (1975): *Borderline conditions and pathological narcissim*. New York (Jason Aronson). Deutsch: Borderline-Störungen und pathologischer Narzißmus. Frankfurt a. M. (Suhrkamp) 1980.

— (1976): *Object Relations Theory and Clinical Psychoanalysis*. New York (Jason Aronson). Deutsch: Objektbeziehungen und Praxis der Psychoanalyse. Stuttgart (Klett-Cotta), 2. Aufl. 1985.

Kestenberg, J. (1967): The role of movement patterns in development. *Psychoanalytic Quarterly*, XXXVI.

— (1975): *Children and parents, studies in development*. New York (Jason Aronson).

— (1977): Prevention, infant therapy and the treatment of adults. *International Journal of Psychoanalytic Psychotherapy*, VI.

Kestenberg, J., J. Berlow, A. Buelte, H. Markus, u. E. Robbins (1971): Development of the young child expressed through bodily movement. *Journal of the American Psychoanalytic Association*, XIX.

Knight, R. P. (1953): Borderline States. In: *Psychoanalytic psychiatry and psychology*. R. P. Knight und C. R. Friedman (Hrsg.). New York (International Universities Press).

— (1957): Management and psychotherapy of the borderline schizophrenic patient. In: *Psychoanalytic psychiatry and psychology*. R. P. Knight u. C. R. Friedman (Hrsg.). New York (International Universities Press).

Kohut, H. (1968): The psychoanalytic treatment of narcissistic personality disorders, outline of a systematic approach. *The Psychoanalytic Study of the Child*, XXIII. New York (International Universities Press). Deutsch: Die psychoanalytische Behandlung narzißtischer Persönlichkeitsstörungen. In: Die Zukunft der Psychoanalyse. Frankfurt a. M. (Suhrkamp) 1975.

— (1971): *The Analysis of Self*. New York (International Universities Press). Deutsch: Narzißmus: Eine Theorie der psychoanalytischen Behandlung narzißtischer Persönlichkeitsstörungen. Frankfurt a. M. (Suhrkamp) 1973.

— (1977): The Restoration of the Self. New York (International Universities Press). Deutsch: Die Heilung des Selbst. Frankfurt a. M. (Suhrkamp) 1979.

Kris, E. (1951): Ego Psychology and interpretation in psychoanalytic therapy. *Psychoanalytic Quarterly*, XX.

— (1952): *The image of the artist, Psychoanalytic explorations in art*. New York (International Universities Press). Deutsch: Phänomene der Kunst in der Sicht der Psychoanalyse. Frankfurt a. M. (Suhrkamp) 1977.

— (1956): On some vicissitudes of insight in psychoanalysis. *International Journal of Psychoanalysis*, III.

— (1956 a): The recovery of childhood memories. *The Psychoanalytic Study of the Child*, XI. New York (International Universities Press).

Krohn, A. (1978): *Hysteria: The elusive neurosis*. New York (International Universities Press).

Krystal, H. (1978): Trauma and Affect. *The Psychoanalytic Study of the Child*, XXXIII. New Haven (Yale University Press).

Laban, R. (1969): *The Mastery of movement*. London (Macdonald & Evans).

LeBoit, J., u. A. Capponi (1979): *Advances in the psychotherapy of the borderline patient*. New York (Jason Aronson).

Loewenstein, R. M. (1951): The problem of interpretation. *Psychoanalytic Quarterly*, XX.

— (1957): Some thoughts on interpretation in the theory and practice of psychoanalysis. *Psychoanalytic Study of the Child*, XII.

Lowen, A. (1967): *The betrayal of the body*. New York (MacMillan Publishers).

Mahler, M. (1968): *On human symbiosis and the vicissitudes of individuation*. New York (International Universities Press) 1968. Deutsch: Symbiose und Individuation. Band 1: Psychosen im frühen Kindesalter. Stuttgart (Klett-Cotta), 3. Aufl. 1983.

Mahler, M., F. Pine, u. A. Bergman (1975): *The psychologic birth of the human infant*. New York (Basic Books). Deutsch: Die psychische Geburt des Menschen: Symbiose und Individuation. Frankfurt a. M. (Fischer Taschenbuch), 2. Aufl. 1984.

Mittelman, B. (1954): Motility in infants, children and adults, patterning and psychodynamics. *The Psychoanalytic Study of the Child*, IX. New York (International Universities Press).

— (1955): Motor Patterns in Genital Behavior. *The Psychoanalytic Study of the Child*, X. New York (International Universities Press).

— (1957): Motility in the therapy of children and adults. *The Psychoanalytic Study of the Child*, XII. New York (International Universities Press).
Moore, B. E., u. B. D. Fine (1968): *A glossary of psychoanalytic terms*. New York (The American Psychoanalytic Association).
Nunberg, H. (1932/1959): *Allgemeine Neurosenlehre auf psychoanalytischer Grundlage*. Bern (Huber).
Ornitz, E. M. (1969): Disorder of perception common to early infantile autism and schizophrenia. *Comprehensive Psychiatry*, X.
Piaget, J. (1972): *On creativity*. Symposium at Dwight D. Eisenhower Forum, Baltimore.
Rangell, L. (1954): The psychology of poise with special elaboration on the psychic significance of the snout and perioral region. *International Journal of Psychoanalysis*, XXXV. Deutsch: Zur Psychologie der Gelassenheit. In: Gelassenheit und andere menschliche Möglichkeiten. Frankfurt a. M. (Suhrkamp) 1976.
Rapaport, D. (1950): *Emotions and memory*. New York (Intern. Universities Press).
Rapaport, D., M. M. Gill, u. R. Schafer (1945/1953): *Diagnostic psychological testing*. Chicago (Year Book Publishing).
Reich, W. (1933): *Charakteranalyse*. Frankfurt a. M. (Fischer Taschenbuch) 1981.
Rogers, C. R. (1951): *Client centered therapy*. Boston (Houghton Mifflin Company). Deutsch: Die klientzentrierte Gesprächspsychotherapie. Frankfurt a. M. (Fischer Taschenbuch) 1978.
Roiphe, H., u. E. Galenson (1981): Infantile Origins of Sexual Identity. New York (International Universities Press).
Rosenfeld, H. (1952): Notes on the Psychoanalysis of the Super-ego Conflict of an Acute Schizophrenic Patient. *International Journal of Psychoanalysis*, XXXII.
Rubinfine, D. L. (1962): Maternal stimulation, psychic structure and early object relations. *The Psychoanalytic Study of the Child*, XVII. New York (International Universities Press).
Ruttenberg, B. A. (1971): A psychoanalytic understanding of infantile autism and its treatment. *Proceedings of Indiana University Colloquium on Infantile Autism*. Springfield, Illinois (Charles Thomas).
Rutter, M., u. E. Schopler (1979): *Autism – A reappraisal of concepts and treatment*. New York (Plenum Press).
Salzman, L. (1972): *The Obsessive Personality*. New York (Science House).
Sandel, S. (1979): Sexual issues in movement therapy with geriatric patients. *American Journal of Dance Therapy*, III, 1.
— (1980): Countertransference stress in the treatment of a schizophrenic patient. *American Journal of Dance Therapy*, III, 2.
Sandler, J., u. W. G. Joffe (1967): The tendency to persistence in psychological function and development. *Bulletin of the Menninger Clinic*, XXXI, 5.
Saul, L. J. (1950): Physiological systems and emotional development. *Psychoanalytic Quarterly*, 19.
Schafer, R. (1959): Generative empathy in the treatment situation. *Psychoanalytic Quarterly*, XXVII.
— (1968): *Aspects of internalization*. New York (International Universities Press).

Schilder, P. (1923): *Das Körperschema*: Ein Beitrag zur Lehre vom Bewußtsein des eigenen Körpers. Berlin (Springer). Zitiert nach der amerik. Ausgabe: The image and appearance of the human body. New York (International Universities Press) 1950.
— (1964): *Contributions to developmental Neuro-Psychiatry*. New York (International Universities Press).
Schmais, C. (1974): Dance therapy in perspective. *Focus on Dance* VII. Washington, D.C. (AAHPER).
Schmale, A. H., Jr. (1955): A genetic view of affect. *The Psychoanalytic Study of the Child*, X. New York (International Universities Press).
Schmiedeberg, M. (1933): Kindliche Neurosen. *Zeitschrift für psychoanalytische Pädagogik*. Berlin.
Schoop, T. (1971): Philosophy and Practice. *American Dance Therapy Association Newsletter*, V.
Schur, M. (1953): The ego in anxiety. In: R. M. Loewenstein (Hrsg.): *Drives, affects, behavior*. New York (International Universities Press).
— (1955): Comments on the metapsychology of somatization. *The Psychoanalytic Study of the Child*, X. New York (International Universities Press).
Searles, H. F. (1963): Transference psychosis in the psychotherapy of chronic schizophrenia. *International Journal of Psychoanalysis*, XLIV.
— (1968): *Collected papers on schizophrenia and related subjects*. New York (International Universities Press).
— (1979): The countertransference with the borderline patient. In: J. LeBoit u. A. Capponi (Hrsg.): *Advances in the psychotherapy of the borderline patient*. New York (Jason Aronson).
Siegel, E. V. (1970a): The resolution of breast fixation in Three Schizophrenic Teenagers. *Proceedings V*, Annual American Dance Therapy Association Conference.
— (1970b): Psyche and Soma: Movement therapy. *Voices*, Special Issue.
— (1973a): Developmental levels in dance-movement therapy. *Proceedings VIII*, Annual Dance Therapy Association Conference.
— (1973b): Movement therapy with autistic children. *Psychoanalytic Review*, LX, 1.
— (1973c): Movement Therapy as a Psychotherapeutic tool. *Journal of the American Psychoanalytic Association*, XXI, 2.
— (1974): Psychoanalytic thought and methodology in dance-movement therapy. *Focus on Dance VII*. Washington, D.C. (AAHPER).
— (1979): Psychoanalytically oriented dance-movement therapy – A treatment approach to the whole person. In: P. Bernstein (Hrsg.): *Eight Approaches to Dance Therapy*. Dubuque, Iowa (Kendall/Hunt).
Siegel, E. V., u. B. Blau (1978): Breathing Together – A preliminary investigation of a motor reflex as adaptation-variability of forced vital capacity in psychotic children. *American Journal of Dance Therapy*, II.
Spitz, R. (1965): *The first year of life*. New York (International Universities Press). Deutsch: Vom Säugling zum Kleinkind: Naturgeschichte der Mutter-Kind-Beziehungen im ersten Lebensjahr. Stuttgart (Klett-Cotta), 8. Auflage 1985.

Stolorow, R. D., u. F. M. Lachman (1980): *Psychoanalysis of Developmental Arrests*. New York (International Universities Press).
Stone, L. (1954): The widening scope. *Journal of the American Psychoanalytic Association*, II.
Wangh, M. (1959): Structural determinants of a phobia. *Journal of the American Psychoanalytic Association*, VII.
Whitehouse, M. (1977): The transference and dance therapy. *American Journal of Dance Therapy*, I.
Zeigarnick, B. (1927): Über das Verhalten erledigter und unerledigter Handlungen. *Psychologische Forschung*, IX.
Zilboorg, G. (1941): Ambulatory schizophrenia. *Psychiatry*, IX.

Leser und Leserinnen, die an Fragen der Ausbildung interessiert sind, können sich an folgende Adresse wenden:

Elaine V. Siegel
10 David Court
Huntington Station
New York 11746

Personen- und Sachregister

Abreaktion 36
Abspaltung des Inneren vom Äußeren 36
Abwehr 36, 46–48, 70, 76, 95, 97 f., 173, 192
–, Fallbeispiel 47 f., 50
Achtmonatsangst 115 f.
Affekt 87–92
–, Abreaktion 88 f.
– -anfälle 89
– -hemmung: Fallbeispiel 89–91
– -stürme 89, 106
– vs. Gefühl 87
Alexander-Technik 17
Amatruda, C. 26, 32, 94
American Dance Therapy Association (ADTA) 9
American Psychoanalytic Association 106
Angstäquivalente 39
Arabesque 181, 228
Arbeitshypothesen 37
Assemble 184
Assoziation, freie 42, 70
Ausbildung, tänzerische (s. a. Tanz) 30
Ausdrehen 228 ff.
Ausdruckstanz 9
Autismus 19, 53, 58, 92–95, 116–126, 140, 146 f.
–, Fallbeispiele 53, 95, 118 f., 124 ff., 159–171
–, »normaler« 93 f., 110
Automatisierung 80
Axelrad, S. 94

Ballett 227–230
Ballett West 231
Basic Dance 23 ff., 30, 125
Bedeutung der Bewegungen 44
Bernstein, P. 16, 22, 25, 31
Besetzung 34
Bewegungsmuster 37, 109

– eines Kleinkindes 26, 96
Bibring, E. 20
Bioenergetik 17
Blanck, G. 57, 96
Blanck, R. 18, 57, 96
Blau, B. 121
Blos, P. 103
Boas, F. 9
Borderline-Persönlichkeit 62, 73, 99, 127–131, 141 f., 189–206
–, Fallbeispiele 128–130, 195–206
»Breathing together« 121 f.
Brody, S. 94
Brown 57, 96

Cain, N. 199
Cain, R. 199
Capponi, A. 34
Chace, M. 9, 21, 23, 109, 225
Chassé 184
Choreographie 230–238
Colitis ulcerosa 39

Day Treatment Center 171
Deckerinnerung 221 f.
Dekompensation 190 f.
Delacato-Methode 197
Denken, primärprozeßhaftes 37 f., 191
Dennishawn-Schule 225
Desomatisierung 37–39, 75, 82 f., 223
Deutsch, F. 123, 130, 190, 199
Deutung, psychoanalytische 20–22, 39, 49–51
Distanz 41
Dolman, G. 197
Dosamantes-Alperson, E. 22, 51
Drang 72
Duncan, I. 9

Ekstase, religiöse 36
Empathie 137 f.
Entwicklungsstörung 33

Entwicklungsstufen 26, 32, 92–103, 108
–, anale Phase 26, 32, 64 f., 99, 131 f.
–, Genitalität 68, 102
–, Individuationsphase 49, 62 f., 98 f., 127–130, 188
–, Latenzperiode 68, 102
–, oral-inkorporative Phase 60 f.
–, orale Phase 32, 49, 58 f., 92–95, 109, 111, 140, 142, 171, 223
–, phallische Phase 32, 101 ff., 133
–, präorale, sensomotorische Phase 117
–, Pubertät 68
–, Schema der 11, 58–68
–, Separationsphase 46, 49, 62 f., 188
–, Symbiose 93 f., 96 f., 100, 106, 111, 115, 119, 121, 126 f., 140, 171
Fallbeispiel 97
– und Motilität 71 f.
–, Wiederannäherungsphase 99 ff.
Entwicklungstheorie 48 f.
Espenak, L. 9, 18, 22, 25, 51

Feldenkrais, M. 17
Fenichel, O. 35, 39, 51, 85 f., 89, 100, 102, 192
Fine, B. 106
Fixierungspunkt 37, 54, 185, 204
Fliess, R. 57, 96
Freud, A. 33, 88
Freud, S. 17 f., 29, 34, 35, 40, 51, 72–75, 78–80, 82, 84, 87, 103, 106, 221
–, Ich-Begriff 31 f.
Friedman, L. 205
Frosch, J. 189
Frustration
– -sintoleranz 194
– -stoleranz 82 f., 96, 100

Galenson, E. 168
Gegenübertragung 27, 33 f., 135–143, 237
– bei Autismus 138 ff.
– bei Borderline-Patienten 141 f.
– bei Schizophrenie 140 f.
– bei Zwangsneurose 142 f.
Geller, J. 21
Gesell, A. 26, 32, 94

Gestik 40, 42, 125
Ghiselin, B. 231, 235
Gill, M. 189
Grand jetés 43, 108, 228
Grands battements 180 f., 183
Greenacre, P. 96, 98, 235 f.
Greenberg, J. 22
Greenson, R. 34, 221
Greer, C. 18

Hall, R. 199
Halluzinationen 52
Hartmann, H. 32, 47, 50, 55, 80, 123, 146, 159, 163
Hoch, P. 189
Hoffer 35, 92
Hypertonie 39
Hysterie/Hysteriker 66, 102, 133
–, Widerstand bei 134

Ich 31 f.
Ichfunktionen 36, 117, 206
Ichpsychologie 20, 35
Ichspaltung 36
Ichsphäre, konfliktfreie 55–57, 115
–, Fallbeispiele 55 f., 56 f., 113 ff., 117
Improvisation 37, 70
Integration von Bewegung und Deutung 20 ff.
Intentionalität 71

Jacobs, T. 34
Jacobson, E. 39, 75, 87, 110, 112, 145, 153, 163
Joffe, W. 81

Kalish, B. 25
Kastrationsangst 213, 215
Katharsis 36 f., 85
Kernberg, O. 99, 128, 190 ff.
Kestenberg, J. 13, 17 f., 26, 121
Knight, R. 189
Kohut, H. 128 f., 141
Konversionen 134, 192
–, Fallbeispiel 134

Körperbild 37, 45, 49, 92, 96, 98, 101, 105, 108–110, 112, 122, 126 f., 158, 160, 164, 194, 201 f., 227 f.
Körpergrenzen 94, 97, 105, 109, 113, 140, 145, 173, 193
–, Auflösung/Verlust der 89, 190
Körperich 25, 31 f., 35, 92, 98, 122, 136, 202, 206
Kriegstänze 36
Kris, E. 13, 20, 22, 32, 50, 82, 138
Krohn, A. 102

Laban, R. von 9, 18
Lachman, F. 128
Lane, R. 18
LeBoit, J. 34, 141
Leib-Seele-Einheit 37
Leib-Seele-Spaltung 36, 54
–, Fallbeispiel 54
Levine 13
Loewenstein, R. 20
Lowen, A. 17, 182
Lust 74 f.

Mahler, M. 32, 93 f., 98, 110 ff., 146, 150, 163, 188
Marks, B. 231–238
Menninger 57, 96
– -Foundation 190
Menschenbild, ganzheitliches 10, 31
Mittelman, B. 13, 25, 32, 72
Moore, B. 106
Moroh, M. 94
Motilität
–, entfaltete 71 f.
–, Ichfunktion 20, 49, 69, 92, 199
–, Kontrolle der 80–82
– -strieb 72–76, 84 f., 88, 205, 223
Fallbeispiel 76 ff., 85
Muskelverkrampfungen 37, 55, 86, 100, 131 f., 189
–, Fallbeispiele 86
Mutismus 26 f.
–, Fallbeispiel 26–29

Nachvollziehen des Lebenszyklus 54
Neurose/Neurotiker 43, 79, 84, 88

Neutralisierung 123
Neutralität der Therapeutin 46, 124, 131, 191, 193

Objekt 32
– -beziehungen 32 ff., 49, 72, 108, 111, 195, 224, 236
– -repräsentanzen 128, 158, 163
Organic movers 30
Organisatoren der Psyche 71

Paranoide Vorstellungen 43
–, Fallbeispiel 43 f.
Pas de deux 232
Pederson-Krag, G. 18
Piaget, J. 117
Pliés 140, 201, 213
Polatin, P. 189
Port de bras 121, 175, 187, 227
Probe-Identifizierung 135, 140
Probehandeln 41
–, Denken als 86
Psychose/Psychotiker 42 f., 49, 73, 79, 88, 92, 109–112
Public Health Service Research Grant 190

Rapaport, D. 87 f., 189
Regression 23, 38, 45, 52, 86, 97, 111, 119, 148, 204
–, Fallbeispiel 23 f.
Reich, W. 17, 34
Relevé 180, 201, 213
Repräsentanzen, innere 69 f., 112
Resomatisierung 39, 86, 191
Rogers, C. 20
Roiphe, H. 168
Rolfing 17
Rosenfeld, H. 109
Rubinfine, D. 146
Ruttenberg, B. 117
Rutter, M. 96, 118

Salzman, L. 100, 208
Sandel, S. 22
Sandler, J. 81

Schafer, R. 34, 137 f., 189
Schilder, P. 35, 38, 98, 108
Schizophrenie 44, 52, 60, 96, 113, 140, 145–158
–, Fallbeispiele 52 f., 113 ff., 117, 171–189
Schmais, C. 25, 31, 35, 51
Schmiedeberg, M. 81
Schoop, T. 9, 25, 31, 51
Schopler, E. 96, 118
Schur, M. 39, 145, 191
Searles, H. 34, 109, 141
Selbst 32
– -Objekte 128
– -beobachtung 37, 69 f., 85, 89, 105
Siegel, E. 26, 32, 51, 121
Somatisierung 39, 88
Speicherung im Körper 51, 69, 81
Spitz, R. 13, 32 f., 71, 82, 94, 96, 116, 117, 123, 142, 145, 164
Sprechen 40
Stolorow, R. 128
Strafphantasien 29
Sweigard 17
Symbolisierungsfähigkeit 123
Symptomformation 37

Tanz
–, klassischer 225 ff.
–, moderner 226 f.
Traumatische Erfahrungen 32, 86

Trieb 72–78
– vs. Drang 72

Übertragung 17, 23, 28, 31, 33, 42, 51, 104–135
– bei Autismus 116–126
– bei Borderline-Persönlichkeiten 127–131, 193
– bei Psychosen 109–116
– bei Zwangsneurosen 130–133
–, Fallbeispiel 107 f.
–, klassische 133 ff.
– -spsychose 109 f., 126

Verdrängung 72, 76, 84 f.
–, Affekt- 36
–, Trieb- 83
Vertrauensspiel 44

Wahrnehmung 69 f.
Wangh, M. 51
Whitehouse, M. 9, 22, 51
Widerspiegeln 49, 95, 109, 120
Widerstand 17, 23, 31, 40, 46 f., 127, 221
Wigman, M. 9
Willensäußerung, absichtliche 70
Williams, V. 234

Zeigarnick, B. 88
Zwangsneurose 64, 100 f., 130–133, 142 f., 206–224
–, Fallbeispiele 207–224

Konzepte der Humanwissenschaften

Die 100 Bücher für die Sozial- und Erziehungsberufe

Standardwerke der Psychologie

Albert Bandura
Sozial-kognitive Lerntheorie

D. E. Berlyne
Konflikt, Erregung, Neugier
Zur Psychologie der kognitiven Motivation.

Urie Bronfenbrenner
Ökologische Sozialisationsforschung

George A. Miller, Eugene Galanter, Karl H. Pribram
Strategien des Handelns
Pläne und Strukturen des Verhaltens.

Ulric Neisser
Kognitive Psychologie

Kurt Pawlik (Hrsg.)
Diagnose der Diagnostik
Beiträge zur Diskussion der psychologischen Diagnostik in der Verhaltensmodifikation.

Jean Piaget
Biologische Anpassung und Psychologie der Intelligenz

Walter J. Schraml
Einführung in die moderne Entwicklungspsychologie
Für Pädagogen und Sozialpädagogen.

Entwicklungspsychologie / Kinderanalyse / Kinder- und Jugendlichenpsychotherapie

Helen I. Bachmann
Malen als Lebensspur
Die Entwicklung kreativer bildlicher Darstellung.

Bruno Bettelheim
Liebe allein genügt nicht

Bruno Bettelheim
So können sie nicht leben

Peter Blos
Adoleszenz
Eine psychoanalytische Interpretation.

John Bowlby
Das Glück und die Trauer
Herstellung und Lösung affektiver Bindungen.

Madeleine Davis, David Wallbridge
Eine Einführung in das Werk von D. W. Winnicott

Françoise Dolto
Praxis der Kinderanalyse

Mia Kellmer Pringle
Was Kinder brauchen

Evelyne Kestemberg, u. a.
Schauplatz Familie
Psychoanalytiker beobachten frühe Mutter-Kind-Beziehungen im Alltag.

Rosine und Robert Lefort
Die Geburt des Anderen
Bericht einer Kinderanalyse aus der Lacan-Schule.

Ashley Montagu
Körperkontakt
Die Bedeutung der Haut für die Entwicklung des Menschen.

Violet Oaklander
Gestalttherapie mit Kindern und Jugendlichen

René A. Spitz
Vom Dialog
Studien über den Ursprung der menschlichen Kommunikation.

D.W. Winnicott
Piggle
Eine Kinderanalyse.

D.W. Winnicott
Vom Spiel zur Kreativität

D.W. Winnicott
Aggression
Versagen der Umwelt und antisoziale Tendenz.

Elizabeth R. Zetzel
Die Fähigkeit zu emotionalem Wachstum

Michel Zlotowicz
Warum haben Kinder Angst?

Psychoanalyse

Michael Balint, Enid Balint
Psychotherapeutische Techniken in der Medizin

Gertrude und Rubin Blanck
Angewandte Ich-Psychologie

Gertrude und Rubin Blanck
Ich-Psychologie II

Rubin und Gertrude Blanck
Ehe und seelische Entwicklung

Luc Ciompi
Affektlogik
Über die Struktur der Psyche und ihre Entwicklung. Ein Beitrag zur Schizophrenieforschung.

Peter Fürstenau
Zur Theorie psychoanalytischer Praxis

Heinz Hartmann
Psychoanalyse und moralische Werte

James Masterson
Psychotherapie bei Borderline-Patienten

Michael Lukas Moeller
Anders helfen
Selbsthilfegruppen und Fachleute arbeiten zusammen.

Wolf-Detlef Rost
Psychoanalyse des Alkoholismus
Theorie, Diagnostik, Behandlung.

Joseph Sandler, Christopher Dare, Alex Holder
Die Grundbegriffe der psychoanalytischen Therapie

Elaine V. Siegel
Tanztherapie
Ein psychoanalytisches Konzept.

Paul L. Wachtel
Psychoanalyse und Verhaltenstherapie
Ein Plädoyer für ihre Integration.

D.W. Winnicott
Bruchstück einer Psychoanalyse

Neue Therapien/ Humanistische Psychologie/ Transpersonale Psychologie

Anthony Barton
Freud, Jung, Rogers. Drei Systeme der Psychotherapie

Ruth C. Cohn
Von der Psychoanalyse zur themenzentrierten Interaktion
Von der Behandlung einzelner zu einer Pädagogik für alle.

Rudolf Dreikurs
Grundbegriffe der Individualpsychologie

Gerald Epstein
Wachtraumtherapie

Meine Stimme begleitet Sie überallhin
Ein Lehrseminar mit Milton H. Erickson, hrsg. von Jeffrey K. Zeig.

Mary McClure Goulding und Robert L. Goulding
Neuentscheidung
Ein Modell der Psychotherapie.

John Grinder, Richard Bandler
Therapie in Trance
Hypnose: Kommunikation mit dem Unbewußten. Neurolinguistische Programme.

Stanislav Grof
Topographie des Unbewußten
LSD im Dienst der tiefenpsychologischen Forschung.

Stanislav Grof, Joan Halifax
Die Begegnung mit dem Tod

Stanislav Grof
LSD-Psychotherapie

Diana Sullivan Everstine,
Louis Everstine
Krisentherapie

Hildegard Katschnig/
Esther Wanschura
Familientherapie in den Ferien

Frederick S. Perls
Gestalt-Therapie in Aktion

Frederick S. Perls
Das Ich, der Hunger und die Aggression
Die Anfänge der Gestalt-Therapie.

Frederick S. Perls,
Ralph F. Hefferline, Paul Goodman
Gestalt-Therapie. Lebensfreude und Persönlichkeitsentfaltung

Frederick S. Perls,
Ralph F. Hefferline, Paul Goodman
Gestalt-Therapie. Wiederbelebung des Selbst

Diane und Albert Pesso
Dramaturgie des Unbewußten
Eine Einführung in die psychomotorische Therapie.

Mary Priestley
Analytische Musiktherapie
Vorlesungen am Gemeinschaftskrankenhaus Herdecke.

Carl R. Rogers
Entwicklung der Persönlichkeit
Psychotherapie aus der Sicht eines Therapeuten.

Carl R. Rogers, Rachel L. Rosenberg
Die Person als Mittelpunkt der Wirklichkeit

Carl R. Rogers
Der neue Mensch

Ruth Ronall, Bud Feder
Gestaltgruppen

Anne Schützenberger
Einführung in das Rollenspiel
Anwendungen in Sozialarbeit, Wirtschaft, Erziehung und Psychotherapie.

Charles T. Tart
Das Übersinnliche
Forschungen über einen Grenzbereich psychischen Erlebens.

Lewis Yablonsky
Psychodrama

Lewis Yablonsky
Synanon
Selbsthilfe der Süchtigen und Kriminellen.

Texte zur Familiendynamik

Maurizio Andolfi, u. a.
Das Spiel in der Maske
Therapeutischer Wandel in rigiden Familiensystemen.

Ivan Boszormenyi-Nagy,
Geraldine M. Spark
Unsichtbare Bindungen

Josef Duss-von Werdt,
Rosemarie Welter-Enderlin (Hrsg.)
Der Familienmensch
Systemisches Denken und Handeln.

Theodore Lidz, Stephen Fleck
Die Familienumwelt der Schizophrenen

Salvador Minuchin, u. a.
Psychosomatische Krankheiten in der Familie

M. Selvini Palazzoli, u. a.
Paradoxon und Gegenparadoxon
Ein neues Therapiemodell für die Familie mit schizophrener Störung.

Mara Selvini Palazzoli
Magersucht

Helm Stierlin
Von der Psychoanalyse zur Familientherapie

Helm Stierlin, u. a.
Das erste Familiengespräch

Michael Wirsching, Helm Stierlin
Krankheit und Familie

Sozialarbeit

Martin Bonhoeffer,
Peter Widemann (Hrsg.)
Kinder in Ersatzfamilien

Arthur W. Combs, u. a.
Die helfenden Berufe

Helga Kaminski, Walter Kast,
Anne Dore Spellenberg
Das Leben Geistigbehinderter im Heim

Helmut Ortner, Reinhard Wetter
Sozialarbeit ohne Mauern
Anstöße zu einer „befreienden"
Gefangenenarbeit.

Isca Salzberger-Wittenberg
Die Psychoanalyse in der Sozialarbeit

Harald Hottelet, u. a.
Offensive Jugendhilfe

Angewandte Sozialwissenschaften

Mihaly Csikszentmihalyi
Das flow-Erlebnis
Jenseits von Angst und Langeweile: im Tun aufgehen.

Adolf M. Däumling, u. a.
Angewandte Gruppendynamik

Gerhard Kaminski (Hrsg.)
Umweltpsychologie

Lisl Klein
Sozialwissenschaftliche Beratung in der Wirtschaft
Eine Einzelfallstudie.

Lothar Krappmann
Soziologische Dimensionen der Identität

Joseph Luft
Einführung in die Gruppendynamik

Max Pagès
Das affektive Leben der Gruppen
Eine Theorie der menschlichen Beziehungen.

Albert E. Scheflen
Körpersprache und soziale Ordnung

Hugo Schmale
Psychologie der Arbeit

Mara Selvini Palazzoli u. a.
Hinter den Kulissen der Organisation

Mara Selvini Palazzoli u. a.
Der entzauberte Magier
Zur paradoxen Situation des Schulpsychologen.

Burkhard Sievers (Hrsg.)
Organisationsentwicklung als Problem

Manès Sperber
Individuum und Gemeinschaft
Versuch einer sozialen Charakterologie.

Rolf Verres, Ingrid Sobez
Ärger, Aggression und soziale Kompetenz
Zur konstruktiven Veränderung destruktiven Verhaltens.

Gunnar Westerlund,
Sven-Erik Sjöstrand
Organisationsmythen

Pädagogik/Sonderpädagogik/Pädagogische Modelle

Christoph Ertle,
Andreas Möckel (Hrsg.)
Fälle und Unfälle der Erziehung

Kurt Guss
Psychologie als Erziehungswissenschaft
Eine theorienkritische Untersuchung des Themas Lohn und Strafe.

Gerhild Heuer
Selbstmord bei Kindern und Jugendlichen

Erhard Meueler
Erwachsene lernen

Reinhilt Plinke,
Inga und Herbert Sell
Erziehung in der Pflegefamilie

Paul Scheid,
Herbert Weidlich (Hrsg.)
Beiträge zur Montessori-Pädagogik 1977

Peter Schneider
Einführung in die Waldorfpädagogik

Myrna B. Shure, George Spivack
Probleme lösen im Gespräch
Erziehung als Hilfe zur Selbsthilfe.

Willem ter Horst
Einführung in die Orthopädagogik

Reinhard Voß
Anpassung auf Rezept
Die fortschreitende Medizinisierung auffälligen Verhaltens von Kindern und Jugendlichen.